文庫

暗い時代の人々

ハンナ・アレント
阿部 齊 訳

筑摩書房

本書は、一九九五年十一月二十五日、河出書房新社より刊行された新装改訂版を底本とした。

目次

暗い時代の人々

はじめに

　ここに集められた論文とエッセイは、これまでの一二年間に折にふれて書かれたものであるが、いずれも人物を扱っており、かれらが自分たちの人生をどのように生き、この世界のなかでどのように行動し、時代の動向によってどのような影響を受けたかが論じられている。ここに集められた人々はそれぞれまるで異なっており、もしかれらに発言の機会が与えられたとするなら、このように一堂に集められたことにたいしてかれらが抗議するさまを想像するのはさして困難ではなかろう。才能や信念を同じくしているわけではないし、職業や環境を同じくしているわけでもない。一つの例外を別とすれば、互いに知り合うこともなかった。しかしかれらは、異なる世代に属しているにせよ同時代人である——もちろん、全体の序論としてここではあたかも同時代人であるかのように論じられているレッシングを別にしてのことであるが。かくてかれらは、互いにそれぞれの短い生涯を過した時代、すなわち政治的大動乱と道徳的災厄とに満ちていながら、芸術と科学とにおいては驚異的な発展をとげた二〇世紀前半の世界を分ちあっているのである。この時代はかれらのうちのあるものを殺し、他のものの生涯と仕事とを限定づけることになったが、時代の影響を受けなかったものはきわめてわずかであったし、時代の課する条件を免れていたといえるものはひとりもなかった。とはいえここに、一時代の代表者、「時代精神〈Zeitgeist〉」の代弁者、あるいは歴史（まさに現代史）の解説者を求めようとするものは失望することになろう。

しかし私は、この歴史的に未曾有の時代、本書の題名である「暗い時代」は、本書のいたるところに姿を現わしていると思う。私はこの言葉をブレヒトの有名な詩「あとから生まれるひとびとに」から借用したのであるが、そこには混乱と飢餓、虐殺と虐殺者、不正に対する暴動と「悪のみがあって暴動の存在しないこと」への絶望、人を醜悪にするとしても正統なる憎悪、声を騒音にするとしても根拠ある憤激などが描かれている。こうしたことはすべて、それが公的に生じたときには明らかに現実のものであった。そこには秘密も神秘も存在しなかった。それでもなお、それはすべての人に見えるものではなかったし、またそれを看破することも決して容易ではなかった。破局が突如としてあらゆる事物と人々に襲いかかるまでは、それは現実によってではなく、ほとんどすべての公的代弁者によるきわめて効果的な空話と無駄話によって覆い隠されていたからである。かれらは絶えず多くの巧妙なヴァリエーションを用いて不愉快な事実をうまく言いまぎらわし、事態を正当化していたのである。われわれが暗い時代とそのなかで生活し活動していた人々とについて考えるとき、「既成秩序《エスタブリッシュメント》」――あるいは、当時の呼びかたに従えば、「体制」――から発し、かつそれによって広められたこうした偽装をも考慮にいれなければなるまい。公的領域の機能とは、自分が何者であり、何をなしうるかを、良かれ悪しかれ、行為と言葉によって示すことができる場を設定することで人間的事象に光を投げかけることであるとするなら、その光が「信頼の喪失」や「見えない政府」によって、またものの本質を暴くのではなくそれを絨緞の下に押しこんでしまう言葉によって、さらには古き真実を護持するという名目であらゆる真実を無意味な通俗性の中におとしめる道徳的その他の説教によって消されるとき、暗闇は招来される。

こうしたことは決して新奇なことではない。こうした状況は三〇年以前、すでにサルトルにより悪しき信仰と真摯な精神という形で『嘔吐』(私は現在でもなおこれがかれの最良の著作だと考えている)のなかに描かれていた。それは公的に認められているすべての人々が野卑な人々の間にまじり、すべての事物が不透明なもののなかに存在し、無意味にただそこにあることが困惑をまき散らし、嘔吐感をもよおさせるような世界である。これはまた四〇年以前、ハイデガーが(まったく異なる目的のためではあるが)『存在と時間』のなかで不気味な正確さをもって「他者」やかれらのかわす「空話」や、さらに一般的には自我の内密性によって隠蔽され保護されないままに公的に現われるいっさいの事物として記述したものである。人間存在についてかれの描くところによれば、現実的もしくは真正なものはすべて公的領域から抗しがたく生ずる「空話」の圧倒的な力によってうちのめされ、こうした「空話」が日常的存在のあらゆる局面を支配し、未来がもたらす可能性のあるあらゆる事物の意味あるいは無意味を予期したり、拒否したりしているのである。ハイデガーによれば、こうした平凡な日常生活が持つ「無限の陳腐さ」から抜け出す道は、そこから身を引いて、パルメニデスやプラトン以来、哲学者が政治的領域に対置させてきた孤独のうちへ引きこもる以外にない。われわれがここで関心を寄せるのはハイデガーの分析の哲学的妥当性（私は、それが否定しえないものと考えている）でもなければ、その背後にある哲学的思考の伝統でもなく、ただひたすら時代のある種の根本的な経験とその概念的記述とについてである。われわれの文脈における重要な点は、「公的なものの輝きがあらゆるものの光輝を奪う〈Das Licht der Öffentlichkeit verdunkelt alles〉」という皮肉で邪悪な響きを持つ命題が、まさに問題の核心を突いており、実際にはそれが現状の最も簡潔な要約にほかならないという点にある。

私がここで用いようとしている広い意味での「暗い時代」とは、実際怖るべき斬新さを持った今世紀の極悪非道な行為それ自体と同一のものではない。むしろ、暗い時代は新しいものでないばかりか、歴史上まれなことでもない。しかしながら、昔も今もそれ相当の犯罪と災危に見舞われているアメリカ史上では未知のものであるかもしれない。最も暗い時代においてさえ、人は何かしら光明を期待する権利を持つこと、こうした光明は理論や概念からというよりはむしろ少数の人々がともす不確かでちらちらとゆれる、多くは弱い光から発すること、またこうした人々はその生活と仕事のなかで、ほとんどあらゆる環境のもとで光をともし、その光は地上でかれらに与えられたわずかな時間を超えて輝くであろうということ——こうした確信が、ここに描かれたプロフィールの概略的な背景をなしている。われわれのように暗さに馴れた目には、かれらのともした光がろうそくの光であったか、それとも燃えるような太陽のそれであったかを語ることはむつかしい。しかしこうした客観的評価というものは、私にはあとから生まれるひとびとに無難に残される、二次的な重要性をもつものでしかないように思われる。

一九六八年一月

暗い時代の人間性——レッシング考(1)

I

レッシングの名を冠した賞を自由な都市によって授与されることは、大変名誉なことです。私はまず、この賞を受けるにいたった経緯を知らないということ、また私がこの賞に値すると考えることはまったく容易ではなかったことを認めておきます。このように述べることで、功績という微妙な問題を完全に無視することができるからです。まさにこの点において、名誉というものはわれわれにいやおうなく、謙譲ということを教えます。すなわちそれは、われわれが他人の功績や才能を判断するように、われわれ自身が自分の功績を判断するのではないことを意味しているからです。判定は世界が行ないます。もしその判定を受け容れ、それに謝意を表明するとすれば、それはただわれわれが自分自身を無視して、またわれわれの世界に対する態度、すなわちわれわれが話したり聞いたりする場を与えてくれる世界と公衆に対する態度の枠内でのみ行動することによって、そうすることができるのです。

しかし、そうした名誉は、世界に対して表明すべき謝意を強く想起させるだけではありません。それはまたわれわれをきわめて強く世界に対して義務づけるものです。われわれは常にそうした名誉を拒否できるのですから、それを受諾することで、世界内部での自分の立場を強化するだけではなく、世界とのある種のかかわりあいをも受け容れるのです。ある人間がとにかくも公的に姿を現わすということ、また公衆がかれを容認し確認するということは、決してかれが公衆に承認されたということではありません。ただ天才だけがまさにその才能の故に公的生活に追いやられ、しかもこの種の決断から免れています。この場合にかぎり、名誉はひたすら世界との和合を持続し、完全な公共性のなかに現存する調和を奏でるのです。こうした調和はあらゆる考慮や決断から独立して、またあらゆる義務から独立して生ずるものであって、いわば人間社会に噴出した自然現象ともいうべきものです。この現象に対してわれわれは、レッシングがかつて素晴らしい二行の詩篇で天才について語ったことをあてはめることができます。

Was ihn bewegt, bewegt. Was ihm gefällt, gefällt.
Sein glücklicher Geschmack ist der Geschmack der Welt.
(かれを感動させるものは感動的なもの。かれに喜ばしいものは喜ばしきもの。
かれの恵まれた好みは世界の好みなのだ。)

今日、われわれの世界に対する態度ほど曖昧なものはないし、名誉がわれわれに課し、その存在が強調するような、公的に表われるものと和合することほど是認されがたいものはないようです。今世紀においては天才でさえ、世界や公的領域と抗争することによってしか発展しえませんでした。たとえそれがよくあるようにその聴衆と自然に独自の和合を見出していたとしても、こうした事態は変りません。しかし、世界とそこに住む人々とは同一ではありません。世界は人々の間にあり、この、「の間にある」ということは――(しばしば考えられているような)人々あるいは人間といったもの以上に――今日最大の関心事であり、また地球上ほとんどあらゆる国において最も大きな変動を蒙っているのです。世界の秩序が依然として未完であるか、あるいは未完のままにとどめられているところでさえ、公的領域は、本来はその属性であった啓示の力を喪失しています。西欧諸国に住むますます多くの人々は、古代世界の没落以来、政治からの自由を基本的自由の一つとみなすようになっており、この自由を行使して世界と世界内部での義務から逃避してきました。このように世界から逃避することは必ずしも個人を害するものではありません。個人は偉大な才能を天才の域にまで高めることができるし、そうした迂路を経ることでふたたび世界にとって有用なものとなることもできます。しかしこうした逃避のいずれによっても、世界にとって明瞭なある損失が生じます。失われるものは、こうした個人とその仲間との間に形成されたはずの、独特の価値を持ち、他のものによっては償うことのできない人と人との間の関係としての世界なのです。

このようにして、われわれが現在の状況のもとで公的名誉や賞の意義を考えるとき、ハンブルク市会が市の賞をレッシングの名前に結びつけたことは、この問題に対する解答をコロンブスの卵と同様の形で発見したように思われます。と言いますのも、レッシングは当時の世界で決して安息を感じえなかったのであり、またおそらくそう望みもしなかったでしょうが、それでも常に自分の流儀で世界との関わりを保持し続けていたからです。しかも、特殊な、また独特な環境がこの関係を支配していました。ドイツの公衆はまだかれを受け容れる用意をしていなかったし、私の知るかぎり、存命中にかれを礼遇することもありませんでした。かれ自身の判断によれば、世界との幸福で自然な和合、すなわち実力と幸運との結合を欠いていました。かれもゲーテもこうしたものこそ天才のしるしであると考えていたのです。レッシングは批評の領域においては「天才にきわめて近い」何かに負うところ大であると信じていましたが、それも才能の女神が現われるときに幸運の女神が微笑むといった、世界との自然な調和を達成するまでにはついに到りませんでした。こうしたことはすべて重要なことであるとしても、決定的なことではありません。ある時期、かれは天才、すなわち「恵まれた好み」をもつ人に敬意を払うつもりでいたようですが、しかしかれ自身は、半ば皮肉をこめて「賢者」と呼んでいた人々、すなわち「ひとたび目を伏せるとき既存の真理の殿堂をゆるがす」ような人々の後を継いでいたようです。世界に対するかれの態度は肯定的でも否定的でもなく、徹底して批判的であり、その時代の公的領域に対しては、完全に革命的でした。しかしその態度は、世界に自己の存在を負いながら、同時に世界の確実な基盤を決して放置しようとはせず、また極端に感傷的なユートピア主義にも決しておもむこうとはしないというものでした。レッシングの革命的気質はある奇妙な偏見と結びついており、それが誇張された、ややペダンティックともいえる慎重さとなって具体的な細部にまつわりついており、それが多くの誤解のもとになっています。レッシングが偉大であるのは、かれが想像上の客観性によって世界との真の関係を見失ったり、またかれが攻撃や賞賛を浴びせた人間あるいは事物の世界における真の位置を見失ったりすることが決してなかったという事実にあります。もっともこのことは、批評の本質が他のどこよりも理解されていなかったドイツにおけるかれの名声を増すことにはなりませんでした。正義と通常の意味での客観性とはほぼ無関係であるということが、ドイツ人には理解し難かったのです。

レッシングはかれが住んだ世界と決して和解しようとしませんでした。かれは「偏見に挑戦し」、「宮廷の寵臣に真理を告げる」ことを楽しんでいました。こうした楽しみがいかに高価についたとしても、それらは文字通りの楽しみでした。かつてみずからこの「悲劇的愉悦」の源泉を説明しようとしたとき、かれは次のように述べています。「あらゆる情念は、もっとも不快なものでさえ、情念として快い」、なぜなら「それはわれわれに……自己の存在を強く意識させ、われわれに強く現実を感じさせるからである」。この文章は情念についてのギリシア的な考え方を強く想起させます。そこでは、たとえば怒りは快い情念のなかに数えられていましたが、希望は恐怖とともに悪のなかに数えられていました。こうした評価の違いは現実性の差異に基づくものであり、それはレッシングの場合もまったく同様です。ただそれは、情念が精神に及ぼす力によって情念の持つ現実性が測られるという意味ではなく、情念が精神に伝達する現実の総体によってそれが測られるという意味でのことです。恐怖において精神が現実から後退するように、希望において精神は現実を超越します。しかし怒りは、とりわけレッシングにおける怒りは、世界を摘発し暴露するのであり、同様にレッシングにおける笑いは、『ミンナ・フォン・バルンヘルム』の場合のように、世界との和解を実現しようとします。こうした笑いは人々が世界における位置を見出すのを助けるのであり、しかも逆説的にいえば、精神を世界に売り渡さずにそれを行なえるように助けるのです。喜びは基本的に現実の集約化された認識であり、世界に対して開かれた情熱と世界を愛することとから生まれます。人間が世界によって損なわれるかもしれないという認識でさえ、この「悲劇的愉悦」を減ずるものではありません。

アリストテレスの美学とは対照的に、レッシングの美学が恐怖をも憐れみの一種として、われわれが自分自身に対して感ずる憐れみの一種としてみようとするものであるとするなら、おそらくその理由は、レッシングが恐怖からその現実逃避的な機能を取り除こうとしていたことにあります。それは、恐怖を一つの情念として、すなわち世界のなかでわれわれが通常他の人々によって影響されるように自分自身に影響されて生み出す情念の一つとして大切に扱うためでした。このことと密接に関連しているのは、レッシングにとって詩の本質は行動であり、ヘルダーの場合のように力——「私の精神を感動させる魔力」ではなく、またゲーテの場合のように形態を与えられた自然でもないという事実でした。ゲーテは「芸術作品それ自体の完全性」を「永遠に不可欠な要求」と考えましたが、レッシングはこうした事柄にはまるで関心を払っておりません。むしろ——そしてここでかれはアリストテレスと一致するのですが——かれは、いわば世界を代表する観客に及ぼされる効果に関心を寄せていたのであり、あるいは芸術家や作家とその仲間の間に一つの共通世界として出現する世俗的空間に及ぼされる効果に関心を寄せていたのです。

レッシングは世界を怒りと笑いにおいて経験しましたが、怒りと笑いは本質的に偏見を伴うものです。そのため、かれは芸術作品を、世界に及ぼすその効果を離れて、「それ自体において」評価することができず、またそう望みもしませんでした。それゆえにまた、かれは論争のなかで、問題になっている事柄の真偽の程度を一応度外視して、それが公衆によって如何なる評価を受けているかに従って攻撃あるいは弁護することができたのです。「あらゆるものに攻撃されるような人々をそっとして」おきたいとかれがいうとき、それは勇気の現われであっただけではなく、十分な根拠をもって否定しうる見解でも相対的には正しさを持つという、いわば本能的な関心の現われでもありました。かくてキリスト教をめぐる論争においても、かれは固定した立場をとっていません。むしろ、かつてすぐれた自覚をもって語ったように、かれはキリスト教についても「誰かが私にそれを証明しようとして躍起になればなるほど」本能的に懐疑的になり、そして「他の人々がそれを足下に踏みにじろうとしてますます奔放かつ威丈高になるほど」本能的に「(かれの)心の中にそれを保持しよう」としたのです。しかしこのことは、すべての人がキリスト教の「真理」をめぐって論争している場合には、かれが何よりもまず世界におけるキリスト教の立場を擁護したこと、今こそキリスト教がふたたび勢力を強めることを熱望し、その完全な消滅を恐れていたことを意味します。かれの時代の啓蒙神学が、「われわれを合理的なキリスト教徒にすることを口実にわれわれを極端に非合理的な哲学者にしている」ことをレッシングが見ぬいていたとき、かれは見事な先見の明を持っていたのです。こうした洞察は理性を重視する立場からだけ生ずるものではありません。こうした論争全体におけるレッシングの第一義的な関心は自由でしたが、自由は信仰を神の恩恵とみなす人々よりも、「論証によって信仰を強制しよう」と望む人々によっていっそう大きな危険にさらされます。しかしそこには、さらに世界に寄せるかれの関心がありました。かれは世界において は宗教も哲学もともにそれぞれの場を、しかもそれぞれ別個の場を持たなければならず、「分離することで……それぞれが他を妨げることなく自分自身の道を進むことができる」と考えていたのです。

レッシングにとって批評とは、つねに世界の側に立ち、あらゆる事柄をその時点での世界における位置によって理解し評価しようとすることを意味します。こうした知性はけっしてある明確な世界観に到るものではありません。明確な世界観は一度採用されると一つの観点にあくまでも固執するところから、それ以後の経験を受け容れようとしないからです。こうした精神の状態を知るにはわれわれがレッシングに負うところは非常に大きいのですが、一方それを学ぶことがわれわれにとってきわめて困難なものとなっているのは、われわれが啓蒙哲学や一八世紀の人間性に対する信仰を信じていないからではありません。レッシングとわれわれの間に立ちはだかっているのは、一八世紀ではなく一九世紀です。一九世紀がいだいた歴史への幻想とイデオロギーへの傾倒とは依然として現代の政治的思考に大きな影を落しているため、われわれは歴史や強制的な論理を支えとして援用しない完全に自由な思考を、何らの権威も持たないものとみなす傾向があります。たしかにわれわれは、思考が単に知性と深遠さだけではなく、とりわけ勇気を要求するものであることを今なお知っています。しかしわれわれは、レッシングの世界への参加が、そのために無矛盾性の公理や首尾一貫した整合性への要求をさえも犠牲にするところまで貫かれるのをみると驚かざるをえません。こうした要求は書いたり話したりするすべての人にとって必須のものと考えられるからです。すなわちかれはきわめて真剣に次のように宣言しています。「私は私が創り出した難問を解決する義務に拘束されていないとは思わない。私の観念は常にある程度分裂しているかもしれないし、あるいは相互に矛盾していることさえあるかもしれない。それでもなお読者は、こうした諸観念のなかに自力で思考するがす素材を見出すであろう」。かれは誰に強制されることも望まなかったばかりか、誰をも実力あるいは立証のいずれによっても強制することを望みませんでした。かれは、推論や詭弁によって、あるいは強制的な論証によって思考を支配しようと試みる専制者を、正統派学説よりも自由にとって危険なものとみなしたのです。とりわけかれは決して自分自身を強制しようとせず、歴史観を首尾一貫した体系として固定する代りに、かれ自身知っていたように、「知識の酵母〈fermenta cognitionis〉にほかならないもの」を世間に流布せしめたのです。

したがって、レッシングの有名な自立的思考〈Selbstdenken〉——自力で自律的に行なわれる思考——は、決して閉鎖的で、統合された、有機的に生長し教化される個人の活動、すなわちこうした個人が思考の迂路によって自分自身と世界との調和を達成するために、世界のなかで自己の発展に最も有利な場所を求めて周囲を見まわす際に試みられるようなものではありません。レッシングにとって思想とは、個人から生ずるものでも自我の表明でもありません。むしろ個人が——レッシングなら個人は行動のために創造されたのであって推論のためにではないと主張したでしょう——こうした思想を選び出すのであり、それは個人が思考のなかに自由に世界を動きまわる様式を見出すからです。「自由《フリーダム》」という言葉によって連想されるあらゆる特殊な自由《リバティ》のなかで、歴史的に最も古くまた基本的なものは運動の自由です。望む所に向けて出発できるということは自由であることの原型であり、それゆえに有史以来運動の自由を制限することは奴隷化のための前提条件となってきています。運動の自由はまた行動のための不可欠の条件であり、人々が世界のなかで自由を経験するのは何よりも行動においてです。人々が公的な空間——共同の行動によって構成され、歴史へと発展すべき出来事と物語とでおのずから満ちあふれている——を奪われるとき、人々は思考の自由へと後退します。このことはもちろん、きわめて古くからある経験です。そして、こうした後退に近いことをレッシングも強いられていたようです。世界内での奴隷状態から思考の自由への後退ということを耳にするとき、当然想い出されるのはストア派の事例でしょう。それは歴史的に最も有効であったからです。しかし正確には、ストア主義は行動から思考への後退というより、むしろ世界から自我への逃避を意味し、そうすることで外部の世界から完全に独立して自己自身を保持することが可能になると期待されていたのです。レッシングの場合、こうしたたぐいのことは存在しません。レッシングは思考のなかへ退却しましたが、しかし自分自身のなかへ退却したのではなく、もしかれにとって行動と思考の間に密かな関連が存在していたとするなら（引用によって証明することはできませんが、私はそれが存在していたと確信しています）、その関連は、行動も思考もともに運動の形態において生起するという事実、またそれゆえに自由は両者の基盤であり、それは運動の自由にほかならないという事実によって構成されていました。

おそらくレッシングは行為が思考によって置き換えられるとも、思考の自由が行動に固有な自由の代替物になりうるとも信じてはいなかったでしょう。かれは自分が当時「ヨーロッパで最も奴隷的な国」に住んでいることを知っていました。ただかれは、好きなだけ「宗教に反対して白痴的言行を公衆に提供する」ことを許されていたにすぎません。「搾取と専制に反抗して……臣民の権利を主張する」こと、言い換えれば、行動することは不可能でした。かれの「自立的思考」と行動との密かな関係は、かれが決して思考と結論とを結びつけようとしなかったことのなかにあります。事実、かれは自分の思考がみずから提出した課題の最終的解決を意味するような結論を求めることをはっきり非難しました。すなわちかれの思考は真理の探究ではなかったのであり、その理由はある思考過程の帰結であるあらゆる真理が、必然的に思考の運動を終熄せしめるからです。レッシングが世間に流布した知識の酵母は結論を伝達しようとするものではなく、他の人々に自立的思考への刺激を与えようとするものであり、それは思索者の間に対話をもたらそうとしたからにほかなりません。レッシングの思考は、私と私自身の間でかわされる(プラトン流の)静かな対話ではなく、他人を予期した対話であり、それが本質的に論争的であった理由はここにあります。しかし他の自立した思索者との対話を実現し、それによってとくにかれにはあらゆる能力を麻痺させるものと映っていた孤独を免れることに成功したとしても、このことがあらゆる事物を直すと信ずることはまずありえませんでした。如何ともし難いもの、そしてどの対話もどの自立的思考も是正しえないものは、世界——すなわち人々の間に生起し、個人が生来持ちあわせているいっさいがここにおいて可視的で可聴的なものとなる——であったからです。われわれとレッシングの生きた時代を隔てる二〇〇年間にこの点をめぐる多くのことがらが変化してきましたが、しかしよりよい方向への変化はほとんどみられません。(かれの隠喩をひくなら)「熟知された真理の支柱」は、当時は動揺していましたが、今日では破砕されており、それを動揺させるための批評も賢人ももはやわれわれには必要ありません。われわれがこうした支柱のまさしく破片の堆積のなかに立っていることを理解するには、ただ周囲を見廻すだけで十分なのです。

今やある意味では、こうしたことはある新しい型の思考、すなわち支柱も柱石も、あるいは基準も伝統もともに必要とせず、未知の土地を杖なしに自由に動きまわる思考を推進するという利点になりえています。しかし世界自体がこれを利点とすることはできません。真理の支柱は同時に政治的秩序の支柱でもあること、また世界は（そこに住み、そのなかを自由に動きまわる人々とは対照的に）連続性と永続性とを保証するためにこうした支柱を必要とするのであり、それなしに世界は、死ぬべき運命にある人間が必要とする相対的に安定し、相対的に不朽の安息所を与えることができないことは古来より明らかです。たしかに、人間が思考を放棄して、古い真理や新しい真実を信じ、それらがあたかもあらゆる経験の平均を保つ貨幣であるかのように扱うなら、それに応じてかれの持つ人間性はその活力を失うことになります。しかし、このことは人間には正しくとも世界にはあてはまりません。世界がもはやいかなる種類の永続性も持たない運動のなかに暴力的にひきこまれるとき、世界は非人間的で、人間的要求――死すべき運命を持つものの要求――にこたえない荒廃したものとなります。それゆえにこそフランス革命という偉大な失敗以降、人々はかつて破壊された支柱を、ただそれらがまず動揺し、ついで崩壊するのを繰り返し見るためにのみ再建してきたのです。最も恐るべき錯誤が「熟知された真理」にとって代り、しかもこうした誤った主義は古い真理に代る何ものをも立証せずまた新しい支柱ともなりえません。政治的領域における復古は決して新たな基盤の代りにはならず、革命と呼ばれている基盤作りが失敗した際に不可避的なせいぜいのところ一時的目安にすぎません。しかしそうした状況のもとで、とくにそれが相当長期にわたって行なわれる場合、人々の世界と公的領域の全局面に対する不信もまた徐々に拡大していくことは避けられません。このように繰り返し復興される公的秩序の土台のもろさは、崩壊のたびにますます明らかにならざるをえないからであり、その結果窮極的に公的秩序は、ほんの一握りの人間が未だ密かに信じている「熟知された真理」を人々がまさに自明なものとみなすことに基づくものとなります。

II

歴史は公的領域の光が奪われた暗い時代がいくたびも訪れたことを示しており、そのとき、世界はきわめて曖昧なものとなるため、人々は自分の死活に関わる利害や私的な自由について当然の考慮を示すこと以上には、政治に要求することを止めてしまうのです。こうした時代に生き、こうした時代に育てられた人々は、おそらく常に世界と公的領域とを蔑視し、できるかぎりそれらを無視しようとするのであり、さらには人々の間に横たわる世界を顧慮することなく仲間の人々との相互理解に到達するため、世界と公的領域とを跳び越えていわばそれらの背後に——あたかも世界とは人々がその背後に身を隠すことので きる衝立《ファサード》てにすぎないかのように——到達しようとします。こうした時代には、もし事態がうまく進展すればある特殊な型の人間性が発展します。その可能性を正しく評価するには『賢者ナータン』について考えてみれば十分ですし、その真のテーマ——「人間であることで十分だ」——はこの戯曲のいたるところに満ちています。「私の友人たれ」という訴えは、この戯曲全体を貫くライトモティーフですが、それもこのテーマに照応していま す。われわれはまた『魔笛』をも同様に考えることができますが、この作品のテーマも同じようにそうした人間性であり、しかもこの作品は、人類を分裂させていた民族、国民、人種、宗教などの多様性の基礎となる基本的人間本性に対する一八世紀の通常の理論を考慮にいれるだけで、われわれが普通に考えている以上に深い意味をもつものとなります。もしもこうした人間本性が存在するとすれば、それは自然現象にほかならないでしょうし、それに適した行動様式を求めるなら、「人間」なるものは人間的行動様式と自然的行動様式とが同一のものと想定することになるでしょう。一八世紀におけるこの種の人間性を唱道した人々のなかで最も偉大であり、歴史的に最大の有効性を発揮した者はルソーでした。ルソーにとって万人に共通する人間本性は理性にではなく同情心のなかに、かれの表現を用いるなら、仲間が苦しんでいるのを見ることに対する生来の嫌悪感のなかに示されていました。レッシングもまた最良の人格とは最も同情心に厚いものであると主張していた点でルソーと見事に一致しています。ただレッシングは、同情心の持つ平等主義的な性格——かれが強調したように、われわれは悪人に対しても「同情心に近いもの」を感ずるという事実——に困惑させられていました。このことはルソーにとってなんら問題ではありません。かれの思想に支えられたフランス革命の精神のなかに、かれは人間性の実現として博愛をみました。他方レッシングは、友情——同情心が平等主義的であるのに対して選択的である——を、そのなかでのみ真の人間性が立証されうるような中心的現象であると考えたのです。

レッシングの友情の概念とその政治的関連に目を向けるまえに、われわれはしばらくの間一八世紀的な意味での博愛に注意を向けなければなりません。レッシングもまたそのことに通じていましたし、かれは「博愛主義的感情」について、また人々が「非人間的に」扱われる世界への憎しみから生ずる他の人間存在への親密な愛情について語っています。しかし当面重要なことは、人間性は「暗い時代」におけるこうした同胞関係のなかに最も頻繁に現われるということです。時代がある人々の集団にとって極端に暗いものであり、そのため世界から退くことがもはやかれらの責任でも、あるいはかれらの洞察力や選択の結果でもなくなるような場合、こうした種類の人間性は実際に不可避的なものとなります。博愛という形での人間性は歴史的には常に迫害された人々や奴隷化された集団のなかに現われ、したがって一八世紀ヨーロッパでは、当時文筆家仲間への新参者であったユダヤ人にそれを見出すことになるのもまったく当然のことでした。この種の人間性は最下層の人々の偉大な特権であり、この世界の最下層民があらゆる環境のもとで常に他の人々に対して持ちうる利点でもあります。この特権は非常に高価なものです。すなわちそれはしばしば世界の徹底的な喪失、われわれが世界に応答するのに必要なあらゆる器官の恐るべき退化——われわれ自身と他の人々とが共にする世界の中にわれわれ自身を位置づけるコモン・センスに始まり、われわれが世界を愛するのに必要な美や趣味の感覚にいたる——を伴う結果、下層民社会が数世紀も持続するような極端な場合、われわれは真の無世界状態について語ることができるほどになるからです。そして無世界状態とは、帰するところ常に野蛮状態の一形態にほかなりません。

ここにおいて人間性はいわば有機的に発展し、それはちょうど迫害された人々が迫害の圧力のもとであまりにも近く互いに身を寄せあった結果、われわれが世界と呼んできた空間（これはもちろん迫害が加えられる以前にはかれらの間に存在して相互の間に適度の距離を保持させていた）が単に消え失せてしまったかのようです。こうしたことは人間関係にある温かさを生み出し、それはまたこのような集団と体験をともにしたことのある人々には、ほとんど自然な現象と映ります。もとより私は、迫害された人々の持つこうした温かさが重要な事柄ではないなどと主張するつもりはありません。それが十分な発展をとげていくなかで、それは親切心と純粋な善良さとを生み出すことができたし、そのいずれもこうした状況がなければ、人間の殆んど達成しえない事柄でした。またそれは往々にして活力の源泉であり、生きているという単純な事実にみる喜びであり、卑俗に言えば、辱しめられ、傷つけられた人々の間でのみ人生はその本来の権利を取り戻すことを示唆しています。しかしこのように述べることでわれわれはこうした雰囲気が魅力と強さを発展させるのは、この世界に住む最下層民が世界への顧慮にわずらわされないですむという偉大な特権を享受しているという事実にも基づいていることを忘れることはできません。

フランス革命は、従来人間の政治領域における基本概念であった自由と平等に博愛をつけ加えましたが、この博愛は一八世紀に不運な人〈les malheureux〉、一九世紀に悲惨な人

〈les misérables〉と呼ばれた抑圧され、迫害された人々、搾取され、傷つけられた人々の間に自然な形で存在していました。同情心はレッシングとルソーのいずれにとっても（文脈はまるで異なりますが）、万人に共通する人間本性を発見し確認する上できわめて大きな役割を果たし、それはまたロベスピエールにおいて初めて革命の中心的な起動力となったのです。以来同情心は、ヨーロッパ革命史にとって不可分でまぎれもない部分をなしてきています。今や同情心は疑いもなく自然な人間的感動であり、苦しむ者を見ればたとえそれが外国人であろうと普通の人なら無意識のうちにつき動かすものであるため、それが全人類に及ぶことで人間が真に同胞兄弟となるような社会を設立しようとする感情の理論的な基盤となるように思われているようです。革命的志向を持った一八世紀の人道主義者は、同情心を通じて不幸な人々と悲惨な人々との連帯を達成しようとしました――その努力はまさに同胞兄弟の域に到達しようとすることです。しかし、この種の人道主義――その純粋形態は最下層民の特権である――は、伝導不可能であり、最下層民に属さない人々には容易に習得されえないことがじきに明らかとなりました。同情心もあるいは苦難を現実に分ちあうことも、それだけでは十分ではありません。われわれはここで、万人のために正義を確立することよりもむしろ不幸な人々の運命を改善しようとする企てによって、同情心が現代革命のなかに導入されたことの弊害を論ずることはできません。しかし、われわれ自身と感情の現代的様式についてささやかな展望を獲得するため、あらゆる政治上の問題についてわれわれよりもはるかに経験を積んでいた古代世界が、同情心と同胞兄弟的な人道主義をどのようにみていたかを簡単に想い起してみましょう。

　現代と古代とはある一点で一致しています。すなわち、両者ともに同情心をまったく自然なもの、いわば恐怖心のように人間にとって逃れ難いものとみています。したがって、古代が現代の同情心に対する高い評価とまるで対照的な立場をとっていたことはきわめて印象的なことです。かれらは同情心というものの情緒的な性質、すなわち恐怖心と同様に抵抗できないほどにわれわれを圧倒する性質をきわめて明瞭に認識していたのであり、それゆえ古代人は最も同情心に富む人を最も恐怖心の強い人と同様に最良の人と呼ばれる資格を持たないものとみなしたのです。いずれの感情も、まったく受動的なものであるがゆえに、行動を不可能にします。ただ、同情心を恐怖心に還元したり——他人の苦痛はわれわれのなかに自分自身に対する恐怖をひき起すとでもいうように——恐怖心を同情心に還元したり——恐怖心においてわれわれは自分自身に対する同情を感ずるにすぎないとでもいうように——することは、まったくの誤りでしょう。われわれが（『トゥスクルム叢談』IIIの二一におけるキケロから）ストア派が同情心と羨望心とを同一に見ていたことを知るとき、われわれはさらに驚かされることになります。「他人の不運に心を痛めるものは、また他人の繁栄に心を痛めるものだからである」。キケロ自身は、次のように問うたとき（前掲書、IVの五六）、問題の核心にかなり近づいていました。「なぜ、助けを与えられるときにも、むしろ憐れみを与えようとするのか。あるいはわれわれは、憐れみを持たずに親切であることはできないのであろうか」、言い換えれば、人間は他人の苦痛をみることで自分自身の苦痛に駆られ、かついわば強制されるのでなければ人間的に行動できないほど卑しい存在なのでしょうか。

こうした感情を評価するに際してわれわれは、無私の問題、あるいは他人に対する率直さの問題を提起せざるをえません。事実これらの事柄は、語のあらゆる意味で「人間性」の前提条件をなしています。この点では、喜びを共有することが苦痛を共有することよりも絶対的にすぐれていることは明らかかと思われます。喜びは悲しみと違って話好きであり、真に人間的な対話は単なるおしゃべりとは異なり、また他の人の快楽とかれが語る快楽に満たされた討論とも異なります。それはいわば喜びの核心にふれるものです。この喜びを妨げるものは羨望であり、人間性の領域では最悪の悪徳です。しかし、同情心の対立物は羨望ではなく残酷さであり、それが同情心に拮抗する感情であるのもそれが一種の倒錯であって、当然に苦痛を感ずるような場合に快楽を感ずるからです。決定的な点は、快楽と苦痛とはあらゆる本能的な事柄と同様、沈黙におもむく傾向があり、たとえ音声を発するとしても言語を生み出さず、またたしかに対話を生み出しはしないということです。

こうしたことはすべて、兄弟愛的な人道主義も、辱しめられ、傷つけられたことのない人々、同情心を通じてしか人道主義を分ち持てない人々には適合するものでないことを言い換えたにすぎません。最下層民の持つ温かさを、世界における立場の違いから世界への責任を押しつけられ、最下層民の持つ快い無関心を共有することが許されていない人々にまで当然のこととして拡大することはできないのです。しかし、「暗い時代」においては、最下層民が光の代りとしている温かさが、あるがままの世界に絶望し、その結果不可視的なものに逃げこもうとしている人々に大きな魅力を与えることも確かです。そして、不可視的なもののなかでは、すなわちそこに潜む人間がもはや可視的な世界を見ることも必要としないような暗さのなかでは、ぎっしりと詰め込まれた人間同志のもつ温かさと友愛だけが、そこに生ずる奇妙な非現実性を補償することができるのであり、人間関係が絶対的な無世界状態のなかで万人に共通な世界とは無関係に発展する場合には、人間関係は常にこうした奇妙な非現実性を想定せざるをえないのです。このような無世界と非現実の状態のなかで、万人に共通な要素は世界ではなく、あれこれのタイプの「人間性」であるという結論は容易に生まれます。そのタイプの何であるかは解釈者に依存し、その際、万人の属性としての理性が強調されるか、それとも同情する能力のような万人に共通な感性が強調されるかは大した問題ではありません。一八世紀の合理主義と感傷主義とは楯の両面にすぎず、両者とも個人が万人との同胞愛のきずなを感ずる際の熱狂過剰へと導きうるものでした。いずれの場合にも、こうした合理性と感傷性とは不可視性の領域のなかで、共通の可視的な世界の喪失を心理的に代用したにすぎませんでした。

かくて、こうした「人間本性」とそれに伴う友愛の感情は暗闇のなかにのみその姿を表わし、したがって世界に同化されることはありません。さらに、可視的な状況のもとでは、幻影のごとく消滅して無に帰してしまいます。辱しめられ、傷つけられた人々の人間性は、解放の時代にはほんの一瞬たりとも生き残りませんでした。このことはそれが無意味であったということではありません。事実、それは侮辱と迫害を耐えうるものにするからです。しかし、それは政治的な意味ではまったく不適当なものであったのです。

III

「暗い時代」における適切な態度というこれに類似した問題は、当然のことながら私が属していた世代と集団にとってとくに身近なものです。栄誉を受けることに本質的にともなう世界との和合が、われわれの時代、また現在の世界状況においては決して容易な事柄ではなかったとするなら、それは今のわれわれにはさらに容易ならぬことです。たしかに、栄誉はわれわれの生得の権利ではありませんし、世界が誠意をもって差し出すものを気持ちよく受けるためだけにも必要な率直さと信頼感をわれわれがもはや持てなくなっているとしても驚くにはあたりません。われわれのなかで、話すことや書くことによって公的生活に乗り出したものでさえ、公的場面における何かしら本来的な喜びからそうしたのではなく、また公的承認の証を受けることを期待したり、それにあこがれたりすることもほとんどありませんでした。公的場面においてさえ、かれらは友人だけに話しかけるか、あるいはいやしくも話したり書いたりする人ならば誰しも、やや漠然としたものではあれ、ある種の同胞愛に結ばれていると感ぜざるをえないような、未知の、散在する読者や聴衆に向かって話す傾向がありました。努力の点でもかれらは世界への責任をほんのわずかしか感じていなかったようですし、こうした努力は、むしろ非人間的になりつつある世界のなかで最小限度の人間性を保持しようとし、それと同時にこうした無世界状態に伴う奇妙な非現実性に可能なかぎり抵抗しようとする願望に導かれるものでした。かれらはそれぞれ自分の流儀でそれを行ない、ある少数の人々は狂った時代の非人間性と知的・政治的怪物をも理解すべく、能力の限界まで努力することでそれを行なったのです。

私が、比較的早い時期にドイツから放逐されたユダヤ人集団の一員であることを率直に強調するのは、人間性について論ずるとき、きわめて容易に生じやすいある種の誤解をあらかじめ取り除きたいと思うからです。このこととの関連で、私は多年にわたって「あなたは誰か」という問いに対する唯一の適切な答えは、「ユダヤ人」であると考えていたことを告白せざるをえません。この答えだけが迫害という現実を考慮に入れていたのです。「ユダヤ人よ、近う寄れ」という命令に対して賢者ナータンが行なった言明（実際には言語的表現をとってはいませんが）――私は人間です、という言明――については、私はそれをグロテスクで危険な現実回避以外の何ものでもないと考えていました。

ここでもう一つの同様な誤解を手短かに片づけておきましょう。私が「ユダヤ人」という言葉を用いるとき、ユダヤ人の運命は人類の運命の典型もしくは範型であるといった意味での、何らかの特殊な人間存在を示唆しようとしているのではありません。（こうした命題はせいぜいがナチス支配の最終段階においてのみ説得力を持ちえたにすぎず、この時期には、実際ユダヤ人も反ユダヤ主義も、単に異民族絶滅をめざす人種主義的計画の束縛を解いて、それを具体化するために利用されたのです。これが全体主義的支配の本質的部分だったからです。たしかに、ナチズムの運動は最初から全体主義を指向するものでしたが、しかし第三帝国も初期の時代には決して全体主義的ではありませんでした。(ここで「初期の」時代とは、一九三三年から三八年までの第一期のことです。)また「ユダヤ人」という言葉で、私は歴史に示されてきたような差別の重荷を負わされた、あるいは差別を運命づけられた現実に言及しようとするのでもありません。私はただ、私がこの集団のメンバーであるということが、他のあらゆる個人的帰属に関する問題に優っているという政治的事実を認めているにすぎないのであり、あるいは個人的帰属の問題を匿名性、すなわち無名であることを支持する形で解決したにすぎないのです。今日、こうした態度は一つのポーズと考えられることでしょう。それゆえに今日、こうした形で反応した人々が「人間性」というものを決して十分な探さまで鍛えることができず、ヒトラーにしかけられたわなに落ちこんでしまい、かくてかれら自身のやり方でヒトラー主義の精神に屈伏してしまったことを述べることは容易です。不幸なことに、ここで問題となっている基本的で単純な原則は、侮辱と迫害の時代にはとくに理解され難いものであり、その原則とは、人は攻撃されている帰属原理によってのみ抵抗しうるということなのです。敵対する世界の側に立って、こうした帰属証明を拒否する人々は、世界に対して非常な優越を感ずるかもしれません。しかし、かれらの優越感はもはやまったくこの世のものではなく、せいぜいのところよく整えられた夢想の国の優越感なのです。

このように私が率直に私の所見の個人的背景について語るとき、ユダヤ人の運命を風聞だけで知っているにすぎない人々には、私がまるで学校のなかから話しているように、しかもその学校にかれらは一度も出席したことがなく、そこでの授業はかれらとまるで無関係であるように映るかもしれません。しかし実際には、その時期のドイツには「内的亡命」として知られる現象が存在したのであり、この経験について少しでも知っている人々は、私が述べてきた問題によく似たある種の問題と紛争が、単なる形式的・構造的意味以上のものとして存在していたことを認めることでしょう。その名辞がすでに示唆しているように、「内的亡命」とは奇妙に曖昧な現象でした。一方でそれは、ドイツ国内にはもはやその国に属していないかのように振舞い、亡命者のごとく感じていた人々がいたことを意味しており、そして他方では、かれらは実際には亡命しなかったものの、内面の領域、思考と感情という不可視的領域にひきこもってしまったことを示しています。こうした亡命の形態、すなわち世界から内面的領域への撤退がドイツにしか存在しなかったと想像することは、こうした亡命が第三帝国の終焉とともに終りを告げたと想像することと同じく誤りでしょう。ただあの最も暗い時代には、明らかに耐え難い現実に直面して、世界とその公的領域から内面的生活に移ろうとする、あるいは単に「あるべき」もしくは「かつて存在した」想像上の世界によって現実の世界を無視しようとする誘惑がドイツの内外でことのほか強かったのです。

ドイツに広くみられた傾向については、すでに多くのことが論じられてきました。そこでは、一九三三年から一九四五年にいたる歳月が存在しなかったかのように、ドイツおよびヨーロッパの歴史の、したがって世界史のこの部分が削除されうるかのように、万事は過去の「否定的」側面を忘れ去り、恐怖を感傷的なものに変えることに依存しているかのように振舞われてきたのです。(『アンネ・フランクの日記』が世界的な成功を収めたことは、こうした傾向がドイツだけに限られるものではないことを明らかに示しています。)ドイツの若者たちが、わずか数マイル離れた学童のすべてが知らざるをえないような事実を学ぶことを許されていないという状況は、まさにグロテスクな事態でした。もちろん、こうしたことすべての背後には本心からする当惑がありました。そして、このように過去の現実に直面できないということは、おそらく内的亡命の直接的な遺産と言ってよいでしょう。それは疑いもなくある程度までは、またより直接的には、ヒトラー体制の一帰結——すなわち、ナチスがドイツ全土の住民をまきこむにいたった組織的犯罪の一帰結であり、そこでは内的亡命者も忠実なナチス党員や心のきまらぬ同胞旅行者と同様にこの組織的犯罪にまきこまれていたのです。連合国が単純に集団犯罪という運命的な仮説に織りこんでいったのは、こうした犯罪の事実でした。ドイツ人がひどいぎごちなさを感ずる理由もここにあり、そうしたぎごちなさは過去の問題を討議するときにいつでも局外者のすべてに強い印象を与えるものです。合理的な態度を見出すことがいかに困難であるかは、過去は依然として「克服されていない」といった常套句や、また最初になされるべきことは過去の「克服」に着手することだといったとくに善意の人々にいだかれている確信におそらくよりよく表明されています。多分、こうしたことはいかなる過去によっても、またたしかにヒトラー・ドイツの過去によってもなされることはありますまい。達成されうる最良のことは、過去が何であったかを正確に知り、こうして得られた知識に耐え、さらに知りかつ耐えることから何が生ずるかを待ち望むことなのです。

このことをそれほど痛ましくない例によって説明することができるかもしれません。第一次世界大戦後、われわれは著しく種と質を異にする戦争に関する著作が氾濫するなかで、「過去の克服」を経験しました。それは当然のことながらドイツばかりではなく、戦争の影響を蒙ったすべての国に起きたことです。それでも、きわめて明瞭に事態の内的な真理を示しているがゆえに、「そうだ、これが成り行きであった」といえるような文芸作品が現われるまでにはほぼ三〇年が経過したのです。そしてこの小説、すなわちウィリアム・フォークナーの『寓話』においても、極くわずかしか描写されていず、またいっそうわずかしか説明されていず、さらに何ごともまるで「克服されて」はいません。その結末は涙であり、読者もまた同じ涙を流すのです。そしてそれ以上に残るものはといえば、「悲劇的効果」あるいは「悲劇的愉悦」であり、この戦争のようなものも起こりえたという事実の受容を可能にする激しい感情でした。私がとくに悲劇について述べるのは、それが他の文学形式以上に認識の過程を再現するからです。悲劇の主人公は受難の途上で蒙った事柄を再体験することによって事態をよく知るようになり、こうした苦難〈pathos〉のなかで、言い換えれば、過去を再受難することのなかで個人の行為の総体は一つの出来事に、すなわち意味ある全体に変えられるのです。悲劇の劇的なクライマックスは行為者が受難者に変るときに生じ、そこで事情は一変して大団円となります。しかし、悲劇的でないプロットも、それが回顧的かつ知覚的に作用する記憶によって受難の形で再度経験される場合には、ほんものの出来事になります。こうした記憶は、われわれを行動に駆りたてる憤激と正当な怒りが沈黙させられるときにのみ、語ることができ——それには時間が必要です。われわれが過去を取り消せないように、過去を克服することはできません。しかし、過去に甘んじることなら可能です。そのための形式は嘆きであり、それはあらゆる形の回想から生まれます。それはかつてゲーテが（『ファウスト』の献辞のなかで）述べたところでもありました。

Der Schmerz wird neu, es wiederholt die Klage/Des Lebens labyrinthisch irren Lauf.

（苦しみは新たになり　嘆きはまたも人の世の悲しいさまよいをくり返す。）
〈手塚富雄訳『ファウスト』より〉

悲嘆のなかでこうした反復を行なうことの悲劇的な効果は、あらゆる行動の本質的要素の一つに影響を及ぼします。それは行動の意味と、歴史のなかに組みこまれるべき恒久的な意義とを確定するのです。行動に特有な他の要素に対比して——とりわけ、予想されていた目標、推進力となる動機、指導的原則など行動の過程において可視的となるすべてのものに対比して――みるなら、すでに開始された行為の意味は、行動自体が結末に近く、叙述しやすい一つの物語となってはじめて明らかになります。過去を「克服すること」が可能であるとすれば、それは起こった事柄を関連づけることにありましょう。しかし、こうした叙述は、それが歴史を形作るとしても、問題を解決することはないし、苦痛を和らげることもありません。それが何かを一挙に克服したりすることはないのです。むしろ、出来事の意味が生き続けているかぎり――しかも、こうした意味というものは非常に長期にわたって存続できます――「過去を克服すること」は絶えず反復される叙述という形をとることができるのです。非常に広い意味での詩人と非常に限られた意味での歴史家とは、この叙述の過程を作動させその中にわれわれを巻き込んでいくという任務を負うのです。そして、大部分が詩人でも歴史家でもないわれわれも、自分自身の生活体験からこうした過程の本質に通じています。われわれもまた自分の生活のなかでの意義ある出来事を、自分自身や他人と関連づけることによって想い起こす必要があるからです。かくてわれわれは、一つの人間的可能性として、最も広い意味での「詩作」への道を絶えず準備します。いわば、われわれはそれがある人間に噴出することを絶えず期待しているのです。こうしたことが生ずるとき、実際に起こったことについて語ることはしばらくの間中断され、創られた物語は、もう一つの項目として世界の財産に加えられます。詩人や歴史家による具象化のなかで、歴史の叙述は恒久性と持続性を獲得します。こうして、物語は世界のなかにその位置を与えられ、そこでわれわれの時代を超えて生き残ることになります。そこで、それは生き続けることができます——多数の物語のなかの一つとして。多数の物語から完全に分離されうるような物語には、何の意味もありません——そしてこのことについても、われわれは自分自身の詩的とはいえない体験から知っています。如何なる哲学も、如何なる分析も、如何なるアフォリズムも、それらがどれほど深遠なものであろうと、意味の強烈さと豊かさとにおいては、正しく語られた物語には比肩するべくもありません。

　どうも主題からそれてしまったようです。問題は、もし人間性が空虚な慣用語や幻影に低下させられるべきではないとするなら、非人間的となった世界のなかにもどの程度の現実が保持されねばならないかということです。他の言い方をすれば、世界から放逐されるか、それともそこから退去してしまったような場合にも、われわれはどの程度まで世界への義務を負い続けるのかということです。「内的亡命」、世界から隠れ場所への逃避、公的生活から匿名的な生活への逃避が（それが実際に起きたことであり、自己の良心を慰めるために十分な内面的留保のもとに誰もが行なったことを行なうための単なる口実ではない場合）正当な態度ではなかったとか、多くの場合にそれが唯一の可能な態度であったとか主張するつもりはまったくありません。無気力な暗い時代に世界から逃避することは、現実が無視されるのでなく回避されるべきものとして不断に認められているのであれば、常に正当化されえます。人々がこうした方向を選択するとき、私的生活もまた、たとえ無力であろうとも無意味ではない現実性を保持できるのです。ただ、こうした現実の実在性はまったく私的なノートのなかには存在せず、こうした私的領域それ自体から生ずるものではないこと、それはかれらが逃亡してきた世界に帰属するということを認識することは人々にとって重要です。かれらは自分たちが不断の逃亡の途上にあること、そして世界の現実は実際にはかれらの逃亡に示されていることを忘れてはなりません。かくてまた、現実逃避主義の真の力は迫害から生まれ、逃亡者の人間的な強靭さは、迫害と危険が増大するにつれて増大するのです。

それと同時に、こうした存在が持つ政治的妥当性の限界を、たとえそれが純粋に持ち続けられたものであろうと、見落すことはできません。その限界は強靭さと権力とが同一のものではないという事実のなかにあります。権力は人々が協同して行動するところにのみ生まれ、人々が個人としてより強靭になっていくところには生まれません、強靭さは権力に代るほどの偉力を持ちません。強靭さが権力に直面する場合はいつでも、強靭さが圧倒されることでしょう。しかし、逃亡することと逃げながら抵抗するための本当の強靭さも、現実が無視されたり忘れられたりするところでは実現されえません――ある個人が自分自身をこうした世界に対抗させるにはあまりに自分が善良であり高貴でありすぎると考える場合、あるいはある時点における世界の状態を支配している絶対的な「否定性」に個人が直面できない場合、それは実現されえないのです。たとえば、耐えがたく愚かなナチスの密告者を単純に無視するということは確かに魅惑的なことでしょう。しかし、こうした誘惑に屈して、自分自身の精神の隠れ家に閉じこもることがいかに魅力的であるとしても、その結果は常に現実を見捨てることであるとともに人間性を喪失することでもありましょう。

かくて、第三帝国の状況のもとでのドイツ人とユダヤ人との間の友情を例にとれば、「われわれはともに人間ではないか」と述べることは友人に対して人間らしさを示すことにはならなかったでしょう。それは単に現実を、また当時両者が共有していた世界を回避しようとするものではあっても、あるがままの世界に抵抗しようとするものではありませんでした。ユダヤ人とドイツ人との交際を禁じた法律は、差別の現実を無視していた人々によって回避されることはできても、反抗されることはできませんでした。現実の堅固な基盤を失ってない人間らしさを、あるいは迫害という現実の真只中で人間らしさを保とうとするなら、かれらは相互に「ドイツ人とユダヤ人、そして友人たち」と言わなければならなかったでしょう。しかし、こうした友情があの時代に（もちろん、状況は今日ではまったく変化している）成り立ち、かつそれが純粋に保持されていたところでは、言い換えるなら、一方における虚偽的な罪責コンプレックスと他方における虚偽的な優越感もしくは劣等感が存在しなかったところでは、非人間的となった世界のなかで、そこそこの人間性が達成されてきたのです。

IV

私が友情を例証としてあげたのは、それがさまざまな理由から人間らしさの問題にとくに適切と思われたからですが、この友情に関する例はわれわれをふたたびレッシングへとひき戻します。周知のように、古代人は友人を人間生活に不可欠のものと考え、実際友人を持たない人生は真に生きるに値しないと考えていました。しかしこうした見解をとりながらも、不幸なときには友人の助けを必要とするという考え方にはほとんど考慮を払いませんでした。むしろかれらは、喜びを分つ友人がなければ、誰にとっても幸福や幸運も存在しえないと考えたのです。もちろん、不幸なときにのみ真の友人の誰であるかが分る、という格言にも一理はあります。しかし、こうした吟味をしなくとも、われわれが真の友人とみなしている人々こそ、ためらわずに幸福であることを知らせ、また喜びを分ちあおうとあてにしている人々なのです。

われわれは友情を単に親密さの一現象としてみることに慣れてきています。友人たちはこの親密さのなかで世間やその要求に悩まされることなく、相互に胸のうちを明しあうというわけです。こうした考え方の最良の唱道者はレッシングではなくルソーですが、それはまた現代の個人がもつ基本的態度にもよくあてはまります。世界から疎外されている現代の個人は、ただプライヴァシーのなかで、そして顔つき合せた出会いという親密さのなかでしか真に自分を表わすことはできません。その結果、われわれは友情の持つ政治的妥当性を理解することが困難となります。たとえばアリストテレスがフィリア〈philia〉、すなわち市民間の友情が、都市国家の安寧にとって基本条件の一つであると述べているのを読むとき、われわれはかれが都市国家内における党派と内乱の不在を論じているにすぎないと考えがちです。しかし、ギリシア人にとって友情の本質は対話のなかにありました。かれらは絶えざる議論の交換だけがポリスの市民を結合すると考えました。対話のなかで、友情の政治的重要性とそれに固有な人間らしさとが明らかにされます。こうした会話は（各個人が自分自身について語る親密なおしゃべりに比べて）、それがたとえ友人がいるという喜びに満たされていたとしても、共通の世界に関心を寄せるのであり、共通の世界は、それが絶えず人々に語られるのでなければ、まさに文字通り「非人間的」のままにとどまります。人間によって作られているからといって世界は人間的になるわけではなく、またそのなかに人間の声が聞かれるからこそ人間的とならないというわけでもなく、ただ世界が人間的となるのはそれが語りあいの対象となった場合に限ります。われわれが世界の物事にどれほど影響されようと、それがどれほど強くわれわれを感動させかつ刺激しようと、仲間とそれについて討論することができる場合にのみ、そうしたことはわれわれにとって人間的なものとなるのです。語りあいの対象とはなりえないもの――真に崇高なもの、真に恐るべきもの、あるいは真に神秘的なもの――さえ、人間的な声において現われ、それを通して世界に聞こえることもありますが、しかしそれは正確には人間的なものではありません。われわれは世界においてまたわれわれ自身のなかにおいて進行しつつあるものを、それについて語ることによってのみ人間的にするのであり、さらにそれについて語る過程でわれわれは人間的であることを学ぶのです。

ギリシア人は、友情ある語りあいのなかで達成されるこうした人間らしさをフィラントロピア〈philanthropia〉、すなわち「人間愛」と呼びましたが、それはそれ自体他の人々と世界を共有する心づもりを表明するものでした。その反対である人間嫌いとは、単に、人間嫌いの人は世界を共有する人間を見出さないということ、またかれが誰をも世界と自然、さらには宇宙のなかでともに喜びにひたるに値すると思わないということを意味します。ギリシア的博愛はローマ的フマニタス〈humanitas〉になるに際して多くの変化を蒙りました。こうした変化のうち最も重要なものは、ローマにおいては広く異なる人種集団と血統に属する人々がローマの市民権を獲得でき、かつこれらの人々が洗練されたローマ人の間の語りあいに参加して、かれらと世界や人生について討議できたという政治的事実に照応するものでした。そしてこうした政治的背景は、ローマのフマニタスを、現代人が人間性と呼ぶものから区別しています。すなわちかれらは、人間性という言葉によって教育の効果を普通は意味しているにすぎないのです。

人間らしさとは感傷的であるよりもむしろ落着いた冷静なものであるべきこと、人間性とは同胞愛においてではなく友愛において示されるものであること、友情は個人的な親密さにかかわるものではなく政治的要求をかかげて世界について論及しつづけるものであること——これらのことはすべてわれわれにはもっぱら古代人の特質であるように思われるため、『賢者ナータン』のなかにまったくよく似た様相を見ることはむしろわれわれを当惑させるものです——この作品は現代的なものではありますが、これを友情についての古典劇と呼んでも不当ではありますまい。この戯曲のなかで奇妙な印象を与えるものは、ナータンが神殿騎士にむかって「私たちは友だちの筈です」という言葉であり、実際かれは会う人ごとにこの言葉を繰り返します。この友情はレッシングにとっては明らかに愛の情念よりもはるかに重要であり、それゆえにこそかれは恋愛物語をぶっきらぼうに短く終らせ（恋人たち、すなわち神殿騎士とナータンの養女レーハとは結局兄妹であることが判明する）、それを友情が要求され、愛が除外されるような関係に転換するのです。この戯曲の劇的な緊張は友情と真理をそなえた人間性との間に生ずる相剋のなかにあります。こうした事実も恐らく現代人には意外とも思われるでしょうが、ここでもまたこうした原理や相剋は古代人のそれと奇妙に近似するのです。結局、結末においてナータンの知恵は、友情のために真理を犠牲にする覚悟のなかにのみ存在するのです。

レッシングは真理に関して著しく非正統的な見解を持っていました。かれは如何なる真理であろうと、たとえ神意によって与えられたと思われるものであろうと、受け容れることを拒みましたし、また他人のであろうと自分のであろうと、推論の過程によって押しつけられた真理に強要されるとは決して考えませんでした。もし意見〈doxa〉か真理〈aletheia〉かというプラトン的選択に直面したとすれば、かれがどのように決定するかについては疑問の余地はありません。かれの比喩を用いるなら、かれは、本物の指環がこれまで存在したとするなら、むしろそれが失われたことを喜びました。人々がこの世界の出来事を論ずるに際して生まれる無数の意見のためにそれを喜んだのです。もし本物の指環が存在したなら、それは語りあいの終焉を、したがってまた友情と人間らしさの終焉を意味することでしょう。これと同じ理由から、かれはしばしば人間の呼び名として用いた「有限な神々」の種族に属することに満足していました。そして人間社会は「暗影を散らそうとするより暗影を作り出そうと努力する人々」によって危害を受けることは決してないが、「すべての人の思考様式を自分のそれに服従させようと望む人々からは大きな危害を」蒙ると考えたのです。このことは普通の意味での寛容とはほとんど関係を持ちません（実際レッシング自身はとりたてて寛容な人間では決してありませんでした）が、しかし友情への天性、世界への開放性、さらに人類への真正の愛とは重大な関係を持つものです。

「有限な神々」、人間の理解力の有限性、思弁的理性が指摘でき、それによって超越できる限界といった主題は、のちにカントの諸批判の重要な対象となりました。しかし、カントの態度がレッシングのそれとどのような共通点を持つとしても――実のところかれらは多くの点で共通しています――、この二人の思想家は一つの決定的な点で異なりました。カントは、少なくとも理論的な意味以外に、人間にとって絶対的な真理なぞ存在しえないことを認識していました。かれはたしかに、人間的自由の可能性のためなら喜んで真理を犠牲にしたでしょう。われわれが真理を保持しているとすれば、われわれは自由ではありえないからです。しかし、真理が存在した場合、ためらいなくそれを人間性のため、友情と人々の間の対話の可能性のために犠牲にしえたレッシングに同意することは、おそらくかれにはなかったでしょう。カントはある絶対的なもの、すなわち定言的命令に従う義務があると主張していたのであり、それは人間の上に立ち、あらゆる人間的な事柄において決定的な意味を持ち、あらゆる意味で人間性のためにさえ侵害されてはならないものでした。カント的倫理の批判者はしばしばこうした命題を非人間的で無慈悲なものとして非難してきました。かれらの主張の真価はどうあろうと、カントの道徳哲学がもつ非人間性は否定しえません。こうした結果が生ずるのは、定言的命令が絶対的なものとして要請され、かつその絶対性において人間相互間の領域――それは本性上諸関係から成り立つ――にその基本的相対性と矛盾するものを導き入れるからです。唯一の真理という概念と切り離せない関係にある非人間性がカントの著作のなかにとくに明瞭に現われるにいたったのは、かれが実践理性の上に真理を基礎づけようとしたからです。それはちょうど、人間の認識の限界を容赦なく指摘したカントが、行動においても人間は神のごとく振舞えないと考えることに堪えられなかったかのようです。

しかしレッシングは、古来――少なくともパルメニデスとプラトン以来――哲学者を悩ませてきた問題、すなわち真理は、それが表明されるやただちに多数意見のなかの一つに変形され、議論され、再定式化され、他の人々の間での語りあいの一主題にひき下げられてしまうということをむしろ喜んでいました。レッシングの偉大さは、人間世界の内部では唯一の真理は存在しえないという理論的洞察を持っていたということだけにあるのではなく、それが存在しないことを喜び、したがって人々の間の無限の語りあいは、いやしくも人間が存在するかぎり決して終ることがないであろうということを喜んでいたことにもあるのです。唯一絶対の真理がありうるとするなら、それはあらゆるこうした論争が死滅することになるでしょう。ドイツ語圏におけるあらゆる論争の元祖であり師であったレッシングは、こうした論争のなかに安らぎを感じ、またそのなかで最大限の明晰さと明確さを発揮していました。したがって、かれにとって論争の死は人間性の終焉を意味したことでしょう。

今日のわれわれには、『賢者ナータン』における劇的ではあるが悲劇的とはいえない相剋を、レッシングが意図した通りに理解することは困難です。その理由の一つは、真理に関して寛容に振舞うことがわれわれには当然となっていることにあります。ただ、こうした理由がレッシングの理由とほとんど関連を持たないことはいうまでもありません。今日でも、ある種の人々は時折この問題をレッシングの三個の指環に関する比喩と同じ形で述べることでしょう――たとえば、カフカの見事な表現にみられるように。「真理について語ることは難しい。たとえ真理はただ一つしか存在しないとしても、それは生きており、したがって生き生きと変化する相貌を持つからである」。しかしここでも、レッシングの二律背反がもつ政治学的な問題、すなわち真理と人間性との間に起こりうる対立については何も語られていません。さらに今日では、自分が真理を保持していると信じている人々に出会うことはまれであり、その代りわれわれは、自分は正しいと確信している人々にいつもとりまかれています。その違いは明白です。真理の問題はレッシングの時代には依然として哲学と宗教の問題でありましたが、正しくあるというわれわれの問題は科学の枠のなかで生じているのであり、常に科学へと方向づけられた型の思考によって決定されているのです。このように述べることで、私は思考様式に起きたこうした変化がわれわれにとって良かったのか、それとも悪かったのかという問題を無視することになります。実際にはただ、ある主張の明確に科学的な見地を全然理解できない人々でさえ、一八世紀の人間が真理の問題に魅せられていたように、科学的正当性に魅せられているということなのです。しかもはなはだ奇妙なことに、現代人は科学者の態度によってもかれらが魅せられているところからそらされることがありません。科学者の態度とは、真に科学的に行動しているかぎりは、自分の保持している「真理」がけっして最終的なものではなく、生きた探究によって絶えず徹底的な修正を蒙ることをよく知っていることなのです。

真理を所有することと正しくあることとの間のこうした差異にもかかわらず、この二つの見方には共通する点が一つあります。すなわち、いずれの見解をとるものも一般に、相剋が生じた場合に自分たちの見解を人間性や友情のために犠牲にする用意はないという点です。かれらは実際にそのようにすることはより高次の義務、すなわち「客観性」の義務を侵すことになると信じています。それゆえ、たとえかれらがときにこうした犠牲を払うことがあるとしても、自分たちが良心によって行動していると感じることはなく、むしろ自分たちの人間性を恥ずかしくすら思い、しばしばそれについてはっきりとした罪悪感を覚えるのです。われわれが生きている時代およびわれわれの思考を支配している多くの独断的な見解ということからみるなら、レッシングの相剋が第三帝国の支配した一二年間とその支配的なイデオロギーとに如何に適用されるかを示すことによって、レッシングの相剋をわれわれの経験にかなり近いものに置き換えることができます。さしあたり、ナチスの人種理論は、人間の「本性」と矛盾するがゆえに原理的には立証しえないという事実を無視することにしましょう。（いずれにしても、こうした「科学的」理論はナチスの発明ではなかったし、とくにドイツ的な発明でさえなかった。）そしてしばらくの間、人種理論は確実に証明されうるものと仮定してみましょう。いずれにせよ、ナチスがこうした理論からひき出した実際的な政治的結論は、完全に論理的なものであったことは否定しえないからです。そこで、明白な科学的証拠によってある民族が劣等であることを示しえたとします。そのとき、この事実はその民族の絶滅を正当化するでしょうか。しかしなお、この設問に対する解答はきわめて容易です。われわれは「汝殺すなかれ」に訴えることができるからであり、これは実際にキリスト教世界が古代世界に対して勝利を収めて以来、西欧の法的・道徳的思考を支配する基本的な戒律となってきています。しかし、法的、道徳的、あるいは宗教的厳格さにとらわれない思考様式によるなら――レッシングの思考は自由であり、かつ「生き生きと変化する」ことにおいてこうした性格のものでした――、問題は次のように提起されるでしょう。こうした原則は、それが如何に確実に証明されたものであれ、二人の人間の間の一個の友情を犠牲にするほどの価値を持つものであろうか。

かくて、われわれは出発点に戻ります。レッシングの論争における「客観性」の驚くべき欠如、かれの注意深い局限性の尊重、こうしたものは主観性とはいかなる関係も持ちません。それは常に自我によってではなく、人々と世界との関係によって、人々の立場や意見によって組み立てられているからです。レッシングは、私が今提出したような問題に答えるのに何の困難も感じなかったでしょう。回教、ユダヤ教あるいはキリスト教の本質に関する如何なる洞察も、かれが確信ある回教徒や敬虔なユダヤ教徒や信仰心の篤いキリスト教徒と親交を結び、あるいはかれらと友情について語りあうのを妨げることはできませんでした。二人の人間の間の親交の可能性を原則的に否定するようないかなる教義も、かれの自由で誤りのない良心によって拒否されたことでしょう。かれはただちに人間的な立場をとったでしょうし、どちらの陣営における学問的あるいは非学問的な討論にもさっさとけりをつけようとしたでしょう。これがレッシングの人間性でした。

こうした人間性は、すでにその基盤を揺がされていた政治的に隷属させられた世界に現われました。レッシングもまたすでに「暗い時代」に生きていたのであり、かれ独自のやりかたでその暗さに圧倒されていたのです。こうした時代には人々は互いに近づきあい、親交の温かさのなかに公的領域だけが投ずることのできる光輝と照明の代替物を求めようとするのであり、それが如何に強力な欲求であるかはすでにみてきた通りです。しかしこのことは、かれらが論争を避け、可能なかぎり対立を招きえないような人々とだけ関係を持とうとすることを意味しています。レッシングのような性向を持つ人間は、こうした時代とこうした限られた世界のなかではほとんど存在の余地がありませんでした。人々が互いに温めあうために近づきあうところでは、レッシングは遠い存在です。しかもなお、好戦的といえるまでに論争的であったレッシングは、孤独に耐ええなかったように、あらゆる差異を抹殺する、度の過ぎた兄弟的な親密さにも耐えられませんでした。かれは論争を行なった相手と実際に仲違いすることに熱心であったわけではありません。かれはただ、世界の出来事やそのなかの事柄について絶えまなく頻繁に語りあうことによって、世界を人間的にすることに関心を寄せていたにすぎません。かれは多くの人々の友人となることを望みましたが、誰の兄弟となることも望まなかったのです。

かれはこうした世界のなかでの友情を、論争と対話によって人々の間に作り出すことには失敗しました。実際、当時のドイツ語国を支配していた諸条件のもとでは、かれに成功の可能性はなかったでしょう。「その才能の総和以上の価値を持ち」、その偉大さは「個性のなかに存在する」(フリードリヒ・シュレーゲル)ような人間に対する共感が、ドイツにおいて現実に発展することはありえませんでした。こうした共感は言葉の最も深い意味における政治から生まれるはずのものであったからです。レッシングは完全に政治的人間であったからこそ、語りあいによって人間化されたところにのみ、あるいは各人がまさにそのときかれに何が起こったかをではなく、かれが何を「真理とみなす」かを語るところにのみ、真理は存在しうると主張したのです。しかし、こうした語りあいは実際ひとりでは不可能です。それは、多くの発言が存在しているような領域、かつ各人が何を「真理とみなすか」についての言明が人々を結合するとともに分離しているような、すなわちそれが世界を構成している人々の間に事実上ある距離を確立しているような領域に属するのです。こうした領域の外部にあるあらゆる真理は、それが人々に善をもたらそうと悪をもたらそうと、文字通り非人間的なものです。それが人々を相互に対立させ、人々を離反させるおそれがあるからではありません。むしろ、それが突如としてすべての人間を単一の意見に結びあわすような結果を生み出す恐れがあるからであり、その結果、無限の多様性を持った人々ではなく、単数の人間、一つの種族とその類型だけがこの地上に住んでいるかのように、多数の意見のなかの一つだけが浮き上がることになるからです。こうしたことが起これば、あらゆる多様性を持った人々の間の空間においてのみ形成されうる世界はまったく消滅するでしょう。それゆえ、真理と人間性との間の関係についていわれてきた最も深遠なことは、レッシングの次の文章のなかに見出すことができます。それはかれの全作品から智恵の凝集した言葉を抽き出したもののように思われるのです。

JEDER SAGE, WAS IHM WAHRHEIT DÜNKT,
UND DIE WAHRHEIT SELBST SEI GOTT EMPFÖOHLEN!
（各人は自分が真理と思うことを語ろう、そして真理それ自体は神にゆだねよう。）

原　注

（1）ハンブルク自由市におけるレッシング賞受賞演説。

ローザ・ルクセンブルク——一八七一—一九一九

I

イギリス式の決定的な伝記は、史料編修にとって最も賞賛に値するジャンルに属している。相当な長さと完璧な典拠を持ち、十分な注釈が加えられ、さらに引用文でゆたかに飾られており、通常二巻の大著として刊行され、最も傑出した歴史書を別とすれば、問題となっている歴史上の時代について何ものにもまして多くを、より生き生きと語ってくれる。他の伝記類とは異なり、ここで歴史はある著名な人物の生涯にとって不可避な背景として論じられるのではなく、歴史上の時代という無色の光線が偉大な人格というプリズムを通過し、それによって屈折させられ、その結果生じたスペクトルの中に人生と世界との完全な結合が達成されるからであろう。おそらくこうしたことが、イギリス式の伝記が偉大な政治家の生涯を扱う古典的なジャンルとなりながら、その生活史に主要な関心がもたれる人々、あるいは世界と一定の距離を保たせるような資質を備え、しかも世界の中で演じた役割ではなくそこに付与した芸術作品のようなその作品に主要な意味がある芸術家、作家、そして一般男女には不適当である理由であろう。(1)

ローザ・ルクセンブルクの生涯という、最もむつかしい素材を、大政治家や他の世間的に知られた人々の生涯にだけ適しているように思われるジャンルの適切な主題として選んだことは、J・P・ネトルの天稟のしからしむるところである。(2)彼女はたしかにそうしたたぐいの人ではなかった。ヨーロッパ社会主義運動という彼女自身の世界においてさえむしろ周辺的《マージナル》な人間であったし、光彩と豊かな才能を示した時期も比較的短く、その行為と書かれた言葉による影響力も同時代人の――プレハーノフ、トロツキー、レーニンの、ベーベルやカウツキーの、あるいはジョレスやミルランの――それとは比べるべくもなかった。世間的な成功を収めた人物を扱うことが、このジャンルにおける成功の前提であるとすれば、ネトル氏はこうした女性を扱いながら如何にして成功しえたのであろうか。彼女はきわめて若くして故国ポーランドからドイツ社会民主党のなかへ追い払われており、ポーランド社会主義というほとんど知られず無視されてきた歴史の中で主要な役割を演じ続け、ついで約二〇年にわたって、公認されたことはまったくなかったとはいえ、ドイツ左翼運動のなかで最も論議の的となりながら最も理解されない人物となったのである。生前、死、死後のどの時期においても、ローザ・ルクセンブルクに許されなかったものはまさに成功――彼女自身が属していた革命家の世界における成功さえ――であった。公式な承認という点からみるかぎりすべてが失敗に終った彼女の努力は、はたして今世紀における革命の惨めな失敗と何らかの関連を持ちうるであろうか。彼女の生涯と作業というプリズムを通してみるとき、はたして歴史は異なってみえるであろうか。

そのことはともかく、一九世紀の最後の一〇年間から一九一九年一月の運命の日にいたるヨーロッパ社会主義にとって決定的な時期について、この本以上に多くの光を投げかけた書物を私は知らない。この日、スパルタクス団《ブント》の指導者であり、ドイツ共産党の先駆者であったローザ・ルクセンブルクとカール・リープクネヒトの二人は、ベルリンにおいて殺害された——それも当時権力の座にあった社会主義政権の眼前において、おそらくはその黙許のもとに殺害されたのである。殺害者は超国家主義的で公的には非合法な義勇軍《フライコール》〈Freikorps〉の一員であった。この不正規軍の組織はやがてヒトラーの突撃隊に最も有望な殺人者たちを供給するにいたっている。当時政府は実際上、義勇軍《フライコール》の手中にあった。かれらは社民党の国防問題の専門家であり、当時軍事問題を担当していた「ノスケの完全な支持」を得ていたからである。このことは暗殺参加者の最後の生き残りであるパプスト大尉によってごく最近になって確証されている。ボン政府——他の場合と同様この点でもワイマール共和国の不吉な徴候の復活にひたすら熱中している——は、第一次大戦後にモスクワがドイツ全土を赤色帝国へ編入することに失敗したのは義勇軍《フライコール》のお蔭であったとし、またリープクネヒトとルクセンブルクの殺害はまったく合法的な「戒厳令に伴う処刑」であったとしている。(3) このことはワイマール共和国の主張に比較してさえ、いっそう欺瞞的である。ワイマール共和国は義勇軍《フライコール》が事実上政府軍であったことを公的に認めたことは一度もなかったし、兵士ルンゲに対しては「殺人未遂」の廉により（かれはエデン・ホテルの廊下でローザ・ルクセンブルクの頭部を強打した）二年二週間の刑を科し、フォーゲル中尉に対しては「死体発見の報を怠り、それを不法に処理した」廉により（かれは、ローザが車のなかで頭部を撃たれ、ラントヴェール運河に投げこまれたとき任務についていた将校であった）四カ月の刑を科することで、殺人者たちを「処罰した」のである。審理の途上、ルンゲとその仲間たちが暗殺の翌日、同じホテルのなかで暗殺を祝って騒いでいたのを示す写真が証拠として提出され、被告はこれをみて大いに笑い興じた。首席判事は「ルンゲ被告、行儀を正しなさい。これは笑いごとではない」とたしなめている。ちなみに四五年の後、フランクフルトにおけるアウシュヴィッツ裁判で同じ情景が生じ、同じ言葉が発せられている。

ローザ・ルクセンブルクとリープクネヒトの殺害とともに、ヨーロッパ左翼勢力の社会主義政党と共産主義政党への分裂は、取り返しのつかぬものとなった。「共産主義者が理論において描いた奈落は……墓場の奈落となった」。そして、この初期の犯罪が政府によって援助され、教唆されていたために、それは第一次大戦後のドイツにおける死の舞踏の始まりとなったのである。極左勢力の卓越した指導者——フーゴー・ハーゼ、グスタフ・ランダウアー、レオ・ヨギヒェス、オイゲン・レヴィネ——を殺害することに始まった極右勢力による暗殺は、やがて急速に中道派や中道右派にまで——ヴァルター・ラーテナウやマティアス・エルツベルガーにまで及んだ。この二人はいずれも殺害されたとき閣僚であった。かくて、ローザ・ルクセンブルクの死はドイツにおける二つの時代の分岐点となり、ドイツの左翼勢力にとって戻りえない地点となったのである。社民党への激しい失望から共産党に流れこんだすべての人々は、共産党の急速な道義的頽廃と政治的分裂にいっそう失望することになるが、それでも社民党の戦列に復帰することはローザの殺害を容認することになると考えていた。こうした個人的反応は、公的にはめったに許容されないが、歴史という巨大な判じものに収められたモザイク状の小片のなかには含まれるのである。ローザ・ルクセンブルクの場合、それはやがて彼女の名前を覆うにいたった伝説の一部をなしている。伝説もまたそれ自体の真実を持つものではあるが、ネトル氏がローザの神話にほとんど注意を払わなかったことはまったく正当である。きわめて困難なことであるとはいえ、彼女の歴史的生命を回復することが、かれの課題だったからである。

彼女の死後まもなく、左翼のあらゆる定見が彼女はつねに「間違っていた」と判定した後(「まさに絶望的なケースだった」と、この長く続く系列のなかでは最近の人であるジョージ・リヒトハイムは『エンカウンター』誌で述べている)、彼女の声価に奇妙な変化が生じた。小さな二巻の書簡集が出版され、そこにみられるまったく個人的で、気取りがなく、感動をさそうほど人間的で、しばしば詩的な美しさを持った手紙は、少なくとも最も頑固な反ユダヤ主義者や反動的集団以外のところでは、血に飢えた「赤いローザ」という宣伝的なイメージを破壊するのに十分であった。しかし、続いて起こったことは別の伝説の流布であった——鳥を眺め、花を愛し、また刑務所を離れるとき看守たちが目に涙を浮かべて別れをおしんだ女性という感傷的なイメージである——それはあたかもかれらが、自分たちを人間として扱うように主張したこの奇妙な囚人に慰められなければ生きられないといった様子であった。ネトル氏はこの逸話に触れてはいないが、私は子供のころにはっきりと聞かされているし、彼女の友人であり弁護士であったクルト・ローゼンフェルトはのちにそれを確認し、その光景を目撃したとさえ主張している。それはおそらく真実であろう。この逸話の多少人を混乱させるような性格は、別の逸話が残されていることによっていくらか相殺されており、これについてはネトル氏も言及している。一九〇七年のこと、彼女と友人のクララ・ツェトキン(のちにドイツ共産主義の「グランド・オールド・ウーマン」と呼ばれた)とが散歩に出かけ、時を忘れて、アウグスト・ベーベルとの約束に遅れたことがあった。かれは彼女らを失うことを恐れていた。そこで、ローザは自分たちの墓碑銘を「ドイツ社会民主主義最後の二人の男ここに眠る」とするように提案したのである。七年後の一九一四年二月、彼女は見事な演説のなかでこの皮肉なジョークが真実であったことを立証する機会をもった。この演説は、戦争に際しては市民的不服従に訴えるよう大衆を「煽動した」廉によって彼女を告発した刑事法廷の判事に対してなされたものであった。(ついでながら、「つねに間違っていた」この女性にとって、第一次大戦勃発の五カ月前にこうした廉で法廷に立ったということは必ずしも悪いことではない。当時はまだ「まじめに考えている」人々でさえ戦争が起こるとはほとんど考えていなかったのである。)すぐれた感覚の持主であるネトル氏は、この演説の全文を再録している。その「男性的なこと」は、ドイツ社会主義の歴史のなかでも比類のないものである。

こうした伝説が、社会主義運動における古き良き時代へのノスタルジアのシンボルとなるには、さらに数年の歳月といくつかの激動が必要であった。この古き良き時代には、希望は緑と萌え、革命はすぐそこまで訪れており、さらに最も重要なことは、大衆の潜在的能力への信仰と社会主義あるいは共産主義のリーダーシップにおける道義的無謬性への信仰はまだそこなわれていなかった。こうした伝説――曖昧で、混乱しており、細かい点は大体において不正確な――が、「新しい左翼」が出現するたびに全世界に広まり、生命をとり戻しえたということは、ローザ・ルクセンブルクのような人間が求められていたというだけではなく、こうした古い世代の左翼が備えていたさまざまな資質が求められていたことを示している。しかし、こうした魅惑的なイメージと並んで、古くからの常套句、すなわち「けんか好きの女性」とか、「現実的」でも科学的でもない（彼女がいつも周囲と歩調を乱していたことは事実であるが）ロマンティストといったイメージも生き残り、彼女の著作、とくに帝国主義に関するすぐれた著作（『資本蓄積論』一九一三年）は敬遠されていた。新左翼の運動も旧左翼に変る時が訪れると――通常そのメンバーが四十代に達する時――初期におけるローザ・ルクセンブルクへの熱狂を青年時代の夢とともにいそいで葬り去った。かれらはたいていの場合、彼女が語らなければならなかったことを理解するどころか、読む労さえ惜しんでいたため、自分たちが新たに獲得した地位に伴うもったいぶった実利主義によって彼女を捨て去ることはいとも簡単であった。彼女の死後に党のお雇い著述家どもの手で論争上の理由から発明された「ルクセンブルク主義」は、ついに「裏切り」として非難される名誉すら与えられていない。それは無害な小児病として扱われたのである。ローザ・ルクセンブルクが書いたり語ったりしたことは、ロシア革命の初期の段階においてボリシェヴィキの政治を驚くべき正確さで批判したものを別とすれば、いずれも現実的な生命をもっていない。これが生き残ったのも、「神に見捨てられた」人々がそれをスターリンに対する便利な、しかしまったく不適当な武器として用いることができたからにすぎない。（ネトル氏の書物の評者が『タイムズ・リテラリー・サプリメント』で指摘しているように、「冷戦のミサイルとしてローザの名前と著作を用いることには、いささか見苦しいものがある」。）彼女の新たな礼賛者たちも、批判者と同様に彼女と共通したところはなかった。理論的差異に対する彼女の高度に発達した感覚、人民に対する彼女の誤らざる判断、さらに彼女の個人的な好き嫌いといったものは、彼女がけっして「狂信者」ではなく、けっして政治を宗教の代用品として使おうとはせず、またネトル氏が指摘しているように、教会に反対するときでも宗教を攻撃しないように注意していたといった事実を別としても、レーニンとスターリンとをいかなる状況のもとでも一つに括るようなことを許さなかったであろう。約言すれば、「彼女にとって革命がレーニンにとってと同じく身近な現実であった」ときには、マルクス主義も革命も彼女にとって単なる信仰箇条ではなかったのである。レーニンは何よりも行動の人であり、どんな場合にも政治に身を投じていたであろうが、しかし彼女は、半分は真剣な自己評価によれば、「つまらぬことを気にかける」ように生まれついていたため、もし世界の情勢が彼女の正義と自由の感情を害することがなければ、植物学や動物学、歴史学や経済学、あるいは数学に没頭することもありえたであろう。

このことはもちろん、彼女が正統なマルクス主義者ではなかったこと、実際あまりにも正統的な立場から離れていたため、彼女は全然マルクス主義者ではなかったのではないかと疑いうることを認めることである。ネトル氏が、彼女にとってマルクスは「現実総体の最良の解釈者」以上のものではなかった、と述べていることは正しい。彼女が次のように書くことができたのは、マルクス主義に対する個人的な献身の欠如を示すものであろう。「今私は多大に賞賛されているマルクスの『資本論』第一巻にうんざりしています。ヘーゲル流の手の込んだロココ風の装飾に満ちているからです[4]」。彼女が最も重視したのは現実、すなわちその驚嘆すべき側面とその恐るべき側面のすべてであって、それは革命それ自体をもうわまわっていた。彼女の非正統性とは無邪気で、非論争的なものであった。彼女は「友人にマルクスを読むように勧め、その理由としてマルクスの結論の価値ではなく、『いかなるものをも承認することを拒むかれの思考の大胆さ』をあげていた。かれの誤りは……自明であった……彼女がある程度まとまった批判を一度も書こうとしなかったのもそのためだった」。こうしたことはすべて『資本蓄積論』に最も明瞭に現われており、この本について何の偏見もいだかず、それを「マルクス死後に比類のないまことに壮大で魅力的な業績」と呼んだのはフランツ・メーリングだけであった[5]。この「才気あふれた特異な作品」の中心的なテーマは、きわめて簡明である。資本主義は「その経済的矛盾という重圧のもとで」いかなる崩壊の徴候も示さなかったところから、彼女はその存続と成長を説明づける外的要因を探し始めた。彼女はそれをいわゆる第三者理論、すなわち、成長過程は単に資本主義的生産を支配する固有の法則の結果であるばかりでなく、「資本主義」に捉えられ、その影響範囲にはまりこんだ国のなかに前資本主義的領域が依然存在していることの結果でもある、という事実のなかに見出したのである。この過程が国土全体に波及するとともに、資本家は地球上の他の部分に前資本主義的な土地を探し求め、それをしも資本蓄積過程に引き込むことを余儀なくされるのであり、いわばそれはその外部にあるものいっさいを餌食とすることになる。言い換えれば、マルクスのいう「資本の原始的蓄積」は、原罪のような一回限りの出来事ではなく、また初期ブルジョワジーによる収奪という独自の行為、すなわちそれによって資本主義の窮極的崩壊にいたるまで、「鉄の必然性」をもってそれ自体の固有の法則に服する富の蓄積の過程を開始させる行為でもなかった。むしろ収奪は、体制を動かし続けるために何度も繰り返されなければならなかったのである。それゆえ、資本主義はそれ自体の矛盾を生み出し、「みずからのなかに革命を準備する」ような閉じた体制ではない。それは外部の諸要因を餌食とするのであり、地球全体が征服され、食いつくされてはじめて、その自動的な崩壊が起こりうるのである。

　レーニンは、こうした記述がその長所あるいは短所はともかく、本質的に非マルクス主義的であることをすばやくみてとった。それはマルクス・ヘーゲル的弁証法そのものと矛盾する。この弁証法によれば、あらゆるテーゼはみずからのアンチテーゼを創り出さざるをえず――ブルジョワ社会はプロレタリアートを創出する――、それゆえに運動は全過程を通じてそれを生じさせた最初の要因に拘束されたままとなる。レーニンは唯物弁証法の立場から「資本主義的拡大再生産は一個の完結した経済の内部では不可能であり、それが機能するためには他の経済を利用することを必要とする、という彼女のテーゼは……『基本的な誤り』である」と指摘した。ただ問題なのは、抽象的マルクス主義理論では誤りとされるものも、事物を現実にあるがままにすぐれて忠実に記述したものであったということにある。彼女の「南アフリカにおける黒人の苦悩を注意深く描いたもの」もまた明らかに「非マルクス主義的」であったが、しかし今日、それが帝国主義論のすぐれた文献であることを否定するものがいるであろうか。

II

歴史的にみて、ネトル氏の最大のそして最も独創的な成果は、ユダヤ系ポーランド人の「同輩集団」の発見、およびそこから生じたポーランドの社民党にローザが生涯、密接でありながら注意深く隠された接触を持ち続けていたことの発見である。これは二〇世紀の革命ではなく革命的精神にとってまさに重要な意味を持ちながら、これまでまったく無視されてきた史料である。こうした関係は、二〇年代でさえすでにいっさいの公的な適合性を失っていたが、今や完全に消滅してしまっている。その中心は中産階級家庭の出である同化されたユダヤ人であって、かれらの文化的背景はドイツ的であり（ローザ・ルクセンブルクはゲーテとメーリケを暗記していたし、彼女の文学的な趣味は欠点のないもので、彼女のドイツ人の友人をはるかにしのいでいた）、政治的形成はロシア的であり、公私両面での倫理基準はまったく独自のものであった。こうしたユダヤ人は東部ではきわめて少数派であったし、西部の同化されたユダヤ人のなかではさらに小さな割合しか占めていなかったが、ユダヤ人、非ユダヤ人を問わずあらゆる社会層の外側に位置していたため、いかなる因習的な偏見にもとらわれずに、こうしたまことに見事な孤立のなかで自分自身の作法を発展させたのである――これはやがて多くの非ユダヤ人をもひきつけることになり、そのなかには、のちにボリシェヴィキに加わったジュリアン・マルクルスキやフェリクス・ドゼルジンスキがいた。レーニンがドゼルジンスキをいかなる力も腐敗させえぬ人が望まれるチェーカ（反革命活動・サボタージュ及び投機取締非常委員会）の責任者に任命したのも、こうした独特の背景のためであった。ドゼルジンスキ自身は児童の教育と福祉に関する部門で任務を与えられることを望んでいたかもしれない。

　ネトル氏が、ローザ・ルクセンブルクは彼女の家族たちと素晴らしい関係を保っていたことを強調しているのは正しい。両親、兄妹、姪といった人々のうち、誰ひとりとして社会主義的信念や革命活動にいささかも同調してはいなかったが、彼女が警察の目を逃れなければならなかったときや獄中にあったときには、なしうるかぎりのことを彼女のために行なった。この点は注目する価値があろう。それはわれわれにこの独特なユダヤ人家族の背景をみせてくれるからであり、こうした背景を抜きにしてこの同輩集団に生じた倫理基準を理解することはほとんど不可能なものとなろう。つねにお互いを平等に扱った人々──他の人々の間ではみられないほど──にとって隠れた平衡装置となったのは、こどものころの世界での本質的に単純な体験であり、そこでは相互の尊敬、無条件の信頼、社会的・人種的差別に対する純粋で殆んど素朴といってよいほどの軽蔑の念が当然とされていたのである。同輩集団の成員が共通にいだいていたものは、道徳的嗜好としか呼びようのないものであり、それは「道義」とはまるで異なっている。かれらの道徳的な確かさを、かれらは狂いのない世界で成長したということに負うていた。このことがかれらに「まれにみる自信」を与えたのであるが、こうした自信はついでかれらが入りこんだ世界にはそぐわぬものであり、傲慢な自負心として激しく嫌悪されたのである。こうした環境こそローザ・ルクセンブルクの本拠であり続けたのであって、決してドイツの党ではなかった。本拠地はある点までは動きうるものであったが、それがあまりにもユダヤ的であったためにいかなる「祖国」とも一致しなかったのである。

SDKPiL（ポーランドおよびリトアニア王国社会民主党、以前はSDPK、ポーランド王国社会民主党と呼ばれていたもの）、この圧倒的にユダヤ人グループから成る党派が公認のポーランド社会党PPSから、ポーランド独立問題に関する後者の立場（第一次大戦後におけるポーランドのファシスト的独裁者ピルスツキは、その最も著名な成功した例であった）のゆえに分裂したこと、また分裂後このグループのメンバーが、しばしば教条主義的なインターナショナリズムの熱烈な擁護者となったことは、もちろんきわめて示唆的なことである。民族問題が、現実に直面することを欲せず自己欺瞞的であったとしてローザ・ルクセンブルクを非難しうる唯一の問題である、ということもさらに示唆的なことである。彼女の反民族主義のなかに「特殊ユダヤ的な資質」を見出すことが「悲しむべき不条理」であるのは当然としても、こうした彼女の民族問題に対する態度が、彼女がユダヤ人であることと何らかの関連があることは否定できない。ネトル氏は何も隠そうとはしていないが、この「ユダヤ人問題」をむしろ注意深く避けており、この問題に関する議論が通例低次元にとどまっている点からみれば、かれの判断はむしろ賞賛できるかもしれない。ただ残念なことに、かれが避けたことは理解できるとしても、このことがこの問題における若干の重要な事実に対してかれを盲目にしてしまっている。こうした事実は単純で基本的な性質のものではあるが、ともかくもローザ・ルクセンブルクの鋭敏で敏捷な精神をとらえそこねさせるものでもあるだけに、ネトル氏の見落しはいっそう惜しまれるといってよい。

こうした事実の第一は、私の知るかぎりかつてニーチェだけが指摘したところのもの、すなわちヨーロッパにおけるユダヤ人の位置と機能が、とくにかれらを「良きヨーロッパ人」となるように運命づけていたということである。パリやロンドンの、ベルリンやウィーンの、ワルシャワやモスクワのユダヤ人中産階級は事実上コスモポリタンでも国際的でもなく、ただそのなかの知識人だけが自分自身をこうした用語で考えていたにすぎなかった。かれらはヨーロッパ人だったのであり、他のどのグループにも区分けできないものでた。

あった。また、これは確信の問題ではなく、客観的事実であった。言い換えれば、同化されたユダヤ人の自己欺瞞が、通常自分たちはドイツ人と同じようにドイツ的であり、フランス人と同じようにフランス的であるとする誤った信念にあったのに対して、ユダヤ知識人の自己欺瞞は自分たちが「祖国」を持たないと考えているところにあった。かれらの祖国は実際にはヨーロッパだったのである。第二に、少なくとも東ヨーロッパのインテリゲンチャは多国語を話したという事実がある——ローザ・ルクセンブルク自身はポーランド語、ロシア語、ドイツ語、フランス語を流暢に話し、英語とイタリア語をよく理解していた。かれらは、言語障壁の重大性や、「労働者階級の祖国は社会主義運動である」というスローガンがまさに労働者階級にとってみじめな誤りである理由を決してよく理解していなかった。ローザ・ルクセンブルク自身、彼女の鋭敏な現実感覚と常套句を避けようとする厳格さをもちながら、このスローガンがどの点で原理的に誤っているかを聞こうとしなかったのは、実際少なからずわれわれを困惑させるものである。結局のところ祖国とは、何よりもまず「国土」である。組織は比喩的にさえも国ではない。このスローガンが後に「労働者階級の祖国はソヴィエト・ロシアである」と変えられたことはまさしく冷厳な正しさをもつが——ロシアは少なくとも「国土」であった——、しかしそれはこの世代のユートピア的国際主義を終熄せしめたのである。

こうした事実をさらに例証することはできよう。それでもなお、ローザ・ルクセンブルクは民族問題についてまったく誤っていたと主張することは困難であろう。結局のところ、帝国主義時代における国民国家の没落に伴う狂気のナショナリズムほどに、ヨーロッパの悲劇的な没落に力をかしたものがあったであろうか。ニーチェが「良きヨーロッパ人」と呼んだ人々――ユダヤ人のなかでさえも極く少数派であった――は、おそらくは前途に悲惨な結末を予感していた唯一の人々であったかもしれない。しかし、かれらにしても衰頽しつつある政治体における民族主義的感情の巨大な力を、正しく測定することはできなかったのである。

III

ポーランドの「同輩集団」の発見と、それがローザ・ルクセンブルクの公私両面の生活に持続的に持っていた重要性の発見とに密接に関連しているのは、ネトル氏がこれまで近づきえなかった資料を発表していることである。それがかれに彼女の生涯――「愛と生活の精巧ないとなみ」――の諸事実をつなぎあわせることを可能にした。われわれは彼女の私生活についてほとんど知っていなかったこと、それはひたすら彼女が評判になることを非常に注意深く避けてきたからであることが今や明らかになったのである。これは単なる資料の問題ではない。新しい資料がネトル氏の手に入ったことは、実際幸運なことではあった。かれは、事実に近づけなかったというよりむしろ自分たちの主題と同じレベルで動き、考え、感ずることができずに失敗した何人かの前任者をしりぞける、あらゆる権利を持っているといってよい。ネトル氏が伝記上の資料を処理する際の手際は驚くべきものである。かれの処理の仕方には鋭さ以上のものがある。かれの伝記はこの非凡な女性の第一級のすぐれた肖像であり、人をそらさぬ巧みさと多大の慎重さをもって、しかも愛情をこめて描かれている。それはあたかも彼女が最後の崇拝者を見出したかのごとくであり、かれの判断のいくつかに異議を唱えたくなるのもこうした理由からである。

彼女の野心と出世欲を強調している点では、かれはたしかに誤っている。ドイツ社民党内の出世主義者や地位追求者——国会に入ることがかれらの喜びであった——に対する彼女の激しい軽侮の念は単なるまやかしにすぎないと考えたのであろうか。真に「野心的な」人間が彼女ほど寛大になりうると信じているのであろうか。(かつてある国際会議の席上で、ジョレスが「ローザ・ルクセンブルクの心得違いの情熱を嘲笑して」、雄弁な演説を終えたことがあった。ところが、「突如としてかれの通訳をするものがひとりもいなくなってしまった。そこで、ローザは立ち上り、この感動的な演説をフランス語から立派なドイツ語に移しかえたのである」。)さらに、不誠実か自己欺瞞とでも想定しないかぎり、かれはこうしたことをどのようにしてヨギヒェスにあてた手紙のなかの一節と両立させうるのであろうか。「私は幸福を求めるいまわしいほどの熱望を持っていますし、私の幸福の日々の分け前のためにはろばのような強情さで闘う用意ができています」。かれが野心と見誤ったものは、彼女自身が笑いながら語った言葉を用いるなら、「大草原をも燃やしかねない」気質にそなわった生来の力であり、それがほとんど否応なく彼女を公的な問題に押しやるとともに、彼女の純粋に知的な企ての大部分をも支配したのである。かれは

「同輩集団」の高い倫理的基準を繰り返し強調していながら、野心、出世、地位、さらには単なる成功のごときものでさえ厳格なタブーのもとにあったということを理解していないように思われる。

彼女の人格には、ネトル氏が強調しながら、その意味を理解しているようには思われないもう一つの側面がある。それは、彼女が「女であることを意識していた」ということである。このことはそれ自体、彼女の野心がさもなければ向けられたであろうものにある種の限定を与えている――すなわちネトル氏は彼女ほどの才能と機会に恵まれた男性なら当然行なったであろう以上のことを彼女に求めてはいないのである。彼女の世代の政治的信条を持ったあらゆる婦人が不可抗力的にひきつけられていた婦人解放運動を、彼女が嫌悪していたということには重要な意味がある。選挙権の平等をみても、彼女は「わずかな差が生まれるだけだ」と答えたかもしれない。彼女はアウトサイダーであったが、それはただ彼女が嫌悪した国のなかで、しかもやがては軽侮せざるをえなくなった党派のなかでポーランド系ユダヤ人としてあり続けたからというだけではなく、彼女が女性だったからでもある。もちろん、ネトル氏の男性的偏見については大目にみられてよい。こうした偏見も、あらゆる実際的な点では彼女の夫であり、彼女の最初の、そしておそらくは唯一の愛人であったレオ・ヨギヒェスが、彼女の生涯において果たした役割をかれが十分に理解するのを妨げることがなかったなら、大した問題ではなかったであろう。ヨギヒェスの他の女性との束の間の情事に端を発し、ローザのすさまじい反応によってとめどなくこみいってしまったひどく真剣な口論も、かれらの時代と環境に典型的なものであったし、その余波としてのヨギヒェスの嫉妬や彼女が長い間かれを許そうとしなかったことなども同様であった。この世代は依然として愛はただ一度しか訪れないと固く信じていたのであり、結婚証明書に無頓着であったことをフリー・ラブの信条ととり違えてはならない。ネトル氏の史料は、彼女が友人や崇拝者を持ち、またそのことを楽しんでいたことを明らかにしているが、しかしそれも彼女の生涯に他の男性が存在したということを示すものではない。「ヘンシェン（ハンスの愛称、愚か者の意を含む。）」ディーフェンバッハと結婚の計画があったとする党内ゴシップを信ずることは、私にはまったくばかげたことと思われる。彼女はかれを敬語〈Sie〉で呼んでおり、対等に扱おうなどとは夢にも思っていなかったのである。ネトル氏は、レオ・ヨギヒェスとローザ・ルクセンブルクとの物語を「社会主義における偉大で悲劇的な愛の物語の一つ」と呼んでいるが、かれらの関係に窮極的な悲劇をもたらしたものが、「盲目的で自滅的な嫉妬」などではなく、戦争と多年の獄中生活、そして挫折の運命にあったドイツ革命とその血塗られた結末であったことを理解するなら、このネトル氏の判断に異議を唱える必要はいささかもあるまい。

レオ・ヨギヒェス――ネトル氏はかれの名も忘却から救った――は、職業革命家の中では非常に目立った、しかも典型的な人物であった。ローザ・ルクセンブルクにとってかれは明らかに男性そのものであったし、それは彼女にとってかなり重要なことであった。彼女はあらゆるドイツ社会主義の指導者よりもヴェスタルプ伯（ドイツ保守党の指導者）を好ましく思っていたが、彼女の言によれば、それは「かれが男だから」である。彼女が尊敬した人物はわずかであったが、確実に刻まれている名前としてはレーニンとフランツ・メーリングぐらいしかないリストの筆頭にヨギヒェスの名があったのである。かれは明らかに行動と情熱の人であったし、如何に行ない、如何に耐えるかを知る人でもあった。かれをレーニンと比較することは面白い。かれは幾分レーニンに似ているものの、匿名性と舞台裏で糸を操ることへの情熱、陰謀と危険への愛情といった点ではレーニンと異なっている。こうしたことがかれにエロティックな魅力を付け加えたに相違ない。実際かれは、書くことに無能であった点でも、出来そこないのレーニンというにふさわしく、（彼女が手紙の中で鋭くも非常に愛すべく描いたように）これがかれの「すべて」であり、演説家として凡庸であった点でも同様である。二人はともに組織とリーダーシップには偉大な才能を持っていたが、他のことには何の才能も持ちあわせていなかった。したがって、何もすることがなく、ひとり取り残された場合は、無力感にさいなまれ、余計者という意識を持つことになったのである。こうしたことは、完全に孤立したということのないレーニンの場合、それほど目立たなかった。しかし、ヨギヒェスはプレハーノフとの論争のために、早くからロシアの党とも対立するにいたっていた。一八九〇年代にはスイスにおけるロシア人亡命者の法王ともいうべき存在であったプレハーノフは、ポーランドからついたばかりの自信に満ちたこのユダヤ人青年を「ネチャーエフのミニチュア版」と呼んでいたのである。その結果、一九〇五年の革命が最初の機会を与えてくれるまでの多年にわたってかれは、ローザ・ルクセンブルクによれば「まったくの根無し草」であった。「まったく突然に、かれはポーランドの運動ばかりではなく、ロシアの運動においても指導者の地位を得ることになった」。（SDKPiLはこの革命の間に目立った存在になり、以後年とともに重要な存在となった。ヨギヒェスは、自分では「ただの一行も」書かなかったが、この党派の出版物の「それにもかかわらず中心的存在」であった。）SPDにはまったく知られることなく、かれが第一次世界大戦中ドイツ軍隊の内部に秘密結社を組織したとき、かれの最後の短い機会が訪れた。「かれがいなければスパルタクス団は存在しなかったであろう」。それはドイツにおける組織された左翼グループのどれとも異なり、短期間ながら一種の「理想的な同輩集団」となったのである。（もちろん、このことはヨギヒェスがドイツ革命を創り出したなどという意味ではない。あらゆる革命と同様に、それは誰によって創り出されたものでもなかった。スパルタクス団もまた「事態を創り出したというよりは、むしろ事態に従ったのである」。また、一九一八年一月の「スパルタクスの蜂起」が、その指導者――ローザ・ルクセンブルク、リープクネヒト、ヨギヒェス――によってひき起こされた、あるいはかれらの影響力のもとに起こったという公式見解は一つの神話にすぎない。）

ローザ・ルクセンブルクの政治理念のどれだけのものが、ヨギヒェスに由来するかを知ることは不可能であろう。結婚している人々の場合、配偶者の思想を別々に語ることが必ずしも容易でないことと同様である。しかし、レーニンが成功したところでヨギヒェスが失敗したということは、環境の所産――かれはユダヤ人であり、ポーランド人であった――であるとともに、劣った能力の所産でもあった。とにかく、ローザ・ルクセンブルクも窮極的にはかれに対してこのように考えたであろう。（しかし）この同輩集団のメンバーはこうしたカテゴリーで相互に評価しあうことはなかったのである。ヨギヒェス自身はおそらく、同様にロシア系ユダヤ人でかれより年少のオイゲン・レヴィネが述べた「われわれは休暇中の死人だ」という言葉に賛同していたかもしれない。こうした雰囲気がかれを他の人々から分つものであった。レーニンもトロツキーもローザ・ルクセンブルク自身も、こうした方向で考えていたとは思われないからである。彼女の死後、かれは安全のためにベルリンを離れることを拒否して次のように述べている。「誰かがわれわれすべての碑文を書くためにとどまらなくてはならない」。かれはリープクネヒトとルクセンブルクが殺害された二カ月後に捕らえられ、派出所の中で背後から射たれた。殺人者の氏名は知られていたが、「その男を罰しようとするいかなる試みもなされなかった」。その男は同じ方法で別の男も殺害し、しかも「プロイセン警察のなかで昇進しながら、その地位を保持し」続けたのである。こうしたことがワイマール共和国の慣習〈mores〉であった。

こうした古い物語を読み返すとき、ドイツの同志たちと同輩集団のメンバーとの間の差異が痛ましいほどに解ってくる。一九〇五年のロシア革命の間に、ローザ・ルクセンブルクはワルシャワで逮捕され、彼女の友人たちはその保釈金（おそらくはドイツの党によって用意された）を集めた。その支払に際して、「ローザの身に何ごとか起きれば、高官に対する行動《アクション》をもって復讐するであろうという非公式の報復の脅威」が付け加えられていた。こうした「行動《アクション》」という観念は、そうした行為が罪にならぬことが明白となった政治的暗殺の高まった時期の前にも、またその後にも、ドイツの友人たちの胸中にはついぞ浮かぶことはなかったのである。

IV

振り返ってみるとき、彼女が犯したとされる「過誤」よりも、いっそう問題であり、また彼女自身をもさらに苦しめたのは、ローザ・ルクセンブルクが周囲と軋轢を起こしていたわけではなく、むしろドイツ社会民主党の公式の指導部に同調していたように思われるときに起こった二、三の決定的な事例である。これらのものは彼女の本当の誤りであり、そのいずれについても結局はそれを認めることも、はげしく後悔することもなかったのである。

そのなかで最も害の少ないものは、民族問題に関連していた。彼女は一八九八年にチューリヒからドイツに到着したが、チューリヒで彼女は「ポーランドの工業発展に関する第一級の論文によって(ユリウス・ヴォルフ教授の言。かれは自伝のなかでも『私の最も優秀な生徒』として彼女を優しく想起している)」博士号を受けていた。この論文は異例にも「ただちに商業的に刊行されるほどの優秀さ」をそなえており、いまだにポーランド史の研究者に用いられている。彼女のテーゼは、ポーランドの経済発展は完全にロシア市場に依存しているということ、そして「民族的あるいは言語的同質性に基づく国家を形成しようとする」いかなる企ても「最近五〇年間における進歩・発展のすべてを否定するものであった」ということであった。（彼女が経済学的に正しかったことは、両大戦間におけるポーランドの慢性的な不況によって十分に論証されている。）ついで、彼女はドイツの党におけるポーランド問題の専門家となり、ドイツ東部に住むポーランド人の間ではドイツの党のための宣伝家となり、さらにあるSPDの書記が彼女に語ったように、ポーランド人を「ドイツ化する」ことによって絶滅し、「ポーランド社会主義も含むすべてのポーランド人を喜んで贈り物にしよう」としている人々と不安な同盟を結ぶことになったのである。たしかに、「公式に是認されるという栄光は、ローザには誤った栄光であった」。

それ以上に重大なことは、彼女が指導的な役割を果たした修正主義論争における党執行部との欺瞞的な和合であった。この有名な論争はエドゥアルト・ベルンシュタインによって惹起され[6]、革命に対して改革を選択したものとして歴史に残されている。しかし、このスローガンは二つの理由から誤解に導くものである。まずそれはSPDが世紀の転換期においてなお革命を志向していたかのような印象を与えるが、そのことは事実に反する。さらに、ベルンシュタインが言わなければならなかったことの多くに含まれる客観的な正当性を隠蔽してしまう。マルクスの経済理論に対するかれの批判は、かれ自身主張したようにまさに十分「現実に即して」いたのである。かれは、「社会的富の飛躍的増大は、大資本家の数の減少を伴わず、あらゆる規模の資本家の数の増大を伴う」こと、「富裕階級の範囲がますます狭まり、貧困階級の窮乏化がますます進むとする」予言は実現されなかったこと、「現代のプロレタリアは貧困ではあるが、しかし貧民ではない」こと、さらに「プロレタリアは祖国を持たない」というマルクスのスローガンは誤りであること、などを指摘していた。普通選挙権はプロレタリアに政治的権利を、労働組合は社会における位置を、そして新しい帝国主義的発展は自国の外交政策への明確な利害関心を付与していたのである。こうした歓迎されざる真実へのドイツの党の反応が、大体においてその論理的基盤を批判的に再検討することへの根深いためらいに動かされていたことは疑いないが、こうしたためらいは、ベルンシュタインの分析により脅かされた現状に党利害が根ざしていたことでさらに強められたのである。それは、「国家内国家」としてのSPDの地位に関わる問題であった。党は事実上巨大な、よく組織された官僚機構と化していたのであり、それは社会の外側に位置し、現状の維持に多大の関心を寄せていた。ベルンシュタイン流の修正主義は、党をドイツ社会へ引き戻すことになったであろう。そして、こうした「統合」は、党利害にとって革命と同様に危険なものと感じられたのである。

ネトル氏は、ドイツ社会におけるSPDの「賤民的立場」(7)とそれが政府に参加することに失敗したことについて、興味ある理論を主張している。それは党のメンバーにとっては社民党が「腐敗した資本主義に代るすぐれた状態をそれ自身の内に準備する」ことができたと映った。実際、「あらゆる局面において社会に対する防衛を完全な」ものとすることで、(ネトル氏も指摘しているように)疑似的な「一体性」の感覚を生み出したのである。

これは、フランス社会主義者の大いに軽侮するところであった。[8] ともあれ、党員数が増大するにつれて、その急進的なエランが「組織されて消滅する」ことはますます確実となった。この「国家内国家」のなかでの生活は、社会の他の部分との摩擦を一般に避け、いかなる結果も伴わない道徳的優越感を味わうことで、きわめて快適なものであった。この賤民社会は事実上ドイツ社会全体の縮図であり、「ミニチュア版」にすぎなかったため、深刻な疎外という代価を支払う必要もなかった。ドイツ社会主義運動が迷いこんだこうした袋小路は、二つの対立する視点から正確に分析されることができた。すなわちその一つが資本主義社会内での労働者階級の解放を達成された事実として認識し、誰もがどのような形においても考えていない革命についての談義を止めるように要求したベルンシュタインの修正主義の視点であり、いま一つは、ブルジョワ社会から「疎外されていた」ばかりでなく、実際に世界を変革することを望んでいた人々の視点であった。

この後者の立場が、東方からベルンシュタインに対する攻撃を指導していた革命主義者――プレハーノフ、バルビュス、ローザ・ルクセンブルクなど――の立場であり、ドイツ社民党の最も卓越した理論家カール・カウツキーもこれらの人々を支持していた。しかし、おそらくカウツキーは、外国からの新しい同盟者の仲間になるよりは、ベルンシュタインと同盟するほうがはるかに安心していられたであろう。かれらが得た勝利はピュロス王(前三一八―二七二、古代エペイロスの王)の勝利のように犠牲が多過ぎてひきあわぬものであり、それは「ただ現実を押しやることで疎外感を強めたにすぎなかった」。真の問題は理論的なものでも、経済的なものでもなかったからである。問題はベルンシュタインの確信であり、恥ずかしげに脚注のなかに隠されてはいたが、「中産階級は——ドイツもその例外ではない——その大部分において経済的にだけではなく道徳的にも依然としてかなり健全である」（傍点はアレント）とする考え方であった。プレハーノフがかれを「実利主義者」と呼んだ理由も、バルビュスとローザ・ルクセンブルクがこの闘争を党の将来にとって決定的な意味を持つと考えた理由もここにあったのである。ことの実相はベルンシュタインもカウツキーも革命を嫌悪することで共通していたからである。すなわち「必然性の鉄則」はカウツキーにとって、何もしないことの最良の口実であった。東ヨーロッパからの来客たちは、理論的必然として革命を「信じていた」だけではなく、そのために何かをやろうと望んでいた唯一の人々であった。そのことはまさに、かれらがあるがままの社会を道徳的な理由に基づいて、すなわち正義に基づいて耐え難いものと考えていたからにほかならない。これに対し、ベルンシュタインとローザ・ルクセンブルクは、かれらがともに誠実であったこと（それがベルンシュタインの彼女に対する「ひそかな思いやり」を説明してくれるであろう）、かれらが見たままに分析し、現実に対して忠実であり、マルクスを批判していたことで共通していた。ベルンシュタインはこうした点に気づいていたし、ローザ・ルクセンブルクの攻撃に対する応答のなかで、彼女もまた「来たるべき社会の発展に関するマルクス主義の予測全体を、それが危機の理論に基づいているかぎり」疑問としてきたことを鋭く指摘している。

ローザ・ルクセンブルクがドイツの党内で得た初期の勝利は、二つの誤解に基づいていた。この世紀の転換期におけるSPDは「全世界の社会主義者の羨望と賞賛の的であった」。SPDの「大立者《グランド・オールド・マン》」アウグスト・ベーベルは、ビスマルクがドイツ帝国の基礎を築いたときから第一次世界大戦の勃発にいたるまで、「SPDの政策と精神を支配してきた」が、かれはつねに「私は現存する社会の不俱戴天の敵であり、かつそうあり続けるであろう」と宣言していた。これはポーランドの同輩集団の精神と同じ響きを持っていなかったであろうか。こうした誇らしい挑戦から、偉大なドイツ社民党はともかくもSDKPiLを大規模にしたものと想定できなかったであろうか。ローザ・ルクセンブルクが、こうした挑戦の秘密は世界全体との関わりを故意に避け、党組織の発展にひたすら専心することにあると見抜くまでにはほぼ一〇年の歳月——彼女がロシアの第一次革命から戻るまで——を必要とした。こうした経験から彼女は、一九一〇年以降、社会との恒常的「衝突」というプログラムを発展させ、このような衝突を抜きにしては革命精神の源泉自体が涸渇する運命にあると考えた。彼女はどんなに大きなものであれ、一セクトのなかで生涯を過すつもりはなかった。彼女の革命への関わりは主として道徳的問題であり、それゆえにこそ公的生活と公民の任務に、あるいは世界の運命に対して情熱的に従事し続けたのである。彼女のヨーロッパの政治への関わり方が労働者階級の直接的利益の外側にあり、したがってあらゆるマルクス主義者の限界を完全に超えていたことは、彼女がドイツとロシアの党に対して「共和制のプログラム」をとるよう再三主張していたことに最もよく示されている。

これは、彼女が戦時中に獄中で執筆し、後にスパルタクス団の綱領として用いられた、有名なユニウス・プロシューレにおける主要論点の一つであった。レーニンはその執筆者が誰であるか気づかなかったが、ただちに「共和制のプログラム」を宣言することは「実際上――誤った革命のプログラムによって――革命を宣言することを意味する」と言明した。ところで一年後、ロシア革命が如何なるプログラムも持たずに勃発し、その最初の成果は君主制の廃棄と共和制の樹立であった。同じことはドイツとオーストリアにも起こっている。このことはもちろん、ロシア、ポーランドあるいはドイツの同志が、この点で彼女を激しく攻撃することを妨げはしなかった。実際、彼女を最も決定的に他の人々から切り離したのは、民族問題というよりもむしろ共和制の問題だったのである。この問題において彼女は完全に孤立していたのであり、またこの場合ほど明白ではなかったにせよ、あらゆる環境のもとで個人的のみならず公的な自由が絶対的に必要であることを強調していたことでも、彼女はやはり孤立していたのである。

第二の誤解は修正主義論争と直接に関連している。ローザ・ルクセンブルクは、カウツキーがベルンシュタインの分析を受け容れるのを逡巡したことを本気で革命を志向していることと誤解したのである。一九〇五年に第一次ロシア革命が勃発したとき、彼女は偽の身分証明書をもってワルシャワに急行したが、その後はもはや自分自身を欺き通すことはできなかった。彼女にとってその数カ月はきわめてつらい経験であっただけでなく、同時に「生涯で最も幸福な時」でもあった。ドイツに戻るとすぐ、彼女はドイツの党内の友人たちとこの出来事を討論しようとした。彼女は、「革命」という言葉は、それを無意味な音節に「分解してしまうような真に革命的な状況に出会わなければならない」ことを急速に学んでいた。しかしドイツの社会主義者はこうした事柄は野蛮な僻地でしか起こりえないと確信していたのである。このことは彼女の受けた最初のショックであり、彼女は終生そこから回復していない。第二のショックは一九一四年に訪れ、それは彼女を危うく自殺に追いやるほどのものであった。

当然のことながら、彼女が初めて真の革命に接したことは、幻滅あるいは軽侮と不信が織りなす芸術以上のものを、またそれら以上にすぐれたものを彼女に教えた。彼女の洞察はそこより発して政治的行動の本質にまで到り、ネトル氏は正当にもそれを、政治理論に対する彼女の最も重要な貢献と呼んでいる。彼女が革命的労働者評議会（のちのソヴィエト）から学んだ主要な点は、「よい組織は行動に先行するものではなく、行動の所産である」こと、「革命的行動のための組織は、水のなかでしか泳ぐことを学びえないように革命自体のなかで学ばれうるものであり、また学ばれなければならない」こと、革命は誰によって「創り出される」ものでもなく、「自然発生的に」勃発するものであること、さらに「行動への圧力」はつねに「下から」くるものであることなどであった。革命とは「社会民主党（当時なお唯一の革命党であった）がそれを破産させないかぎり、偉大で強力なもの」なのである。

しかしながら、一九〇五年の序曲には彼女がまったく見逃していた二つの側面があった。何よりもまずこの革命が、工業化されていない後進国であるだけではなく、大衆的支持を伴った強力な社会主義運動がまるで存在していない領域に勃発したという驚くべき事実があった。そして第二に、この革命が日露戦争におけるロシアの敗北の結果であるという、同様に否定しえない事実があった。これらはレーニンが決して忘れることのなかった二つの事実であり、そこからかれは二つの結論をひき出した。第一は、巨大な組織は必要としないということ、すなわちひとたび旧体制の権威が一掃されてしまうなら、何をなすべきかを知っているリーダーに率いられた、小さいが緊密に組織された集団で、権力を握るには十分なのである。巨大な革命組織はむしろ邪魔物にすぎなかった。そして第二に、革命は「創り出される」ものではなく、個々人の能力を超えた環境と事件の結果であるところから、戦争が歓迎された(9)。この第二の点は第一次大戦中における彼女とレーニンとの論争の源であり、一九一八年の、ロシア革命におけるレーニンの戦術に対して彼女が加えた第一の批判でもあった。彼女は終始無条件的に、戦争がいかなる偶然の結果を伴うとしてもそこに最も恐るべき災厄以外のものをみることを拒んだからである。人間の生命を、とくにプロレタリアの生命を代償とすることは、どうあっても高価にすぎたのである。さらには、革命を戦争と虐殺との不当利得者——それはレーニンの少しも意に介するところではなかったが——とみることは彼女の意に反することであったろう。組織の問題についてみれば、彼女は人民全体が何らの役割も何らの発言権も持たないような勝利を信じていなかった。実際彼女は、如何なる代償を払っても権力を保持するなどということをほとんど信じていなかったため、「革命の失敗よりも醜悪な革命のほうをはるかに恐れていた」。このことは事実上、ボリシェヴィキと「彼女の間の大きな相違」だったのである。

ところで、事態は彼女の正しさを証明してきたのではなかろうか。ソヴィエト連邦の歴史は、「歪められた革命」の恐るべき危険に関する一つの長い実例ではなかろうか。彼女の予見した「道徳的頽廃」――もちろん彼女はレーニンの後継者の公然たる犯罪を予見してはいないが――は、「優勢な武力に対抗し、歴史的状況に歯向ってなされた真正な闘争における……いかなる、またあらゆる政治的敗北」がおそらくはなしえた以上の害悪を、彼女が理解したような革命の大義に及ぼしてきたのではなかろうか。レーニンが用いた手段は「まったく誤っていた」こと、救済への唯一の道は「出来るかぎり無制限で広範な民主主義と世論という公的生活それ自体による教育」であったということ、さらに恐怖《テロル》があらゆる人を「混乱」させ、あらゆるものを破壊したことなどはすべて真実だったのではなかろうか。

彼女が自らの正しさを見きわめ、またロシア革命の直接の産物として世界に広まった共産党の恐るべき、しかも恐るべく急速な道徳的退歩を見守れるほど、彼女は長く生きてはいなかった。この点ではレーニンも同様である。かれの犯したあらゆる誤りにもかかわらず、なおかれの後に来た誰とよりも、原初的同輩集団と多くの共通するものを持っていたのである。このことは、レオ・ヨギヒェスの後を継いでスパルタクス団を指導したパウル・レヴィが、ローザ・ルクセンブルクの死後三年たって、先ほど引用した彼女のロシア革命論を公刊したときに明らかとなったのである。これは一九一八年に彼女が「ただあなたのために」——つまり、出版の意図を持たずに——書いたものであった[10]。ドイツとロシアの党のいずれにとっても「それはかなり厄介なこと」であり、もしレーニンが激しく中庸を欠いた応答を行なったとしても、非難されることはなかったであろう。にもかかわらずかれは次のように書いた。「われわれは適切なロシアの昔話……で答えることにしよう。鷲はときとして鶏よりも低く飛ぶことができる。しかし、鶏はけっして鷲と同じ高みまで登ることはできない。ローザ・ルクセンブルクは……（彼女の）誤りにもかかわらず……昔も今も鷲である」。かれはさらに進んで、「彼女の伝記」と「誤り」を抹消していない「完全な彼女の著作集」を出版することを要求し、この義務を「信じ難い」までに怠っている点でドイツの同志たちを非難している。これは一九二二年のことであった。その三年の後、レーニンの後継者たちはドイツ共産党を「ボリシェヴィキ化する」ことに決し、そのためにも「ローザ・ルクセンブルクのあらゆる遺産に明確な攻撃を加えること」を命じたのである。この任務を喜んで引き受けたのは、ウィーンから到着したばかりのルート・フィッシャーという若い党員であった。彼女はドイツの同志に、ローザ・ルクセンブルクとその影響力は「梅毒菌以外の何ものでもない」と語っている。

　溝は広げられ、ローザ・ルクセンブルクなら、さしずめ「動物学上の別種族」とでも呼んだであろうものがそこから生まれた。同輩集団のわずかな生き残りを絶滅し、かれらの精神の最後の残余を忘却の彼方に埋葬するには、もはや「ブルジョワジーの手先き」も「社会主義の裏切者」も必要としなかった。彼女の完全な著作集がこれまで刊行されなかったことはいうまでもない。第二次大戦の後、「彼女の誤りを強調する綿密な注釈を付した」二巻本の選集が東ベルリンで出版され、ついでフレッド・エルスナーによる「誤ったルクセンブルク主義的体系についての周到な分析」がそれに続いたが、これは「あまりにも『スターリン主義的』なものとなったため、じきに葬り去られてしまった。こうしたことはレーニンが要求したこととは似ても似つかぬことであったし、かれが望んでいたように、それが「共産主義者の多くの世代の教育に」役立つということもついになかったのである。

スターリンの死後、事態は変化し始めた。ただ、スターリン主義的歴史の修正が「ベーベル崇拝」の形をとるという特徴をもった東ドイツでは事態は変っていない。（この新たなナンセンスに抗議した唯一の人物は、不幸な老ヘルマン・ドゥンカーであった。かれは今なお「一人の若者として、ローザ・ルクセンブルク、カール・リープクネヒト、フランツ・メーリングを知り、かれらとともに活動した、生涯の最も素晴らしかった時代を回想する」ことのできる最後の著名な生き残りである。）しかしポーランドの国民は、一九五九年に出版されたかれらの手になる二巻本の選集が「ドイツのそれと部分的に重なる」としても、レーニンの死以来「ひつぎに収められていた彼女の世評を、ほとんど手を加えずにとり出した」のであり、一九五六年以降はこの主題についての「ポーランド出版物の洪水」が市場に現われるにいたったのである。おそまきながら、彼女の人と業績を認識する希望が依然存在していると信じたいし、同様に彼女が最後には西欧諸国の政治学者の教育に彼女の役割を見出すであろうことを希望したい。ネトル氏が正当にも述べているように「彼女の思想は、それがどこであれ、政治思想の歴史が真剣に教えられているところに存在する」からである。

原注

(1) 最近ヒトラーやスターリンが、かれらの現代史における重要性のゆえに、こうした決定的な伝記という不当な名誉をもって偶せられるに及んで、もう一つの限界が明白になってきた。アラン・バロックがかれのヒトラーに関する本のなかで、またアイザック・ドイッチャーがかれのスターリン伝のなかで、このジャンルに固有な技術的方法に如何に良心的に従ったにせよ、こうした非人間的立場から歴史をみることは、彼らを尊敬すべきものに高めるという欺瞞と事件の細部における歪曲とを生み出す恐れがあるだけである。われわれが人と事件の双方を正しい比重でみようと思うならば、今日でもなおそれぞれコンラッド・ハイデンとボリス・スーヴァリンとによるヒトラーとスターリンの、文献的にははるかに貧弱で事実においては不完全な伝記に頼らなければならないであろう。

(2) *Rosa Luxemburg*, 2 vols., Oxford University Press, 1966.

(3) *Bulletin des Presse- und Informationsamtes der Bundesregierung* の一九六二年二月八日号、二二四ページを参照。

(4) *Briefe an Freunde*, Zürich, 1950 のなかの一九一七年三月八日付、ハンス・ディーフェンバッハへの手紙から。

(5) *Ibid.*, p. 84.

(6) かれの最も重要な著作には、現在 *Evolutionary Socialism* (Schocken Paperback) という題の英訳があるが、残念ながらそれは大いに必要な注釈とアメリカの読者のための序論を欠いている。

(7) "The German Social Democratic Party, 1890-1914, as a Political Model," in *Past and Present*, April, 1965.

(8) この状況は、フランスのドレフュス事件におけるフランス陸軍の立場にきわめて類似した特徴を帯びていた。ローザ・ルクセンブルクは *Die Neue Zeit* (vol. 1, 1901) に寄せた "Die Soziale Krise in Frankreich" のなかで、この事件をあざやかに分析している。「陸軍が行動を起こすことをためらっていた理由は、陸軍が共和国の世俗権力に対しては反対の意向を示すことを望みながら、同時に」危険なクーデタによって他の形態の政府に「自分自身をゆだねることにより、反対派としての勢力を失うことを避けようとしていたことにあった」。

(9) レーニンは第一次大戦中にクラウゼヴィッツの『戦争論』(一八三二年) を読んでいた。かれの抜き書きと注釈とは五〇年代に東ベルリンで出版された。ヴェルナー・ハールベルクによれば——"Lenin und Clausewitz" in the *Archiv für Kulturgeschichte*, vol. 36, Berlin, 1954——、レーニンは、国民国家のヨーロッパ的体系の崩壊である戦争が、マルクスによって予言された資本主義経済の経済的崩壊にとって代わる可能性を考え始めたとき、クラウゼヴィッツの影響下にあったのである。

(10) 今日なお読まれ、かつ引用されている唯一の彼女の著作が、このパンフレットであるということには、多少のアイロニーがみられなくもない。つぎの著作は英文で入手できる。*The Accumulation*

of Capital, London and Yale, 1951. 一九三七年に Three Arrow Press, New York で刊行されたベルンシュタインへの返答（一八九九年）。*Juniusbroschüre*（1918）は *The Crisis in German Social Democracy* という題名で、一九五五年にセイロンの Lanka Sama Samaja Publications から出されている。なお、これは明らかに謄写版印刷である。本書の原書は一九一八年に Socialist Publication Society, New York で刊行された。一九五三年には、セイロンの同じ出版社が彼女の *The Mass Strike, the Political Party, and the Trade Unions*（1906）を出版している。

アンジェロ・ジュゼッペ・ロンカーリ——ローマ教皇ヨハネス二三世

『魂の記録《ジャーナル・オヴ・ソウル》』（ニューヨーク、一九六五年）は、ローマ教皇ヨハネス二三世、アンジェロ・ジュゼッペ・ロンカーリの精神生活の日記であり、退屈さと魅力とを奇妙にあわせもっている。本書の大部分は退位の後に書かれたもので、限りなく繰り返される信仰告白と自己訓戒、「良心の吟味」と「精神的進歩」についての覚書きから成りたっており、実際の出来事についてはごくわずかしか言及されていない。そのため、一ページ一ページが、如何にして善となり、悪を避けるかについての基礎的教科書のように読めるのである。だがそれは、一九六三年五月の末から六月の初めにかけて、かれがヴァティカンで死の床に横たわっていたとき、多くの人々の胸中にあった二つの疑問に明快な解答を与えることに独得の仕方で成功している。その二つの疑問が私自身の注意をひくようになったのは、あるローマの部屋係女中がそれをきわめて簡単明瞭な形で述べてくれたときであった。「奥様」と彼女はいった。「この教皇はほんもののキリスト教徒です。どうしてそうなれたのでしょう？　それに、ほんもののキリスト教徒がサン・ピエトロに坐られるなどということがどうして起こったのでしょう？　最後に教皇に選ばれるまでには、まず司教に、それから大司教そして枢機卿に選ばれなければならなかったのでしょう？　かれがどんな人か誰にもわからなかったのでしょうか?」さて、彼女の三つの疑問のうち最後の問いに対する答えは「否」であるように思われる。かれが教皇選挙会の会場に入ったとき、かれは教皇候補のなかに属していなかった。かれのサイズにあうようなガウンはヴァティカンの洋服屋に用意されていなかったのである。かれが選ばれたのは、枢機卿たちの意見が一致せず、かれ自身も書いているように、「断定的で過渡的な教皇」で大したことはせずに終るだろうとかれらが確信していたからである。「しかし」と、かれは続けている。「私はこれですでに教皇の職務について四年の歳月を送ろうとしており、全世界の注目を受けながら果たさなければならない仕事の巨大なプログラムが私の前にある。全世界はそれをみまもりながら、待ち望んでいるのである」。驚くべきことは、かれが教皇候補のなかに含まれていなかったということではなく、誰もかれがどんな人間であるかに気づかなかったこと、そして誰もがかれを大したことをしない人物だと考えたがゆえに、かれが選ばれたということであろう。

しかし、こうしたことは振り返ってみたときに初めて驚くべきこととわかるのである。たしかに、教会は二〇〇〇年近くもの間キリストをみならうように説いてきた。その長い年月を通じて、世に知られずに過しながら、若いころのロンカーリのように、「ここに私の模範となるべきイエス・キリストがいる」といい、「有徳なイエスに似た」ものとなることは「狂人として扱われる」ことだということを一八歳にして熟知していた教区司祭や修道士なら数限りなく存在したに違いない。「かれらは私が愚かであるといい、またそう信じている。おそらく私は愚かなのであろう。だが、私の誇りは私にそう考えることを許そうとしない。これは信仰全体からみれば、奇妙なことである」。しかし、一つの制度であり、またとくに反宗教改革以来信仰の純真さよりも教条的信仰の維持に関心を寄せてきたカトリック教会は、「私に従え」という呼びかけを文字通りにとるような人々に聖職者としての出世の道を開かなかった。それはかれらが、純然たる真正のキリスト者的生活様式に含まれる明らかに無政府的な要素を恐れたからではなく、単に「キリストのために、またキリストとともに苦しみ、軽蔑されること」は方策として誤っていると考えたからである。そして、これこそロンカーリが熱烈にかつ熱心に希求したところであり、十字架の聖ヨハネのこの言葉を再三再四引用していた。かれは司教叙階の儀式で「十字架にかけられたキリストと……同じ感動を私にも与えてくれる」ことを望むまでにいたっており、さらに「今まで私はあまりにもわずかしか苦しまなかった」と歎き、「主が私に特につらい性質の試練を与えてくれること」を、また「肉体的・精神的に何か大きな苦痛と苦悩とが訪れること」を希求し、期待したほどである。かれは自分の苦痛に満ちた、時ならぬ死をかれの職業のあかしとして歓迎していた。それはかれが手をつけぬままに遺さなければならない偉大な事業のために必要な「犠牲」にほかならなかった。

カトリック教会が、唯一の野心がナザレのイエスを模倣することであるような少数の人々を高い地位に任命するのをためらうのは理解し難いことではない。聖職の教階制のなかにある人々がドストエーフスキーの大審問官の線に沿って考え、ルターの言葉を借りるなら、「神の言葉の永遠性は、そのために世界が大動乱のなかへ投げこまれることにある。神の教えは、それが地上に達するかぎりにおいて、全世界を変革し、再生させるために訪れるからである」と考えるのを恐れていた時代があったかもしれない。しかし、こうした時代は遠い過去のことである。すでにかれらは、ロンカーリがかつて書きとめた、「温和で謙虚であることは……弱く遊惰であることと同じではない」ということを忘れていた。これこそかれらが見出そうとしていたものであり、すなわち神の前で謙虚であることと人の前で従順であることは同じでないということである。そしてこうした独自性を持つ教皇に対して聖職者のある部分が強い敵意をいだいたとしても、その敵意たるやそれ程大きいものでなかったこと、さらには多くの高位の聖職者たち、すなわち教会の統治者たちも教皇によって味方に引き入れられえたということは、教会と教階制度にとって幸運なことだったのである。

一九五八年秋にかれの教皇としての職務が始まって以来、かれがみずから掲げた公約のゆえに、かれに注目したのは、単にカトリック教徒だけではなく全世界であった。それは第一に、つねに「自分自身に注目を集めるいかなることも避けるように……細心の注意」を払ったのち、「名誉と義務を誠実に受け容れること」であり、第二に、「ただちに……きわめて単純ではあるが、その効果は広範囲に及び、しかも未来に対して十分に責任の持てるような……ある種の計画を具体化できるようにすること」であった。しかし、かれ自身の証言によれば、「カトリック公会議、司教会議、教会法典の修正の諸計画」は、「あらかじめ考えられていたものではなく」、むしろ「こうした問題についてかれが……あらかじめ考えていたこととはまったく正反対」ですらあった。ただ、かれを注目していた人々にとって、それは、その人物とかれの驚嘆すべき信仰とのほとんど論理的な、あるいは少なくとも自然な表明と思われたのである。

この本のどのページもこうした信仰に関する証言であり、そのどれも、そしてたしかにその全体でさえも、かれの最後の苦悶が続いた長い四日間にローマのいたるところに広まった数えきれないほどの物語や逸話ほどに人を信服させるものではない。そのときもローマ市はいつものように旅行者の侵入におののいていたが、そのなかには予想よりも早く訪れたかれの死のゆえに、多数の神学生、修道士、修道女、聖職者が含まれており、しかもこれらの人々はあらゆる国々から来た、あらゆる皮膚の色を持つ人々であった。そこで出会う人々は、タクシーの運転手から作家や編集者にいたるまで、あるいは給仕人から店主にいたるまで、カトリックの信仰を持つものも持たないものも、誰もがロンカーリが何を行ない何を言ったかについて、あるいはかくかくの場合に如何に行動したかについて語るべき物語を持っていた。その多くは今までに『教皇は笑う』という題でクルト・クリンガーによって集められているし、他のものは「有徳な教皇ヨハネス」についての増加しつつある文献のなかで明らかにされている。これらはすべて何らの妨害も受けることなく、カトリック教会の出版認可を得たものである。(1) しかし、こうした種類の聖人伝は、なぜ全世界がその目をこの人に注いできたかを理解するには役立たないであろう。それはおそらく

「つまずき」を避けるために、これらの書物が、教会を含む世間一般の基準が、イエスの説教に含まれる判断や行動の原則と、どの程度まで矛盾するかを述べることを注意深く回避しているからである。今世紀の只中において、この人物は、かれがこれまで教えられてきた信仰の各箇条を象徴的にではなく、文字通りに受けとる決意をしたのである。かれは「イエスへの愛のために、打ちひしがれ、軽蔑され、無視されること」を心から願っていた。かれは、自分が実際に「世間の判断、聖職者の世界の判断をも少しも」気にかけないようになるまでは、自分自身と自分の野心をきびしく制御した。二一歳のとき、かれは次のように述べている。「万一私が教皇になったとしても……私は依然として神の審判の前に立たなければならないであろう。そのとき、私にどれほどの価値があるであろうか。大した価値はない」。しかし晩年、家族にあてた信仰遺書のなかでは「死の天使は、私が信じているように、私を天国に伴う……であろう」と、確信をもって書くことができた。こうした信仰の途方もない強靭さは、それが無意識のうちに生み出した「教会にとって不名誉なこと」のなかに最も明らかに示されていた。この人物の偉大さは、こうした教会にとって不名誉なことを省略して初めて低下させうるのである。

かくて、当時口づてに伝えられた偉大で大胆な物語はもはや語られることもないし、いうまでもなく、その真偽を確めることもできない。私はそのいくつかを記憶しており、それが確実なものであることを望んでいる。しかし、もしその確実性が否定されたとしても、そのように語られたこと自体が、かれの人柄とかれについて人々が考えていたことを明らかに示しているといえよう。最初の、つまずきからは最も遠い逸話は、かれが労働者や農民に対していだいていた気どらない、しかも恩着せがましさのない親近感についてこの『記録』のなかにみられる若干の記述を裏づけてくれる。かれ自身たしかにこうした階層の出身であったが、しかし一一歳で、ベルガモの神学校に入学を認められたとき、かれはその階層を離れている。(かれが初めて世間と接触したのは、兵役に服したときである。かれはそれがきわめて「醜悪で、不潔で、胸のわるくなるようなもの」であることに気づいた。「私は悪魔どもと一緒に地獄へ送られるのであろうか。私は兵営のなかの生活がどんなものであるかを知った——私はそれを考えるだけでも身震いがする」。)この逸話によれば、鉛管工が修繕のためヴァティカンへやってきたことについて語っている。教皇は、かれらの一人がすべての聖家族の名前において誓い始めるさまを聞いていた。かれはそこへ来て、ていねいにたずねた。「あなたはそのようにしなければならないのですか。あなたは、私たちがやるようなつまらないことを口にしてはいけないのではありませんか」。

私がこれから述べる三つの逸話は、はるかに重大な問題に関わるものである。かれの本の中では、ロンカーリ司教とローマとのある緊張関係については、わずかしか、ほんのわずかしか述べられていない。この紛争は、一九二五年にかれが「閑職に等しい」ブルガリアの教皇監察官という地位に任命されたときに始まったように思われる。かれはこの地位に約一〇年間とどまらされている。かれはこの地での不幸を決して忘れなかった——二五年後にもかれは依然として「良心の痛む日々が長く続いた当時の生活の単調さ」について書いている。当時、かれは「ブルガリア人によってではなく……教会統治の中央機関によってひき起こされる……多くの試練」にまもなく気付きはじめた。「これは私が予期しなかったタイプの心痛と屈辱であり、それは私を深く傷つけた」。かれがこうした紛争をかれの「十字架」と書くようになったのは、一九二六年ごろからである。一九三五年にイスタンブールの教皇使節に転任させられたとき、事態は好転し始めた。かれはここに、一九四四年教皇パリ使節という最初の重要な地位を与えられるまでの一〇年間、とどまることになったのである。しかし、ここでもふたたび「現場における状況の見方とローマで同じものを判断する仕方の違いが、私を相当に傷つけた。それは私にとって唯一の真の十字架である」。こうした不満はフランスにいた間は聞かれていない。しかしそれは、かれが気持ちを変えたからではなく、むしろ教会という世界のやりかたに慣れたからだと思われる。かれが一九四八年に次のように書いたのは、こうした気持ちからであった。「(こうした私の同僚たち、すなわち善良な聖職者たちによって)卑しい人々、貧しい人々、あるいは社会的地位の低い人々……に示されたいかなる種類の不信や不礼も……私を苦悩にもだえさせた」。また、「現世で賢人ぶっているすべての人々、またヴァティカン外交の衝にあたる人を含む邪心を持ったすべての人々は、イエスと聖者たち……によって与えられた純真さと恩恵のなかで、こうしたみじめな人々を傷つけているのである」。

戦時中、かれはトルコにおいてユダヤ人組織と接触するようになった(ある場合には、トルコ政府によるヨーロッパのナチス占領地域から逃れてきた数百のユダヤ人児童のドイツ送還を阻止した）が、かれがのちに自分自身に対して非常にまれなきびしい非難を加えたのは、このトルコでの仕事についてであった――ただそれにもかかわらず、「良心の吟味」に関するかぎりではいかなる自己批判をも加えていない。かれは書いている。「私がもっと多くのことを行なうこと、すなわち私の生来の性向に反してでも、もっと決定的な努力を行なうことはできなかったであろうか。また私は、そうすべきではなかったろうか。私は静穏と平和を求めることが神の意志にいっそう合致するものと考えていたが、このことが、おそらくは剣をとることをためらう気持ちを覆い隠したのではなかったか」。しかしこのとき、かれはひとつの感情の激発だけは自分自身に許していた。ロシアとの戦争が勃発したとき、ドイツ大使フランツ・フォン・パーペンがかれに接近し、ローマにおけるかれの影響力を用いて教皇に率直なドイツ支持を表明させるように依頼した。「それで私は、あなたの国の人々がドイツやポーランドで虐殺している数百万人のユダヤ人についてはなんと言えばよいのですか」。これは一九四一年のことであり、大虐殺がまさに始まろうとしていたときのことである。

次に述べる逸話は、こういった問題に関連している。そして私の知るかぎり、これまでに書かれたヨハネス教皇の伝記は、どれもローマとの紛争にはふれていないため、こうした逸話の信憑性を疑ってみても十分な説得力を持たないであろう。まず、一九四四年にパリ出発に先だって、かれが教皇ピウス一二世と謁見したときの逸話がある。ピウス一二世は謁見を始めるとすぐ、この新任の使節に七分間しかさけないことを告げた。それに対して、ロンカーリは辞去して言った。「それでしたら、残りの六分は不必要です」。第二の逸話は、外国から帰った若い司祭が、自分の経歴をよくするため高官によい印象を与えようと、ヴァティカンで忙しく立ちまわっているのをたしなめた愉快な話である。教皇はこの司祭に次のように述べたという。「若いかた、そう気を使うのはおよしなさい。イエスが審判の日、あなたに検邪聖省の仕事をどう務めたかなどとたずねたりはなさらないと確信して、安心していてよいのですよ」。最後の逸話は、死の数カ月前にホーホフートの戯曲『神の代理人』を読むように求められ、それに対してどんな手が打てるかをたずねられたときのことである。かれはその問いに次のように答えたといわれる。「どんな手を打つかと言われるのですか。あなたは真実に対してどんな手を打てるのですか」。

これまで活字にされていない逸話は沢山ある。かれについての文献のなかにもなお多くの逸話が見出される。ただ、そのいくつかは奇妙に変えられている。(「言い伝え」によれば、それが事実とするなら、教皇が最初のユダヤの使節を迎えたとき、「私はあなたの兄弟ヨセフです」と挨拶している。この言葉はエジプトにいたヨセフがかれの兄弟に自分を知らせるためのものであった。それが今では、かれが教皇に選ばれてのち、最初に枢機卿たちに会ったときに発せられた言葉とされている。私はこのほうがもっともらしく聞こえるのではないかと思う。しかし、前者は実際非常に偉大なことであるのに対して、後者はせいぜいのところ非常におもしろいというにすぎない。)すべての逸話に見られる完全な独立心は、現世の事物からの真の超脱と偏見と因襲からのみごとな自由からもたらされたものであって、そうした自由はつねにほとんどヴォルテール的ともいえるウィットを、あるいはものごとの意味を逆転させる際の驚くべき機敏さを生み出すことができた。たとえば、日課となっていた散歩の間ヴァティカンの庭が閉鎖されることに抗議し、それに対して一般人の視線にさらされることはかれのような地位にある人にはふさわしくないといわれたとき、かれは「みんながなぜ私をみてはいけないのですか。私の行儀はわるくないでしょうに」と、問い返している。フランス人ならばエスプリと呼ぶような、同じようにウィットに富んだ心のありかたは、他の活字にされていない物語によっても確証されている。かれがフランスで教皇使節の職にあったとき、ある外交団の晩餐会でひとりの紳士がかれを困らせようと考え、一枚の女性のヌード写真をテーブルのまわりに回した。ロンカーリはこの写真を見て、それを「N夫人ではありませんか」といってN氏に返したという。

かれは若いころ、話をしたり、台所をぶらついたり、ものごとを論じたりすることが好きであった。また、「トムやディックやハリーに……これこれの場合はどのように振舞ったらよいか」などと尋ねては、「まるでソロモンのように判決を下す生まれつきの性向」があったことや、「新聞や司教や日常の出来事などに関する話題」に頭をつっこんでは、「私が不当に攻撃されていると思うことや、擁護に値すると思うことのために敢然と戦ったこと」を反省していた。かれがこうした資質を抑制することに成功したか否かは別としても、決してそれを失わなかったことはたしかであり、長い「禁欲」と「屈従」の生活（かれの魂の聖化のためには絶対に必要なものと考えていた）ののちに、突如として、カトリックの教階制度のなかで、いかなる上位者の声も「神の意志」の何たるかを告げえない唯一の地位に達したとき、それは前向きに花を開くことになったのである。かれが『記録』に書いているところによれば、「この勤めを枢機卿会の声を通して伝えられた主の意志への純粋な服従において受け容れたこと」を知っていた。すなわち、枢機卿たちがかれを選んだとは一度も考えなかったのであり、むしろつねに「主が私を選び給うた」――この確信は、まったく偶然的な経緯から選ばれたことをかれが知っていたことで大いに強められていたに相違ない――と考えていた。かくてそれは、人知の限りではすべてある種の誤解であることをまさに知っていたからこそ何らかの独断的な一般化におちいらず、むしろ自分自身をはっきりと指しながら、「キリストの代理者たる教皇は、キリストがかれに何を望んでいるかを知っている」と書くことができたのである。『記録』の編者でありヨハネス教皇のかつての秘書、ロリス・カポヴィラ氏は序文のなかで、多くの人をいらだたせ、ほとんどの人を困惑させるに違いないこと、すなわち「かれの神の前での生来の謙虚さと人の前での自己の価値の明確な――人を混乱させるほどに明確な――自覚」について述べている。しかしかれが、自分自身に絶対的な確信を持ち、他人の助言を求めようとしなかったとしても、未来のこととか行なおうとしていることの窮極的な結果について何かを知っているふりをするような誤りは犯さなかった。かれはいつも「一日一日を生きること」あるいは野の百合のように「一時間一時間」を生きることに安んじており、そして、かれの新しい地位のための「行為の基本原則」となるもの――「未来に何の関心も持たず」、「そのための人間的な準備」を行なうこともなく、また「それを確信をもって語ったり、誰かれの見境もなく語ったりすることのないように」注意を払うこと——を書きとめている。「そうすることによって誰かの役にたちたいと望んで、悪魔と手を結ぶことから、ともかくも」かれを護ってくれたのは、神学理論でも政治理論でもなく、信仰であった。

心配事や苦労の種からこのように完全に自由であったことは、かれの謙虚さの現われであった。かれを自由にしたものは、知的にも感情的にも無条件で、「それらはなされるであろう」と言いえたところにある。『記録』のなかに積み重ねられている、かれには決して平凡なものでなかったとしても、われわれにはすでに平凡なものとなっている敬虔な言葉の層の下に、かれの生活を調和させていた基調和音を見出すことは容易ではない。かれがそこからひき出したようなユーモアに富むウィットを期待することも容易ではなかろう。しかし、最初はかれを非常に苦しめ、ついには眠れない夜まで——ある朝自分自身に「ジョヴァンニ〔ヨハネス〕よ、そんなに深刻に受けとるなよ」といい聞かせ、以後よく眠れるようになるまでは——送らせた教皇職という新たな責任が、いかに怖るべきものであるかを友人たちに語ったとき、かれは謙虚さ以外の何を説くことができたであろうか。

しかし、かれに誰とでも親しくすることを容易にしたものが、謙虚さであったと考えるべきではあるまい。かれは、監獄の囚人とも、「罪人」とも、庭園で働く労働者とも、台所で働く尼僧とも、ケネディ夫人とも、またフルシチョフの娘や女婿とも一様に楽しくつきあっている。身分の高いものであれ、低いものであれ、すべての人間を自分と等しく扱うことを可能にしたものは、むしろかれの大きな自信であった。かれはさらに、こうした平等性が確立される必要があると感ずるまでにいたっている。かくてかれは、獄中にある強盗や殺人者にも「息子たちと兄弟たち」と呼びかけ、それが言葉だけに終らないように、こどものころどのようにして摑まらずにりんごを盗んだか、またかれの兄弟の一人がどのようにして鑑札も持たずに猟に行って摑まえられたかをかれらに語ったのである。また、「手に負えない者が拘禁されている独房の建物へ」案内されると、かれは「出来るかぎり命令的な声で、『門を開けなさい。かれらを私から遠ざけてはいけません。かれらはすべてわが神の子なのです』」と命じている。たしかに、こうしたことはすべて長期にわたって確固として確立されてきたキリスト教の教義を超えるものではない。しかし、それは長い間単なる教義にとどまっていたのであり、「働く人々のための偉大な教皇」といわれたレオ一三世の回勅でさえ、ヴァティカンがその従業員に食うや食わずの薄給を支払うのを禁じてはいなかった。誰とでも語りあうという新教皇の型破りの習慣が、まもなくこの不面目な事実にかれの注意をひきつけたのである。オルデン・ハッチによると、かれは従業員のひとりに「調子は如何ですか」と問うた。その男は「まったくひどいものです、猊下」と答えて、自分の収入の額と養わなければならない頭数とを教皇に告げた。「私たちはそれを何とかしなければなりませんね。今、私とあなたの間では、私は猊下ではなく、教皇なのですから」。その意味は、称号のことは忘れなさい、ここでは私は雇主なのです、だから、私は事態を変えることができるのです、ということであったろう。のちに、このための新たな出費は慈善事業の資金を削減することによってしか調達できないといわれたときも、かれはいささかも動じていない。「それならば、われわれはそれを削減しなければなりますまい。正義は慈善に優先します……から」。こうした逸話をかくも楽しいものとしているのは、「教皇の言葉は、日常のそれでさえも神秘と畏怖に満ちているに違いない」とする一般通念を一貫して拒否しているからであろう。ヨハネス教皇によれば、こうした通念は明らかに「イエスの示した模範」と矛盾するのである。そして、共産主義ロシアの代表との喧々囂々たる会見をイエスの「模範」に倣って次のように述べてしめくくったと聞くと、まことに心が温まる思いがする。「さて、あなたがたのお許しを得て、小さな祝福を与える時間が参りました。結局のところ、小さな祝福は何の危害も伴うものではありません。与えられるままに、お受け下さい(2)」。

こうした信仰の純粋さは、疑惑によって悩まされることも、経験によって動揺させられることも、狂信的信仰――「たとえ罪のないものであっても、つねに有害なものである」――によって歪められることもまったくなかったが、それは実際の行為や生きた言葉のなかでこそ見事なのであって、印刷されたページの上では単調で不完全なもの、すなわち死んだ活字になってしまうのである。この書物につけ加えられた若干の書簡においてもそれは同様であり、唯一の例外は「『ロンカーリ家あての』信仰遺書」だけであろう。そのなかでかれは、兄弟とその子供たちや孫たちに対して、それまでの慣例に反して称号を与えなかったのはなぜか、かれも「ときには貧者に対する一人の貧しきものとして、かれらを助けようとした」が、結局は以前と同様に「尊敬と満足に値する貧困からかれらを」ひきあげようとしないのはなぜか、かれが「自分のためであれ、あるいは親族や友人のためであれ、何ものをも――地位、金、情実など――まったく何ものをも」求めようとしなかったのはなぜかを説明している。それは、「貧しく生まれた……私は、司祭や司教をしていた間に手に入ってきたもの――きわめてわずかではあったが――をすべて……分け与え、貧しいまま死んでいくことをことのほか幸せに思っている」からである。こうした文章には、わずかながら弁解めいた調子が見られるが、それはちょうどかれの家族の貧困は考えていたほど「満足な」ものでなかったことをかれが知っていたかのようでもある。さらに若いころ、かれらを悩ませた絶えざる「困苦と欠乏」は「いかなるよい目的にも役立っておらず、むしろそれらを損なっているように思われる」とかれは述べている。このことは、かれがいかなる種類の体験を無用と感じていたかを、少なくとも推量させるきわめてわずかな一例である。同様に、この貧しい少年の大きな自尊心についてはもっと容易に推量できよう。かれは、生涯、誰の恩顧も求めなかったことを強調しており、また手にいれたものはすべて神から与えられたもの（「私より貧しい者がいるであろうか。私は神学校の生徒になって以来、慈善によって与えられた以外の着物を身につけたことは一度もない」）と考えることに慰めを見出していたのであり、それゆえに貧困はかれにとって天職の明らかな証となったのである。「私はキリストの家族に属している――それ以上の何を望むことができよう」。

現代の知識人は数世代にわたって、無神論者――すなわち、人間の知りえないことを知っているふりをする愚かもの――でないかぎり、キェルケゴール、ドストエーフスキー、ニーチェ、さらには実存主義陣営の内外にいるかれらの無数の後継者に教えられて、宗教と神学上の諸問題に「興味」を見出してきた。しかし疑いもなくかれらも、非常に若いときにすでに、「物質的貧しさ」ばかりではなく、「心の貧しさ」に対しても等しく「忠誠を誓って」いた人間を理解することは困難であろう。ともかくも教皇ヨハネス二三世は興味に満ちた存在でも、華々しい存在でもなかった。このことはもちろん、かれがむしろ凡庸な学生であり、後半生においても目立った知性や学者的な関心を示すようなことはなかったという事実とはまるで無関係である。(かれは新聞は愛読していたが、それ以外の世俗的著作物を読むことはほとんどなかったように思われる。)ひとりの幼い少年が、アリョーシャのように、自分自身に次のように告げたとしよう。「『汝、若し全からんと思はば、往きて汝の所有《もちもの》を売りて貧しき者に施せ。かつ来りて我に従へ』と書かれているのに、自分の所有物の代りにただの二ルーブルを出し、『我に従う』代りに早朝のミサに行くようなことがどうしてできようか」、また、成長してのちも、「全く」あろうとした幼年時代の野心に固執して、「私は少しでも進歩しているのであろうか」と自問することを日課とし、自分がどの程度進歩したかを細心の注意をもって書きとめた――ついでながら、その過程では自分自身をまったく穏やかに扱い、多くのことを約束しすぎないように注意し、自分の失敗にとりくむときには「一度に一つ」ずつ、しかも絶望のなかでは決してとりくまな

かったものとなることはありそうにないのである。全きものになるための時間表が物語の代りとなることはほとんどない――「誘惑や怠慢」については「罪の軽いものであれ、重いものであれ、決して、決してなかった」とされているだけである。それゆえに、『記録』のなかにみられる知的発展のわずかな事例でさえも、その著者がかれの生涯の最後の数カ月間それを再読して死後の刊行にそなえたにもかかわらず、著者自身によっては奇妙にも気づかれずにしまった。かれは、プロテスタントを「教会の外部にいる憐れで不運な人々」とみることをやめて、「洗礼を受けていると否とにかかわらず、すべての人間はイエスに帰属する権利を持つ」といつごろより確信するにいたったかについては一言も触れていない。また、「(教会の) 規則・命令・法規を心底から敬愛している」と感じていたかれが、オルデン・ハッチが述べているように、「ミサの典文に一千年来の改訂」を加えたことや、かれのもとで開かれたカトリック公会議が「真実の、新たな神意の顕現……である」と確信しながら、通常は「あらゆる事柄について整理と改革と……改良を進める努力」を直接的に強調していたという、これらの事柄にみられる落差にも気づいていないのである。

「不安や無用の困惑から」かれを守り、かれに「大胆な単純さという力」を与えたのが「心の貧しさ」であることに疑問の余地はない。それはまた、穏健で柔順な人物が求められていたときに、最も大胆な人物が選ばれるということがいかにして起こりえたかという疑問に対する答えともなっている。かれは、トマス・ア・ケンピスが『キリストにならいて』のなかで説いた「知られず、重んぜられずにある」という願いを達成したのである。この本はかれの愛読書の一つであったし、この言葉は一九〇三年頃から「座右の銘」として用いていたものであった。おそらくかれは、多くの人々によって――結局のところ、かれは知識人の世界に住んでいた――多少間が抜けており、単純《シンプル》なのではなくてうぶな《シンプル・マインデッド》人間だと考えられていたのであろう。何十年もの間、かれが「忍従に抗する誘惑などまるで感じたことがない」ようにみえると考えてきた人々が、この人物の大きな自負と自信とを理解していたとは思われない。かれが服従したものは上級者の意志ではなく、神の意志であり、そのとき一瞬たりとも自分の判断を放棄してはいなかったのである。かれの信念は「それは神のためになされるであろう」であったし、それが自分自身で述べているように「完全に福音書の精神に合致した性質のもの」であったことはたしかであり、またそれが「普遍的な尊敬を要求してそれを獲得したものであり、また多くの人々を教化するものであった」こともたしかである。死の床にあるかれに最も崇高な言葉を吐かしめたのもこの同じ信念なのである。「いつの日も生まれるに良き日であり、いつの日も死に逝くに良き日である」(3)。

原注

(1) Jean Chelini, *Jean XXIII, pasteur des hommes de bonne volonté*, Paris, 1963; Augustin

Pradel, *Le "Bon Pape" Jean XXIII*, Paris, 1963 ; Leone Algisi, *John the Twenty-third*, transl. from the Italian by P. Ryde, London, 1963 ; Loris Capovilla, *The Heart and Mind of John XXIII, His Secretary's Intimate Recollection*, transl. from the Italian, New York, 1964 ; Alden Hatch, *A Man Named John*, Image Books, 1965.

(2) これらの逸話については、A. Hatch の前掲書を参照。

(3) 〈Ogni giorno è buono per nascere ; ogni giorno è buono per morire.〉かれの *Discorsi, Messagi, Colloqui*, vol. V, Rome, 1964, p. 310 を参照。

カール・ヤスパース――賞賛の辞(1)

われわれはここにドイツ書籍協会平和賞を贈呈するために参集しております。ドイツ連邦共和国大統領によって用いられた表現を想い起こせば、この賞は「卓越した著作」に対してばかりではなく、「立派な生涯を送ってきた」ことに対しても授与されるものです。したがって、この賞は人に対して与えられるのであり、作品についてはそれがなお語られた言葉にとどまり、作者から解き放たれて歴史による不確実で常に危険に満ちた過程を未だとるにいたっていないという限定の下で与えられるものです。こうした理由から、この賞の授与に際しては賞賛の辞《ラウダティオ》が伴わねばなりません。これは作品よりもむしろ作者その人を賞賛するための賛辞です。このことをいかに行なうかについて、おそらく私たちは古代ローマ人に学ぶことができましょう。公的意義をもつ問題についてはわれわれよりも経験を積んでいたかれらは、こうした企てはどうあるべきかについても私たちに語ってくれます。すなわちキケロは、「賛辞に際して……唯一考慮されるべきは当の個人の偉大さと品位である〈in laudationibus...ad personarum dignitatem omnia referrentur〉」と述べています(2)。言い換えれば、賛辞とは、ある人間が行なったり創造したいっさいを超えたものとしての、その人間がもつ品位に対して関心を持つのです。こうした品位を認識し、賞賛することは専門家や同業者の仕事ではありません。公的視野にさらされ、公的領域に示されたある生涯を判定しなければならないのは公衆です。賞を贈ることは、こうした公衆が長い間知ってきたことをただ確認するだけなのです。

したがって、この賛辞も、ただ皆さんが御承知のことを表現しようとすることしかできません。しかし、多くの人たちがただ私的に密かに知っているにすぎないことを公的に語ることは、無駄なことではありません。万人に聞かれるという事実こそが、ある事柄にその実在性を保証する啓示の力を付与するのです。しかし私は、「公的領域への冒険」(ヤスパース)によって人々の注目を集める役割をおずおずと躊躇しながらひきうけたことを告白しなければなりません。私もおそらく、皆さん方の多くと同じことを感じているのです。われわれ現代人は、公的な場では疑い深そうにまたきまりわるそうに行動するものです。現代の偏見に捕われているわれわれは、人間から切り離された「客観的な作品」だけが公的なものに属し、その背後にある人間やその生活は私的な事柄であると考え、またこうした「主観的な」ことについての感情は純粋なものではありえず、それが公衆の目に触れれば直ちに感傷的なものとなってしまうと考えがちです。したがってドイツ書籍協会がこの賞の贈呈に際しては賛辞が伴われねばならないと決めたことは、公的領域についての古くからある適切な考え方に立ち返ることでした。すなわち、完全な実在性を達成するために公的な場に現われる必要があるのは、まさにあらゆる主観性をそなえた人間そのものだとする考え方です。われわれがこうした新しくも古い考え方を受け容れるのであれば、見方を変えて、人間的なものと主観的なものとを同一視し、客観的なものと事実あるいは非人間的なものとを同一視する慣習をやめねばなりません。こうした同一視の仕方は科学的訓練に由来するもので、その分野では意味を持ちます。それは政治の領域では明らかに無意味であり、ここでは、人々は一般に行動したり話したりする人間として現われ、したがって人格は私的な事柄以外の何ものかなのです。しかしまた、こうした同一視の仕方は公的な知的生活においてもその有効性を失います。公的な知的生活とは、アカデミックな生活領域を含むだけではなく、さらにそれを相当に超えたものであることはいうまでもありません。

ここでの要点を語るためには、主観性と客観性とをではなく、個人〈individual〉と人間〈person〉とを区別することを学ばねばなりません。ある個人の主観が客観的な作品を公衆に提示し、それを公衆にゆだねることは事実です。主観的要素、いわば作品に入りこんだ創作過程は、公衆とは何の関わりも持ちません。しかしこの作品がアカデミックなものであるばかりか、「立派な生涯を送ってきたこと」の結果でもあるとするなら、生きた行為や音声はその作品にまつわりつき、その人間自身も作品とともに現われることになります。そのとき現われるものは、それを示す当人にとって未知のものであり、かれが出版のために準備した作品を統御しうるようには、自分自身の現われ方を統御できません。(自分のパーソナリティを自分の作品のなかに割りこませようと意識的に試みるものは芝居をしているのであり、そうすることでその作品の公表が自己および他人に対してもつ真の機会を放棄することになります。）人間的要素は主観の統御を超えたものであり、したがって単なる主観性とは正反対のものです。しかし、まさにこうした主観性こそ「客観的に」把えやすく、したがって容易に主観の意のままに統御しうるものなのです。（たとえば、自己抑制ということは、われわれのなかにあるこうした純粋に主観的な要素を把握して、それをわれわれの意のままに使えるようにするということを意味するにすぎません。）

パーソナリティはまったく別の問題です。それはきわめて把えがたいものであり、おそらくギリシア語のダイモン〈daimon〉に最も近いものでしょう。これは生涯を通じてすべての人に随伴する守護神ですが、いつも肩越しにだけのぞいているため、自分自身よりも自分が出会う人すべての方がそれを容易に認められるのです。このダイモン――そこには悪魔的なものは別にありません――、この人間のなかの人間的要素は、公的空間が存在しているところだけに現われることができます。これが公的領域という言葉が持つより深い意義なのであり、通常政治生活という言葉で意味しているものよりもはるかに広義のものです。こうした公的空間が同時に精神的領域でもあるかぎり、そこには古代ローマ人がフマニタス〈humanitas〉と呼んだものが現われます。フマニタスはたとえ客観的ではなくとも確かなものとされたため、古代ローマ人にとってそれは人間らしさの極致ともいうべきものを意味しました。カントそしてヤスパースがフマニテート〈Humanität〉と呼んだものも、まさしくこれと同じものです。すなわちそれは、確かなパーソナリティであり、いったん身につけば、たとえ他のすべての肉体的・精神的才能が時間の破壊性に屈伏するとしても、それが人間から離れ去ることはありません。フマニタスは孤立のなかでは決して得られませんし、自分の作品を公衆に示すことによって得られるものでもありません。それは、自分の生活と人間とを「公的領域への冒険」に投げこむものによってのみ達成されうるものなのです――人はこの過程のなかで「主観的」ではなく、まさにそれゆえに、自分では認識することも統御することもできない何ものかをあらわにするという危険をおかすことになります。こうして、フマニタスを獲得するのに必要な「公的領域への冒険」は、人類への贈物となるのです。

ヤスパースによって公的領域にもたらされた人間的要素はフマニタスにほかならないことを指摘するとき、私が明らかにしたいことは、この同じ公的領域に対する不信感を克服して、われわれが敬愛する人を万人の前で賞賛することに大きな誇りとよろこびを感ずるようにする上で、かれ以上にわれわれの助けになるものはいないということです。と言いますのもヤスパースは、教養ある人々が一般にもつ偏見を決して共有していなかったからです。そうした偏見によれば、公共性の持つ輝かしい光はあらゆるものを平板で浅薄なものとし、そのなかでは凡庸なものだけがよく見え、したがって思想家はつねにそこから遠ざかっていなければなりません。ここで皆さんはカントの見解を想い起こされるでしょう。カントによれば、ある哲学論文の難解さが真の必要から出たものか、それとも単に「賢明さを気どったもの」にすぎないかを判定する規準は、それが大衆化されうるか否かにあります。そしてヤスパースは、この点においてもこれまでカントが持ちえた唯一の後継者ですが、カントと同じくしばしばアカデミックな領域とその概念的言語とを離れて、一般読者大衆に向けて書いてきました。さらに、かれは三度にわたって──最初はナチスの政権掌握の直前に『現代の人間』（一九三三年）において、[3]ついで第三帝国崩壊の直後に『ドイツ人の罪の問題』において、さらに今度は『原子爆弾と人間の未来』において──その時代の政治問題に直接かかわる書物を著わしています。[4]かれは、すぐれた為政者と同様に、政治上の問題は政治屋にまかせてしまうにはあまりにも重大であることを理解していたのです。

ヤスパースによる公的領域の肯定が独自性を持つのは、それが哲学者によるものだからであり、またかれの哲学者としての全活動の基底にある基本的確信、すなわち哲学も政治もともに万人にかかわるとする確信にそれが発しているからです。万人にかかわるということは哲学と政治の共通点であり、それゆえに両者は、人間らしい人間と自分自身を示す能力とが意味を持つ公的領域に属するものとなります。哲学者は──科学者とは異なり──、自分の意見に責任を負わねばならない点、また責任を負わされている点で、為政者に似ております。為政者は実際には、国民に対してのみ責任を負うという比較的恵まれた立場にあるのに対し、ヤスパースは、少なくとも一九三三年以降のすべての著作において、つねに全人類の前で自分自身に責任を負っているかのように書いてきました。

かれにとって、責任は負担ではなく、またそれは道徳的命令などとは何の関わりも持ちません。むしろそれは、証明を行ない、曖昧なものを明確にし、暗闇を照らすということにおいてもつ生来の満足感から自然に流れ出るものです。かれが公的領域を肯定するのは、窮極的には、かれが光と明確さを愛好することの結果にすぎません。かれは、光がかれの全人格を特色づけるほど長い間それを愛好してきました。偉大な作者の作品のなかにわれわれは、ほとんどつねにその作者に特有な、全作品を一点に収斂するようなある一貫した隠喩《メタファー》を見出すことができます。ヤスパースの作品におけるこうした隠喩は「明確さ」という言葉です。実存は理性によって「明確化され」ます。「包括の様式」――一方では心に浮かぶいっさいを「包括する」われわれの心、他方ではわれわれを「包括する」世界、「われわれの存在を可能とする内‐存在」――は理性によって「光のもとにもたらされ」ます。最後に理性それ自体、その真理への近接度は、理性の「広がりと明るさ」によって確証されます。光に向って立ち、しかもその輝きのもとで雲散霧消することのないものは、それが何であれフマニタスにかかわり、人類の前ですべての思考の成果に責任を負うことは、自分自身と自分が思考するすべてを検証しようとする光明のなかで生きることを意味するのです。

一九三三年のはるか以前から、ヤスパースは他の哲学者がそうであったように「有名な」存在でした。ただヒトラーの時代を経て、とくにそれに続く時代に入るに及んで、かれは文字通りの公的人物となったのです。このことは、最初かれに被迫害者として隠棲することを余儀なくさせ、ついでかれを変貌した時代と精神状況のシンボルとするにいたった時代状況のなせるわざだと考えられるかもしれませんが、それだけが理由ではありません。状況がそれと何らかの関係を持っていたとしても、状況はただ単にかれが天性によって属していた場所に──世界的世論という十分な光のなかに、かれを投げ入れたにすぎないのです。まずかれが何らかの苦痛を耐え忍び、その試練のなかで自分自身を検証し、ついで最悪の事態が訪れたとき「もう一つのドイツ」のような何かを代表するにいたった、というように事態が進行したわけではありません。こうした意味では、かれは何ものをも代表していませんでした。かれはつねにまったく孤立しており、ドイツの抵抗運動も含めて、あらゆる集団から独立していました。この立場はその人の持つ重みだけで支えられていたのですが、それが壮大であるゆえんはまさに、未だ残りえた美点もすべてまったくに不可視的なもの、したがってまた無力なものとなるような全面的抑圧という暗い時代においてさえ、すべての理性的人間が現実に文字通り虐殺されないかぎり理性は絶滅されえないということを、自己の実存以外の何ものをも代表することなしに確証しえたところにあるのです。

かれが破局のさなかにおいても毅然とした態度をとり続けようとしたことは明らかでした。しかし、いっさいの事柄がかれにとって誘惑にさえなりえなかったこと──これはかれの不可侵性にほかなりませんが、このことはそれほど自明ではなく、かれを知っていたものにとってそれは、レジスタンスやヒロイズム以上のものを意味していました。それは論証不要なある確信、すなわちあらゆることが起こりうる時代においてもあることだけは起こりえないという確信を意味していました。その時ヤスパースが代表していたものは、当時かれはまったく孤立していましたが、ドイツではなく、ドイツにおいてまだ残されていたフマニタスでした。それはまるでかれだけが、かれの不可侵性のゆえに、理性が人々の間に創造し、保持する空間を明るく照らすことができたかのようであり、またこの空間の明るさと広さとは、たとえそのなかにただ一人の人間しかいなかったとしても、なお存続することができたかのようでもあります。もちろん、実際にそうあったわけではありませんし、そうありえたわけでもありません。ヤスパースがしばしば語っているように、「個人が孤立しては理性的ではありえない」のです。この意味では、かれは決して孤立していませんでしたし、こうした孤独をそれほど尊重することもありませんでした。かれによってその存在を保証されていたフマニタスは、かれの思想の根源領域から生じたものですが、この領域は決して前人未到のものではありません。ヤスパースの特色は、この理性と自由の領域において、それに精通してはいてもそこに常住することに耐えられない人々より、かれがそこに安住し、またかれが非常に正確にそこでの自分の道を知っていることにあります。かれの実存が光それ自体を求める熱情に支配されていたため、かれはある隠された照明源から暗闇を照らす光のごとき存在となることができたのです。

ある人間が侵されず、誘惑されず、影響されずにいるということは、なかなか魅惑的なことです。このことを心理学的・伝記的な方法で説明しようと考えるなら、ヤスパースの生まれ育った家庭を考えてみることができましょう。かれの父と母はドイツではきわめてまれな独立感覚を備え、血気にあふれ決断力に富むフリースラントの農夫の血を引いていました。ところで、自由は独立以上のものであり、したがってヤスパースには、人間が自分自身を自分自身に与えられたものとして体験することにおいて成り立つ合理的な自由の意識を、独立のなかから発展させる課題が残っていました。しかしかれは、すぐれた天性——かれ自身が時折用いた表現によれば、ある種の豪胆さ〈Übermut〉——によって、自分自身を公的生活の流れにさらすことを好みながら、しかも同時にたまたま流行している傾向や風潮のすべてから独立しているのですが、このすぐれた天性もまたおそらく生まれながらの自信によるもの、あるいはとにかくもそこから生じたものと思われます。孤立している時にも、自分は私的な意見ではなく、それとは異なった、まだ隠れている公的な見解——カントの表現を用いるなら、「いつかは疑いなく大きな公道へ広がるであろう小路」——を代表していると確信するには、いわば自分の人間的起源にたちもどり、ついでふたたび人間性の広がりのなかへ抜け出すことを想像するだけでよかったのです。

このような判断の無謬の確実性と精神の卓越性とのうちには危険もありえます。誘惑にさらされないということは無経験に導きうるものですし、そうでなくても、いかなる時代も提示するに相違ない現実についての経験の欠如に導きうるものです。そして実際に、ヤスパースがつねに安住してきた勇敢な独立心や、人々が述べたり考えたりすることに対する軽快な無関心以上に、われわれの時代体験から遠いものがありうるでしょうか。こうした精神は因襲に対する反抗のなかにさえ存在するものではありません。因襲とはつねに行為基準としてまじめにうけとられるべきものとは決して認められていないからです。こうした独立心の基底に深く横たわる確信、すなわち人間への密かな信頼、人類の持つフマニタスへの信頼以上に、私たちの疑惑の時代〈ère du soupçon〉(ナタリー・サロート)から遠くへだたっているものはありうるでしょうか。

こうして、われわれはすでに主体的・心理学的な問題に論及しているわけです。ヒトラーが権力についたとき、ヤスパースは五〇歳でした。この年代ともなると、大多数の人々はすでに長い間かれらの経験を広げることをやめており、とくに知識人はたいてい自分たちの意見を固めているためあらゆる現実の出来事のなかにこうした意見の確証をつかむことができるにすぎません。ヤスパースがこれらの時代の決定的な出来事(かれは他の人以上にそれを予見していたわけではなく、おそらく他の多くの人に比べて、それに対する心構えも整っていませんでした)に反撥したやりかたは、自分自身の哲学のなかに退却することでも、世界を無視することでも、あるいは憂鬱におちいることによってでもありません。一九三三年以降、すなわちかれの三部から成る『哲学』を完成したのち、さらに一九四五年以降、すなわち『真理について』を完成したのち、かれは新たな多産期と呼んでもよいような時期に入っています。不幸なことに、こうした言い方は偉大な才能を持った人間に時折みられる生命力の再生の意味にもとれます。しかし、ヤスパースを特色づけているることは、かれが不変であるからこそ自分自身を再生させているということです。この不変性は、不変の世界と関連させながら、変らざる鋭さと関心の広さとをもって時代の出来事を追究していくところにみられるといってよいでしょう。

『大哲学者たち』は『原子爆弾（と人間の未来）』と同様、われわれが最近体験した出来事の領域内に位置します。この同時代性、あるいはむしろ現在に生きながらはるか先の時代との連続性を持つことは、まさに受賞云々といった問題を一掃する幸運に恵まれているようなものです。ヤスパースがかれの生涯において孤立することはあっても、孤独のなかに追いやられることがなかったのも、この同じ幸運によるものでした。こうした幸運は青年期以来かたわらに立ち表われた女性との結婚によるものです。もし二人の人間が、かれらを結ぶきずながかれらを一つにするという幻想に負けなければ、かれらの間に新たな世界を創出することができます。たしかにヤスパースにとってこの結婚は、けっして単なる私事ではありませんでした。生まれの異なる二人の人間――ヤスパースの妻はユダヤ人です――がかれらの間にかれら自身の世界を創造できることをそれは立証しました。そしてかれは、この小さな世界から、それをひとつのモデルとして、人間的な諸問題のあらゆる領域にとって本質的なものを学びとりました。この小さな世界のなかで、かれは、かれの比類のない対話能力、話を聞く際の素晴らしい正確さ、自分自身を率直に表明するための不断の準備、討議中の問題に固執する忍耐力、さらにとりわけ沈黙のなかに引き渡されている問題を対話の領域に呼び戻し、それを語るに値するものに変える能力といったものを展開し、かつ訓練したのでした。こうして、話しかつ聞くことにおいて、かれは変革し、拡大し、鋭くなること――あるいは、かれ自身の見事な表現を用いるならば、明るく照らすことに成功したのです。

思慮深く語りかつ聞くことによって、たえず永久に照らし出されるこの空間のなかにヤスパースは安住しています。これはかれの精神の住居ですが、それはちょうどかれの哲学に教えられる思考の道筋が、道筋という言葉の未来の意味、すなわち未開の荒野の一部を切り開く小路という意味であるように、言葉の文字通りの意味で空間だからです。ヤスパースの思考が空間的であるのは、それがつねに空間のなかにある世界と人間とに関わり続けているからであり、それが何らかの現存する空間に束縛されているからではありません。実際、かれの場合はその正反対です。と言いますのは、かれの最も深い目的は人間の持つフマニタスが純粋かつ明瞭に現われうるような「空間を創造する」ことだからです。この種の考え方はつねに「他の人々の思考と密接な関連をもつ」ものであり、それが少しも政治的でない事柄を取り扱うときでさえも、政治的であらざるをえません。それは、つねにすぐれて政治的な知性であるカント的な「拡張された知性」を強化しているからです。

かれの住居となったフマニタスの空間を捜し出すには、ヤスパースは偉大な哲学者たちを必要としました。そしてかれは、こうした哲学者たちの助力に対し、かれらとともに「精神の領域」を確立することによって見事に報いているのです。かれらはこの「精神の領域」のなかに再度話す人——死者の国から語りかける——として現われるのですが、すでにかれらは時間的制約を免れているがゆえに、精神的な事柄においては永遠の話相手になることができるのです。私はここで皆さんに自由について、この精神の領域を確立するのに必要な思想の独立について、ある程度の概念を与えることができればと思います。と言いますのは、ひとりの哲学者が真理を次の哲学者に手渡していくという形での連続性、あるいは一貫した継起性として現われる伝統によって聖化された時間的秩序を放棄するためには、そのことが何よりも必要とされるからです。ここでこうした伝統は、すでにわれわれにとってその内容上の有効性を失ってしまっているとします。しかしそれでもなお、真理を手渡す時間的な形式、あるものが他のものに続く時間的な形式は、きわめて動かし難く思われるため、アリアドネの糸がなければ、われわれは過去のなかを無力なままにさまよい、われわれ自身をまるで方向づけることができないように感じてしまうのです。このように、問題となっている過去と現代人との全体的な関連という難問に直面して、ヤスパースは時間的継起性を空間的共在性に転換しました。その結果遠近の関係はもはやわれわれとある哲学者との間にある世紀の長さに依存するのではなく、もっぱらこの精神の領域に踏みこむときにわれわれが自由に選択する地点に依存することになります。そして、この精神の領域は、地上に人間の存するかぎり、永遠に拡大しつつ存在し続けることでしょう。

ヤスパースが自分の住み家とし、そこにいたる道をわれわれのために切り開いてくれたこの精神の領域は、超越のかなたに存在するものでも、ユートピア的なものでもありません。それは昨日に属するものでも、明日に属するものでもありません。それは現在とこの世界に属するものなのです。理性がそれを創造してきたのであり、そこでは自由が支配します。それは位置づけたり、組織したりすべきものではなく、それは地球上のあらゆる国々とそれらすべての過去に及ぶものです。それは現世的なものであるとしても、不可視的なものです。それは、あらゆる人がその生れの如何にかかわらず入ることのできるフマニタスの領域です。そこに入る人々は相互に認めあいます。そこでかれらは「閃光のように、さらに明るい白熱光になるまで輝き、ついで光を失ってみえなくなる、この一定不変の運動を繰り返す」からです。「閃光は互いを認め、それぞれの炎は、他の光をみるがゆえに」、そして他の光に見られることを期待できるために「さらに明るく燃えあがる」のです。

ここで私は、かつてヤスパースによってこの領域へと導かれた者の一人として話しております。そのときかれらの心中に何があったかについては、アダルベルト・シュティフターが私よりもはるかに見事に表現してくれています。「今やその人への驚嘆の念が奔流のごとく現われ、ついでかれへの強い賛美の念が湧き起った」と。

原注

(1) ドイツ書籍協会の平和賞がカール・ヤスパースに授与されたときに行なわれた演説。

(2) *De Oratore*, I, 141.

(3) ドイツ語の原典は、一九三一年に刊行された *Die Geistige Situation der Zeit*.

(4) この演説が行なわれた一九五八年以降におけるヤスパースの最も重要な政治的著作は、*The Future of Germany*, 1967 である。

カール・ヤスパース——世界国家の市民？

自国の市民であるまま世界市民となることは誰にもできない。ヤスパースは、『歴史の起源と目標』（一九五三年）のなかで世界国家と世界帝国のもつ意味を広範に論じている。[1]地球全域に及ぶ集権的権力をそなえた世界政府がどのような形態をとるとしても、あらゆる暴力手段を独占的に保持し、他の主権国家によって抑制されることも制御されることもない、地球全体を統治する単一の主権的強制力という観念は、まさに専制の恐るべき悪夢であるだけではなく、われわれが知るかぎりでのあらゆる政治生活の終焉となろう。政治の概念は、複数性、多様性、相互限定性に基礎を置いている。市民とは、定義づければ、諸国家間の一国家に属する諸市民間の一市民である。市民の権利と義務は、同邦市民の権利と義務によってばかりでなく、領土上の境界によっても規定され、限定されなければならない。哲学は、あるいは人類の故国としての地球や、永久不変で万人に対して有効性を持つ一つの不文法を考えるかもしれない。政治学は人間を、すなわち多くの国に属し、多くの異なる過去を継承した人々を取り扱う。その定則は、自由が単なる概念ではなく、生きた政治的現実として存在している空間に障壁を築き、保護し、限界づけるところの、意識的に確立された防壁である。単一の主権的世界国家を確立することは、世界市民たることの前提ではなく、あらゆる市民としての地位が終焉することであろう。それは世界政治のクライマックスというより、文字通りその終焉となろう。

しかし、世界国家を主権的国民国家のイメージで捉えたり、ローマ帝国を思わせる世界帝国のイメージで捉えることは危険である(さらにローマ帝国の支配が世界の開化された部分にも未開な部分にも及んだことは、それが地球上の知られざる暗黒部分の戦慄すべき状態に対し屹立していたという理由においてのみ許容しうる)と主張することは、今日の政治課題にとって何ら解決とはならない。これまでのすべての世代にとって、人類とは一つの概念あるいは理念以上のものではなかったが、今や緊迫した現実性を持つ存在となっている。カントが予見したように、ヨーロッパは自己の定則を他のすべての大陸にも適用してきた。しかしその結果、多くの諸国民が持続的に存在することより生まれ、またそのことに平行して出現した人類は、かつてカントが「はるか遠い将来に」人類の統一を予見したとき心に描いていたものとはまるで異なる様相を呈している。(2) 人類はその存立基盤をヒューマニストの夢想に負うているのでもなければ哲学者の論証に負うているのでもなく、少なくとも第一義的には政治的な出来事にさえも負うてはいない。それはほぼ全面的に西欧世界における技術発展に負うているのである。ヨーロッパがきわめて真剣にその「定則」を他のすべての大陸に適用し始めたとき、たまたまヨーロッパ自身はすでにそれへの確信を失っていた。テクノロジーが世界を統合したという事実と同じく明白なもう一つの事実は、ヨーロッパが世界のいたるところへその解体の過程を輸出したことである。この過程は西欧世界において伝統的に受け容れられてきた形而上学的・宗教的信条の崩壊とともに始まり、自然科学の壮大な発展と、他のあらゆる統治形態に対する国民国家の勝利を伴っていた。これらの諸力は、古代的な信条と政治的生活様式を侵食するのに数世紀を要し、しかも西欧の持続的発展のなかでのみ存在しえたのであるが、その同じ諸力が世界の他のすべての部分における信条と生活様式を外部から作用することで解体するには、わずか数十年しか必要としなかったのである。

地球上のすべての人々が史上初めて共通の現在を持つようになったことは事実である。一国の歴史のなかで何らかの重要性を持つ出来事が、他国の歴史にとって非本質的な偶発事にとどまるなどということはもはやありえない。どの国も他のすべての国のほぼ直接的な隣国となっており、誰もが地球の裏側の出来事に衝撃を感じている。しかし、この共通の事実としての現在は、共通の過去に基盤を持つものではないし、まして共通の未来を保証するものでは少しもない。世界の統合を用意したテクノロジーは、同じくらい容易に世界を破壊しうるし、全世界的コミュニケーションの手段は、全世界の破壊を可能にする手段と共存している。現在の時点においては、人類統合の最も有力なシンボルが、ある少数の人々の政治的英知に基づく一国の核兵器使用が窮極的には地上のあらゆる人間の生命の終焉をもたらすかもしれない、というわずかな可能性にあることを否定するのは困難である。この点における人類の結合はまさしく消極的なものである。それは、核兵器の使用を禁止する協定への共通の関心に基づいているだけではなく、おそらくはまた――こうした協定は他のあらゆる協定と同様に善意に存立の基礎を置くという不確実な運命を負わされているため——それほど完全には統合されていない世界を求める共通の願望に基づいているからでもある。

地球破壊という恐怖に基づくこうした消極的な結合は、人類の結合が積極的な意味を持ちうるのはそれが政治的責任を伴う場合だけであるとする、明確さにおいて劣りこそすれ、重要さにおいてはいささかも劣ることのない見解に対応している。われわれの政治概念からすれば、われわれは政府が国の名において行なうすべてのことに市民として責任を負うところから、個人的に「責任を感じている」と否とにかかわらず、われわれの射程範囲にあるあらゆる公的問題について責任をとらねばならないとされている。こうした考え方は、われわれを全地球的規模での責任という耐え難い状況に導くことになろう。かくて、人類の結合は耐え難い重荷であることが判明するであろうし、それに対する共通の反応が政治的無関心であり、孤立主義的ナショナリズムであり、あるいはヒューマニズムの復活を求める熱望もしくは願望とはならずにあらゆる権力に対する絶望的な反抗となったとしても驚くにはあたらない。啓蒙によせるヒューマニストの伝統的な理想主義と、そこにおける人類の概念は、今日の現実に照らしてみるとき、無謀なほどの楽観主義であったように思われる。他方でこれらのものは、われわれに共通の過去を持たない全地球的現在をもたらしたところから、あらゆる伝統とあらゆる特殊な過去に関する歴史とを不適当なものとしてしまうかもしれない。

ヤスパースは、おそらく現代のどの哲学者よりもこうした政治的・精神的現実の背景を知悉していたのであるが、われわれはかれの新しい人類概念や哲学に含まれる諸命題をこうした背景に対立するものとして理解しなければならない。かつてカントは同時代の歴史家たちに「世界市民的《コスモポリタン》観点」(3)から歴史を書くように求めた。『世界観の心理学』(一九一九年)から哲学の世界史にいたるヤスパースの哲学的著作全体が、「世界市民への意図」から構想されていたことは容易に「証明」できよう。もしも人類の統合が、人間の悪魔的能力についての正当な恐怖感ではなく何かもっと確固としたものに基づくべきであるとするなら、またあらゆる国々の新たな普遍的近隣関係が、相互の憎悪感と万人の万人に対する焦燥感との恐るべき増大ではなく何かもっと有望なものにいたるべきだとするなら、相互理解の過程と大規模な自己説明の進展とが生まれるに相違ない。ヤスパースの見解によれば、世界政府の前提条件は世界的規模での連邦的政治機構のために主権を放棄することであるように、こうした相互理解の前提条件は各自の伝統と民族的過去との放棄ではなく、伝統と過去とが絶えず要求してきた拘束的権威と普遍的妥当性を放棄することである。ヤスパースが哲学と関わりを持つのは、伝統との断絶というより、伝統の持つ権威とのこうした断絶によってである。かれの『世界観の心理学』はいかなる教義の絶対的性格をも否認し、代りに普遍的相対性を置く。そこでは、特定の哲学的内容は個別的思索の手段となる。伝統的権威の殻は破砕され、過去の成果は自由かつ「気ままに」相互交流がなされる状態に置かれ、今日の生きた思索との交流を試される。現代の哲学者の実存的経験によって結合されたこの普遍的なコミュニケーションにおいて、あらゆる教条的・形而上学的内容は過程へと分解され、思考の諸系列となり、それが私の現存在と思索とに関連する場合には、時間的系列における歴史的位置を離れてすべてが同時的存在をなす精神の領域に入ることになる。私が思考することはすべて、これまでに思考されてきたこととのたえざる交流にとどまろう。それは、「哲学における斬新さは真理に対する反論である」からだけではなく、今日の哲学は「これまでの西欧的思考の自然かつ必然の結論、すなわち、ある意味で真であるようないっさいの事柄を包括しうるだけの大きさを持つ原則によってもたらされた公平な総合」以上のものではありえないからである。この原則それ自体がコミュニケーションである。真理は、教条的内容としてはけっして把握されず、理性によって明確に表現された「実存の」本質として現われ、他の理性的存在に対して自己自身を伝達し、かつ訴えかけるのであって、他のいっさいの存在を理解し、かつ包括することができるものである。「実存は理性によってのみ明白となり、理性は実存によってのみ内容を得る」(4)。

人類の統合のための哲学的基礎として、こうした思考が妥当性を持つことは明らかである。それは「無限のコミュニケーション」(5)ということであるが、これは同時にあらゆる人間的交流の第一条件として、あらゆる真理とあらゆる善意とが、明らかにされたり聞かれたりする可能性を信ずることを意味しているのであって、ここにヤスパース哲学の、中心ではないとしても、一つの理念が存在する。要点は、ここで初めてコミュニケーションが思考を「表現する」ものとして、したがって思考それ自体にとっては二義的なものとして考えられることをやめたというところにある。真理それ自体は伝達可能なものであり、コミュニケーションの外において真理は消滅し、かつ表現不能なものとなる。「実存の」領域においては、真理とコミュニケーションとは同一である。「真理はわれわれを結合する」[6]。コミュニケーションの――同時代人の間だけではなく生者と死者との間の――なかでのみ、真理はみずからを開示するのである。

真理とコミュニケーションとを同一のものと考える哲学は、単なる思弁にたずさわるだけの悪名高い象牙の塔を離れることになる。その思考は、実用主義的ではないとしても実践的となる。それは人々の間における一種の実践的行為であり、みずから選んだ孤独のなかで行なわれる一個人の作業ではない。私の知るかぎり、ヤスパースは孤独に対して反抗した最初にして唯一の哲学者であった。孤独は「有害な」ものとかれは考えたのであり、この一点から「あらゆる思考、あらゆる体験、あらゆる意味」にあえて疑問を呈したのである。「それらのものはコミュニケーションにとって何を意味するであろうか。それらはコミュニケーションを助けるものであろうか、それともそれを妨げるものであろうか。それらは孤独へひきこむものであろうか、それともコミュニケーションへと奮起させるものであろうか」[7]。哲学は、神学の前での謙虚さと人間の共同生活をめざす傲慢さとの双方をともに失った。それは今や生の侍女〈ancilla vitae〉となるにいたっている[8]。

こうした態度はドイツの哲学的伝統の内部では特に有効なものである。カントは、理解されることと誤解を晴らしうることを依然として確信していたおそらくは最後の大哲学者であった。またヘーゲルが死の床で語った次の言葉は有名である。「私を理解してくれたものは一人しかいなかった。だが、かれも私を誤解していた〈se non è vero, è bene trovato〉」。それ以来哲学者の、世界における孤立はつのるばかりであったが、それは世界が科学に完全に魅せられるようになったため、哲学に関心を払わなくなったからであった。その結果、よく知られた評判の悪い曖昧さと難解さが生じ、それは多くの人々にとってドイツ哲学に典型的なことと思われ、またたしかにそれは厳密に孤立的で非伝達的な思考の保証書でもあった。一般世論のレベルでは、このことは明快さと偉大さとは両立しないこととして受けとられている。ヤスパースの数多くの戦後の発言、論文、講義、ラジオ放送などは、すべて専門用語抜きで哲学を語ることで一般化をめざす慎重な努力、すなわち、人は理性と万人が持つ「実存的」関心に訴えかけることができるという確信によって導かれていた。哲学的にいえば、このことはただ真理とコミュニケーションとが同一であると考えられているからこそ、可能となったのである。

哲学的視点よりすれば、人類の新たな現実に内在する危険性は、こうしたコミュニケーションと暴力という技術的手段に基礎を持つ統合が、あらゆる民族的伝統を破壊し、あらゆる人間存在の真の源泉を埋め去るところにあると思われる。こうした破壊の過程は、あらゆる文化、文明、人種、民族に属する人々の間の窮極的な相互理解にとって不可欠の前提と考えることさえ可能である。その結果として生ずるのは、われわれが有史以降五〇〇〇年の歴史のなかで知っている人間とは似ても似つかぬものに人間を変えてしまう浅薄さであろう。それは単なる皮相さ以上のものとなろう。人間の思考は、深さの広がりなしにはたとえ単なる技術的発明のレベルにおいてさえ存在しえないものであるが、そこではそのすべてが容易に消滅してしまうほどであろう。こうした下降的平準化は、最小公分母にまで平準化するというよりもはるかに激しいものとなり、窮極的にはわれわれが今のところいかなる観念も持ちあわせていないような分母にまで到達するものとなろう。

真理をその表現されたものとは別ものと考え、それ自体非伝達的であり、さらにそれ自体を理性に伝達したり、「実存的」体験に訴えかけることもないものと考えているかぎりでは、世界を一つにし、ある意味では人類を統合したテクノロジーの絶対的自動律によって、こうした破壊の過程が不可避的に惹起されるであろうことを人は信ぜざるをえない。それはあたかも、諸民族の歴史的過去は、その徹底した差異と懸隔において、その混乱した多様性と驚くばかりの相互無理解において、恐るべき浅薄な統合にいたる途上に置かれた障害物以外の何ものでもないかのようである。もちろん、これは妄想である。もしも現代の科学とテクノロジーを発展させてきた深みの広がりが破壊されるようなことになれば、おそらく人類の新たな統合は技術的にも存続しえないであろう。かくてすべては、地球の全表面を掩うコミュニケーションの世界的システムにいたる唯一の方法として、民族的過去をその本来的な多様性のまま相互に交流させうるか否かにかかっているのである。

ヤスパースが、かれの歴史哲学の礎石となった偉大な歴史的発見を歴史の起源と目標にしたことは、こうした考え方に基づいている。すべての人間はアダムの子孫として同一の起源を持ち、かれらはすべて救済と最後の審判という同一の目標をめざして進んでいるとする聖書の観念は、知識や証明を超えたものである。アウグスティヌスからヘーゲルにいたるキリスト教歴史哲学は、キリストの出現を世界史の転回点および中心とみなしてきた。こうした観念はただキリスト教信者に対してしか有効性を持たない。もしそれが万人に対して権威を要求するのであれば、それは始点と終点の多元性を教える他の神話以上に人類統合への道を阻むものとなる。

一民族もしくは世界の特定部分の歴史体験を基礎とした単一の世界史という観念を隠し持つこの種の歴史哲学に対して、ヤスパースはすべての民族に「歴史的自覚という共通の枠組」を与える経験的に獲得された歴史の軸を発見した。「この世界史の軸は紀元前五世紀を通り、紀元前八〇〇年から二〇〇年の間の精神的変化の過程の中期にあたるように思われる(9)」。この時期に中国では孔子と老子が、インドではウパニシャッドと仏陀が、ペルシアではゾロアスターが、パレスティナでは預言者が、ギリシアではホメロスと哲学者と悲劇作家が現われている。かれらがまるで何の関連も持たなかったこと、かれらが偉大な歴史的世界文明の起源となったこと、さらにこれらの起源が、まさに多様でありながら、独自に共通なものを持っていたことは、この時期に生じた事柄の特徴である。この独特な類似性はいろいろな方法で追究され、解明されることができる。すなわちそれは神話が放棄されようとしていた、あるいはそれが唯一の超越的な神の概念を持つ偉大な世界宗教の基盤として用いられようとしていた時代である。それは哲学がいたるところで出現し、人間が全体としての存在〈Being〉と他のあらゆる存在とは本来的に異なるものとしての自分自身を発見した時代である。それは初めて人間が（アウグスティヌスの言葉を用いるなら）自分自身にとって疑わしいものとなり、意識を意識し、考えることについて考え始めた時代である。それは偉大な人格がいたるところに現われ、それらの人々が自分自身をもはや個々の共同社会の単なる成員とみなすことも、あるいはそうみなされることも望まず、新しい個人的な生活様式——賢人の生活、預言者の生活、あらゆる社会から退いてまったく新しい内面性と精神性とに没入した隠者の生活——を構想した時代である。われわれの思考におけるあらゆる基礎的なカテゴリーとわれわれの信仰におけるあらゆる基礎的な教義とは、この時期に創り出された。それは人類が初めて地上における人間の条件を発見し、その結果、出来事の単なる時間的継起にすぎなかったものがそれ以降物語となり、物語から歴史が、すなわち反省と理解の意味ある対象が作り出されることが可能となった時代である。それゆえ、人類の歴史的基軸は「紀元前最後の一〇〇〇年間のほぼ中頃にあたり、それに先行するすべてはそのための準備であったといってよいし、その後継起したすべては事実上、そしてしばしばはっきり自覚的にそこに還帰している。人間存在の世界史はその構造をこの時期から受け継いでいるのである。それは、われわれが絶対性と独自性を永遠に主張しうるような基軸ではない。しかし、それは今日にいたる短い世界史の基軸であり、あらゆる人々の意識のなかで、かれらが一致して認める歴史的一体性の基盤を意味するものである。かくて、この実在的基軸は、人類が活動しつつそのまわりにこぞって結集する一つの理想的基軸を体現したものとなろう(10)」。

こうした見方にたてば、人類の新たな統合は、それ自身の過去をコミュニケーションの体系——すなわちそこにおいて起源を異にする人類が非常な同一性をもって表われるような——を通じて獲得できるかもしれない。しかし、この同一性は画一性とはほど遠いものである。ちょうど男性と女性が、相互に絶対的に異なるものであることによってのみ人間として同一でありうるように、すべての国の国民は現にあるがままのものであり続け、かつそれにあくまで固執することによってのみこの人類の世界史に参加することが可能となる。世界帝国という専制のもとに住み、一種の美化されたエスペラント語で話したり考えたりする世界市民とは、両性人間に劣らぬ怪物であろう。人々の間の紐帯は、主観的には「無限のコミュニケーションへの意志」であり、客観的には普遍的な理解可能性という事実である。人類の統合とその一体化は、一つの宗教、一つの哲学、あるいは一つの統治形態に普遍的に同意することにあるのではなく、多様なものが覆い隠すと同時にあらわに示してもいるある同一性を、多様な視点から志向するという信念のなかに存在しうるのである。

この基軸の時代は、われわれが普通世界史と呼ぶものを構成するいくつかの偉大な世界文明の始まりであり、これに続く発展のゆえにわれわれが前史と呼ぶ時期の終りである。こうした歴史の構想によってわれわれの時代を考える場合、明確な政治的実在としての人類の出現は、この基軸の時代に始まる世界史の時代の終焉を示していると結論づけることができよう。ヤスパースも、ある意味で、われわれの時代がどうやら終りに近づいているとする一般的感覚に同意しているが、ただこうした診断に伴いやすい運命論の強調には同意していない。「われわれは、われわれに対し依然として閉ざされている扉をたたきつつ立ちつくしているように生きているのである」[11]。きわめて明瞭に一つの終りとして現われるものは、われわれがまだその深い意味を把握できていないものの始まりとすることでいっそうよく理解される。われわれの現在は、論理的にのみならず、もはやあらざるものと未だあらざるものとのまさに未定の状態である。世界史の終焉に続いて今始まろうとしているものは、人類の歴史である。それが結局何になるかは、われわれの知るところではない。われわれは、ヤスパースのコミュニケーション概念を中心概念とするような人類の哲学を通じて、そのための準備をすることはできる。この哲学は、インドや中国や西洋における過去の偉大な哲学体系を廃棄するものではないし、批判するものでさえない。しかし、それはこうした哲学体系からその教条主義的形而上学的要請を取り去り、それらを、いわば相互に交流し、相互に伝達し、ついには普遍的に伝達可能なものだけをもつ思考の系列へと溶けこませるものとなろう。人類の哲学が人間の哲学と異なる点は、それが孤立した対話のなかで自分自身に語りかける人間ではなく、相互に語りあい伝達しあいながら地上に住む人々という事実を強調するところにある。もちろん、この人類の哲学は如何なる特定の政治行動を示唆することもできない。しかしそれは、プラトン以来の政治生活〈bios politikos〉を劣った生活様式と考え、政治を必要悪、あるいはマディソン（第四代アメリカ大統領。合衆国憲法の父と呼ばれる。）によれば「人間性を最大に反映したもの」と考えてきた従来のあらゆる哲学に反対して、政治を重要な人間的生活領域の一つとして理解するものとなろう(12)。

人類および世界市民というヤスパースの概念の哲学的連関を捉えるには、カントの人類の概念とヘーゲルの世界史の観念を想起すればよいと思われる。これら二つがまさにその伝統的な背景をなすものだからである。カントは人類を歴史が生み出した窮極的成果とみなした。かれは、もし人々のばらばらで予測し難い行動が結局は人間における十分に発展した人間性とともに、人類を政治的に結合した共同社会にいたらしめるという希望が正当でないとするなら、歴史とは「慰めのない偶然性〈trostloses Ungefähr〉」以外の何ものでもないと述べている。「世界という大舞台における人々の行動」にみられるものは、「大体において馬鹿げた子供じみた虚栄や、ときには子供じみた悪意や破壊欲によって織り成されたもの」であろうし、それはただ「人間の営みのこうした無意味な成り行きのなかにも自然の隠れた意図」が存在すると仮定した場合にのみ意味を持ちうるのであり、こうした意図は人々の背後に作用しているのである(13)。政治史のなかに何らかの意味を見出そうとして、隠された狡猾な力を最初に想定したのがヘーゲルではなくカントであったということは特記すべきことであるし、またわれわれの政治思想の伝統を特徴づけてもいる。この背後にあるものは、「思想はわれわれのものでも、その結末はわれわれ自身のものではない」というハムレットの体験以外の何ものでもない。もっともこの体験が、人間の尊厳と自律性を中心におく哲学を特に傷つける場合、話は別である。カントにとって人類とは、人間の尊厳と地上における人間の条件とが一致する「はるかな将来」の理想状態であった。しかしこうした理想状態は、われわれが今日知っているような形での、そして歴史がその愚行や空虚さを記録してきた政治や政治行動を必然的に終らせるものとなろう。カントは、過去の歴史がまさにレッシングのいう「人類の教育」になるであろうようなはるかな将来を予測している。そのとき、人間の歴史は自然の歴史――われわれがあらゆる種族の現状をこれまでのすべての発展に内在する目的〈telos〉として、目的と帰結という二重の意味におけるその成果として理解している――以上に関心をひくものではあるまい。

ヘーゲルにとって人類とは「世界精神」のなかに自己自身を顕現するものであり、その精髄は「世界精神」の歴史的発展の各段階につねに存在するものであるが、しかしけっして政治的現実とはなりえない。それはまた隠れた狡猾な力によってもたらされるものであるが、しかしこの「理性の狡智」は、それが哲学者の静観的視覚によってのみとらえられ、しかも無意味で一見恣意的な事柄の連鎖も哲学者にのみ意味を持つとされているかぎりで、カントの「自然の狡智」とは異なっている。世界史のクライマックスは人類が事実として出現することではなく、世界精神が哲学のなかに自己意識を獲得し、絶対者がついに思想に対して開示した瞬間である。世界史、世界精神そして人類は、若きヘーゲルの強固な政治的衝動にもかかわらず、ヘーゲルの著作のなかにいかなる政治的意義も持ちあわせていない。それらは歴史諸科学においては当然のことながらただちに指導理念となったが、政治学においてはみるべき影響を残さなかった。こうした概念が政治的妥当性を示すようになったのは、歴史の記述を歴史の創造に転換することで「ヘーゲルを逆転させる」ことを決意したマルクスにおいてであった。だが、これはまったく別の問題である。人類の現実化がいかに遠い未来のことであろうと、またそれがいかに手近なことであろうと、カントの範疇の枠内でしかわれわれが世界市民となりえないことは明らかである。世界精神の歴史的顕現を説くヘーゲル的体系のなかで個人に起こりうる最良のことは、自己の誕生が特定時点での世界精神の顕現と一致するべく正しい歴史的瞬間に正しい民族のなかに生まれる幸運を持つことである。ヘーゲルにとって歴史的人類の一員であることとは、紀元前五世紀においては異邦人ではなくギリシア人であることを、最初の世紀においてはギリシア人ではなくローマ市民であることを、中世においてはユダヤ人ではなくキリスト教徒であることを意味したのである。

　ヤスパースの人類と世界市民に対する概念はカントに比べると歴史的であり、ヘーゲルに比べるとそれは政治的である。ともかくそれはヘーゲルの歴史体験の深さとカントの偉大な政治的英知とを併せ持っている。しかし、ヤスパースとこの両者との差異は決定的である。かれは政治行動の「慰めのない偶然性」や歴史に記された愚行を信じないし、人間を英知へといざなう隠された狡猾な力の存在も信じない。かれはカントの「善き意志」という概念を放棄する。それが理性に基づくものであるため、行動を不可能にするからである。[14] かれはドイツ観念論哲学の絶望も慰めも、ともに断ち切るのである。もし哲学が生の侍女たるべきであるとするなら、それが如何なる機能を果たすべきかについて疑問の余地はない。カントの言葉を用いるなら、それは「裳を掲げて貴婦人に従うよりもむしろ燭をとって彼女を先導[15]」しなければならないであろう。

ヤスパースが予見する人類の歴史は、世界精神がその漸進的現実化の段階において国や人々を次々に飲み込んでいくヘーゲルの世界史ではない。そして、人類を現状のままに統合することは、カントが希望したように、過去のあらゆる歴史に対し慰藉もしくは償いとなるものでもけっしてない。政治的には、地上の技術的支配によってもたらされた新しくも脆弱な統合は、ただ普遍的相互条約の枠内でのみ確保されうるのであり、それはまた結局は世界的規模の連邦機構へと導くであろう。これに対し、政治哲学のなしうることは政治行動の新たな原則を記述したり指示する以上のことではない。カントによれば、戦時下に将来の平和や和解を不可能にするようなことが起こってはならないのであるが、ヤスパースの哲学の意味するところに従えば、それと同じく今日の政治においては、現実に存在している人類の共同一致に反するようなことが起こってはならない。このことは長期的には、戦争が政治的手段の兵器庫から除外されねばならないということを意味しよう。それはすなわち、核戦争の可能性は全人類の存在を危うくするからだけではなく、どんな戦争も、その手段と地域が如何に限定されたものであろうと、ただちに直接に全人類に影響を及ぼすからである。戦争の廃棄は、主権国家の複数性を廃棄することと同様、それ自体特有の危険をはらむこととなろう。社交儀礼を重んじる古い伝統と多かれ少なかれ多様な軍隊は、連邦警察軍に置き換えられるであろうし、軍隊の旧来の権力が新たに興りつつある警察の全能的権力によって傾きつつある現代の警察国家や全体主義政府を体験しているわれわれは、こうした展望について過度に楽観的になることはできない。ともあれ、こうしたことはすべてなお遠い将来の問題なのである。

原注

(1) *Origin*, pp. 193 ff.

(2) "Idea for a Universal History with Cosmopolitan Intent" (1784).

(3) 現在では、*The Great Philosophers*, vol. I, 1962, vol. II, 1966 を参照。

(4) *Reason and Existence*, New York, 1955, p. 67.

(5) 「無限のコミュニケーション (Grenzenlose Kommunikation)」は、ヤスパースのほとんどすべての著作に現われている術語である。

(6) "Vom lebendigen Geist der Universität" (1946), in *Rechenschaft und Ausblick* (Munich, 1951), p. 185 を参照。

(7) "Über meine Philosophie" (1941), in *op. cit.*, pp. 350, 352 を参照。

(8) ヤスパースはこの術語を用いてはいない。かれはしばしば思索することは「内的行動」、実践、などであると述べている。思考と生活との関係をここで論ずることはできない。しかし、つぎの文章をみるならば、私が生の侍女という言葉を解釈的に用いることは正当化されよう。「哲学的思索は、思考生活においてなされざるをえないもの、すなわち想起し予見しつつ真実を明らかにすることに奉仕しなければならない」。*Ibid.*, p. 356.

(9) *Origin*, pp. 1 f.

(10) *Ibid.*, pp. 262 f.

(11) "Vom Europäischen Geist" (1946), in *Rechenschaft und Ausblick*, p. 260.

(12) *The Federalist*, No. 51.

(13) "Idea for a Universal History," *op. cit.*, Introduction.

(14) 「……理性に基礎を持つところの、尊敬すべきではあるが、実践的には無力な一般意思」、『永遠平和のために』(一七九五年)。

(15) *Ibid.*

アイザック・ディネセン——一八八五—一九六三

激しい情熱は傑作のようにまれである——バルザック

カーレン・ブリクセン男爵夫人、旧姓カーレン・クリステンセ・ディネセン——家族にはタンネと呼ばれ、最初は恋人からついで友人たちからターニアと呼ばれていた——は、まれな特徴をそなえたデンマークの女流作家であり、死んだ恋人の母国語への敬意から英語でものを書き、さらに古風な茶目気から彼女の旧姓に笑う人を意味する「アイザック〔イサク〕」という男のペンネームを付することで、自分が作者であることを半ば隠すとともに半ば示していた。この笑いはいくつかのむしろ厄介な問題を考慮してのことと想定され、おそらく、そのなかで一番小さな問題は、女性が作家に、したがって公的人物となることはあまりふさわしいことではないとする彼女の確信、公的領域を照らす光はそれを享受するにはあまりにきびしすぎるという彼女の確信だったであろう。彼女の母は過激な婦選論者であり、デンマークにおける婦選運動の闘士であったこと、またおそらくは男性に誘惑しようなどという気持ちをけっして起こさせないほど卓越した女性の一人であったことから、彼女はこうした問題をすでに体験していたのである。二〇歳のとき、いくつかの短篇を書いて出版しており、それを続けるように奨められてもいたが、直ちにそれを断念している。彼女は「作家になろうと望んだことは一度もなく」、「わなにかかることを本能的に恐れていた」。職業は人生における限定された役割をつねに措定するものであるため、わなとなって、人生それ自体の持つ無限の可能性から彼女をさえぎることになったであろう。彼女が職業的にものを書き始めたのは四十代の後半からであり、最初の本『七つのゴシック物語』が世に出たときには五十近くなっていた。そのとき、彼女は（『夢みる人』から知られるように）人生における最大のわなは自分自身の同一《アイデンティティ》性であることを理解し――「二度と私は一個の人間であろうとしないだろう。……もう二度と一人の女に自分の心と全生活を縛ることはしないだろう」――、また友人（たとえば、この物語のなかのマーカス・ココザのような）に与えうる最良の忠告は、「マーカス・ココザについてあまり」気にしすぎないように、というのもそうすることが「まったくかれの奴隷とかれの囚人」になることを意味するから、ということを理解していた。したがって、そのわなは多く書くこと、あるいは職業的に書くことであるよりも、自分自身を深刻に考えることであり、女性を作家、すなわち自己の同一性を不可避的に公的なもののなかで確認する作家と同一化することであった。アフリカにおいて生活と恋人とを失った悲しみが彼女を作家にし、いわば第二の人生を与えたということは、一種のジョークとして理解されるのが最もふさわしい。そして「神はジョークを愛する」という言葉が、後半生における彼女の金言となったのである。（彼女はこうしたモットーによって生きることを好んだ。その手始めは「航海することは必要であるが生き続ける必要はない〈navigare necesse est, vivere non est necesse〉」であり、のちにはデニス・フィンチ＝ハットンの「私は答えましょう〈Je responderay〉」を用いている。）

しかし、あいつぐインタヴューに際して、彼女が天成の作家であり「創造力ある芸術家」であるとする一般通念から強く自分を守ろうとしたことには、わなにかけられることへの恐れ以上のものがあった。彼女が作家であるとはゆめ思わず、書くということにいかなる野心や特別な衝動も感じなかったことは事実である。アフリカで行なわれた僅かばかりの著述は忘れられてよいものであった。それは「旱魃のときに」農園についての心配をあらゆる意味で追い払うのに、また他に何の仕事もないときに退屈をまぎらすのに役立ったにすぎなかったからである。一度だけ彼女は「金のために小説を創作した」ことがあった。この作品『復讐には天使の優しさを』は若干の金をもたらしはしたものの、それは結局「恐ろしい」ものであることがわかった。いや、彼女がものを書き始めたのは、結局「生計をたてなければならなかったから」であり、そして「出来ることはといえばただ二つのこと、料理と……おそらくは書くこと」であったからである。彼女は料理の仕方をパリで学び、のちにアフリカで学んだが、それは友人たちを喜ばせるためであった。そして友人たちと、さらには原住民を楽しませるために、物語の仕方を独習したのである。「もしアフリカにとどまることができたなら、彼女はけっして作家になりはしなかったであろう」、なぜなら、「私について言えば、私は物語の語り手であって、それ以外の何ものでもない。私に興味があるのは、物語とその語り方なのだ〈Moi, je suis une conteuse, et rien qu'une conteuse. C'est l'histoire ellemême qui m'intéresse, et la façon de la raconter〉」から。物語を始めるにあたって彼女が必要としたものは、人生と世界がすべてであり、それもほぼいかなる種類の世界あるいは環境でもよかったのである。世界は物語に、すなわち事件や出来事や奇妙な突発事に満ちており、それらはただ語られることを待っているからである。そしてそれが通常語られないままでいる理由は、アイザック・ディネセンによれば、想像力の欠如による——ともかくも起こったことを想像し、想像力のなかで反復することができさえすれば、物語をみることになろうし、それを繰り返し語る忍耐力さえ持ちあわせていれば〈Je me les raconte et reraconte〉、それを上手に語ることができるようになるであろうから。こうしたことはもちろん、彼女が生涯行なってきたことである。それはただ、芸術家になるためではなかったし、われわれが彼女の作品のなかに見出すような賢く老練な職業的物語作家の一人になるためでもなかった。人生を想像力のなかで反復することがなければ、けっして十分に生きることはできない。「想像力の欠如」は人々を「現存するもの」から妨げる。彼女の作品中の語り手の一人が若い人々に忠告しているように、「物語に忠実であれ」、「つねに変らずに物語に忠実であれ」ということは、人生に忠実であれ、虚構《フィクション》を創り出すことではなく、人生が与えるものを受け容れよ、それを想起し熟考することによって、すなわちそれを想像力のなかで反復することによって、たとえ何であれそれが価値あるものであることを自分自身に示せ、ということを意味しているにすぎない。これこそが生き続ける仕方である。そして、十分に生きているという意味で生きることは、終始一貫して彼女の唯一の目的であり願望であった。「人生よ、おまえが私を祝福するまで私はおまえを去らせはしない。しかしおまえが私を祝福するとき、私はおまえを去らせるだろう」。物語を語ることの報酬は、去らせることを可能にすることである。「物語の語り手が物語に……忠実であるとき、そこでは、遂には沈黙が語るであろう。物語が裏切られるところでは、沈黙は空虚でしかない。しかし、私たち忠実なるものは、最後の言葉を語り終えたとき、沈黙の声を聞くであろう」。

たしかに、このことは技巧を必要とする。その意味で、物語を語ることは生活の一部であるばかりでなく、それ自体の権利において芸術たりうるものである。芸術家となることはまた時間を必要とするものであり、また単に生計をたてるだけの、酔わせて判断力を鈍らせるような仕事からはある程度の距離を置く必要がある。ただおそらく、生活の必要に迫られながらなおそれをやりとげられるものは、生来の芸術家だけであろう。ともかく彼女の場合、その生涯には作家としての後半生を区切る明確な一線が存在する。彼女の生活を構成していたもの、すなわちアフリカにおける家庭と愛人とを失ったとき、悲嘆と悲哀と思い出のほかに何ものもたずさえることなく完全な「失敗」ののちにルングステドルントの家に戻ったとき、彼女は初めて芸術家となったのであり、それ以外の仕方で「成功」することはけっしてなかったであろう。「神はジョークを愛する」。そして神のジョークは、ギリシア人が熟知していたように、しばしば残酷なものなのである。次いで彼女が行なったことは、当時の文学のなかで独自のものであり、それはただ一九世紀のある種の作家と比肩しうるにすぎない――これについてはハインリヒ・クライストの逸話と短篇小説、さらにはヨハン・ペーター・ヘーベルのいくつかの物語、とくに『予期せぬ再会』が想い起こされる。ユドーラ・ウェルティは完璧な正確さを持った短文でそのことを明瞭に定義づけている。「彼女は物語からエッセンスを作り、エッセンスから万能の秘薬を作り、そしてもう一度この万能の秘薬で物語を組みたて始めた」。

芸術家の生涯とその作品を結びつけて考えることはつねに厄介な問題を提起する。かつてはきわめて私的な事柄であり、誰の関心事でもなかったものを、公的に記録し、公表し、論議しようとするわれわれの熱望は、おそらく好奇心に容認されている程にも正当なものではあるまい。しかし残念なことに、パルメニア・ミゲルの伝記(『タイターニア――アイザック・ディネセンの生涯』ランダム・ハウス、一九六七年)について提起せざるをえない問題はこの種のものではない。この著作が粗雑であるということはまだ好意的な言い方である。調査に費やされた五年間は「記念碑的作品を……書きあげるに十分な材料」をもたらしたことと想像されるが、しかしわれわれはすでに刊行されているディネセンの本やその人とのインタヴューから、あるいはランダム・ハウスが一九六五年に出版した『アイザック・ディネセン、ある追憶』からの引用以上のものにはほとんど出会うことはない。ここで初めて明らかにされたわずかな事実も、いい加減で不手ぎわに扱われており、それはどんな校正係でも見抜くことができたであろう。(自殺しようとした男(彼女の父)が「近づきつつある死を……ある程度予感」していたとは言いきれない。三六ページで、彼女の初恋は

「依然として世に知られていない」と書かれながら、相手が誰かは知られていないわけでなく、二一〇ページでその名前が明らかになる。彼女の父は「パリ・コミューン支持者に共鳴しており、左翼的傾向を持っていた」と述べておきながら、叔母の口を通して、「かれは、パリ・コミューンを通じてまのあたりに見た恐ろしい出来事に深く悲しんでいた」と伝えられる、などである。もしわれわれが前掲の追憶に関する書物から、かれがのちに回顧録を書き、「そのなかで……かれが『コミューン支持者』の愛国心と理想主義とを公正に論じていた」ことを知らなければ、かれを自分の誤りをさとった人間と結論づけてしまうだろう。かれの息子はかれのコミューンへの共鳴を確認し、さらに「議会におけるかれの党が左派であった」ことをつけ加えている。）杜撰さよりもさらに悪いことは、この本で明らかにされた最も重要な新事実、性病の感染——離婚したものの、彼女がその名前と爵位とは保持し続けた（彼女の伝記作家が示唆するように、「男爵夫人と呼ばれることの満足感」のためであろうか？）ところの夫が「彼女に残したものは病気という遺産」であった——に対してはらわれている誤まった慎重さであろう。この病気のもたらした結果に彼女は生涯苦しめられている。彼女の病歴については、実際相当の関心がはらわれてしかるべきであろう。彼女の秘書は、彼女の後半生がどれ程、「なだれに逆らって進もうとする人のように……病気という圧倒的な強敵に対する壮烈な戦い」に費やされたかを述べているのである。そして、最もわるいことは、むしろ無知ともいえる見当違いがしばしばみられることであり、これは知名人の周囲にしばしば見られる同業の崇拝者において典型的にみられるものである。ヘミングウェイはノーベル賞受賞演説のなかで、賞が「あの美しい作家アイザック・ディネセン」に与えられるべきであったと雅量大きく述べているが、そのかれが「(ターニアの)均衡のとれた洗練さに羨望を覚えざるをえず」、さらに「かれの男らしさを証明し、実際には克服できなかった不安を逃れるためには、否定し去る必要があった」とされている。この伝記を依頼したのがアイザック・ディネセン自身(それともカーレン・ブリクセン男爵夫人であったろうか?)という不幸な事実がなければ、こうしたことはすべて述べる必要はなく、この企て全体が沈黙のなかに引き渡されるのが最善であったろう。ディネセンはミゲル夫人に自身を知らせるべく長い時日をともにし、死の直前には夫人に再度「私の本」のことを想い起こさせ、それが「私の死と同時に」完了するであろうとの約束をとりつけている。ともかく、虚飾も崇拝を求める心——ただ愛、相互の愛だけが与えられる人間存在の至高の確証の悲しむべき代替物——も、共に大罪のうちに属するものではない。しかし、われわれが物笑いのたねを必要とするとき、それらはこの上ない助言者となるのである。

たしかに、誰も彼女の生涯の物語を、彼女自身がそうしたように語ることはできないであろう。彼女がなぜ自伝を書かなかったのかという疑問は、答えられていないだけに興味深い。(彼女の伝記作家がこの当然の疑問を一度も尋ねなかったことは、何とも惜しまれる。)『アフリカの日々』はしばしば自伝的作品と呼ばれているが、それも彼女の伝記作家が提起しようとした問題のほとんどすべてについて、奇妙に無口であり沈黙しているからである。それは不幸な結婚と離婚については何も語っていないのであり、ただ注意深い読者だけがそこからデニス・フィンチ＝ハットンが定期的な来訪者あるいは友人以上の存在であったことを読みとるであろう。これまでのところ彼女に関する最良の批評家、ロバート・ラングバウムが指摘しているように、この本はまさに「真正の牧歌《パストラール》であり、おそらく現代最良の散文による牧歌である」。それは牧歌であって、少しも劇的なものではないため、デニス・フィンチ＝ハットンの飛行機事故による死について語っているところでも、荷物のまとめられた空き部屋で過した最後のわびしい数週間について語っているところでも、それは多くの物語を組み込むことはできず、ただきわめて微かで稀薄な暗示によって、当時彼女が物語を語る際の源泉であり、そして最後までそうあり続けた激しい情熱〈grande passion〉の底に流れる物語をほのめかしえているにすぎない。アフリカにおいても、あるいは彼女の生涯の他の時期においても、これまで彼女は何ものも隠そうとしていない。したがって、彼女の描写では奇妙に生気なく描かれているこの男性の愛人であることを、彼女は誇りに思っていたに相違ない。しかし、『アフリカの日々』では、自分の関係をただそれとなく次のように認めているにすぎない。かれは「アフリカではこの農園以外に落着くところがなく、サファリの間中私の家に住んでいた」、そして「かれが戻ってくると、家はその内部にあったものを発散した。それは話しかけたのである――ちょうど雨季の最初の夕立が訪れてコーヒーの花が開くとき、コーヒー園が話しかけるように」。そのとき、「この農園の事物はすべておのおのの現実の有様を語っていた」、そして、「かれが出かけていた間に多くの〈物語〉を作り上げていた」彼女は、おそらく「床に坐り、シェヘラザードのように足を組んでいた」ことであろう。

こうした情景のなかで自分のことをシェヘラザードと呼んだことは、のちに彼女に示唆された文芸評論家が考えた以上のものを、「私は物語の語り手であって、それ以外の何ものでもない」という単に物語を語ること以上のものを意味していた。千夜一夜――この「物語を彼女は一番高く評価していた」――は単に物語を語ることだけに過されたのではなかった。かれらは三人の男児をもうけていたのである。また、「農園を訪れると、『物語はできたかい』と尋ねた」彼女の愛人も、「眠られぬために物語を聞くという趣向を楽しんだ」アラビアの王とそれほど異なっていなかった。デニス・フィンチ＝ハットンとかれの友人バークリー・コールとは第一次世界大戦が生み出した若者の世代に属しており、かれらは因襲に耐えて日常生活の義務をやりとげていくことや、気も狂わんばかりに退屈させていた社会のなかで出世を求めたり、役割を果したりすることには永久に適応しえなくなっていた。かれらのあるものは革命論者となって未来の夢の国に住んでいたし、他のものは逆に過去の夢の国を選んで「彼らの世界は……もはや存在していない世界」であるかのように生きていた。かれらはともに「自分たちがこの世紀に属していない」という基本的な確信を共有していたのである。〈政治的に述べるなら、自由主義が世界をその「進歩」への希望とあわせて、現状のまま受容することを意味していたことからすれば、かれらは反自由主義的であったといえよう。ブルジョワジーの世界に対する保守主義的批判と革命的批判とがどの程度まで一致するかを歴史家は熟知している。）いずれの場合も、かれらは「追放者《アウトカースト》」や「逃亡者」であることを望んだのであり、定着して家族を築くよりも、むしろ「自分たちのわがままの報いを受ける」十分な覚悟ができていた。とにかく、デニス・フィンチ＝ハットンは、かれの欲するままに来てそして去ったのであり、結婚によって拘束されるということほどかれの心から遠く離れているものがなかったことは明らかである。何ものもかれを拘束するものはなく、情熱の焔以外にかれを呼び戻せるものはなかった。そして、時間と避け難い反復によって、相互に知りすぎてしまうこととあらゆる物語を聞いてしまうことによって、この焔が消されることを防ぐ最も確実な方法は、新しい物語を限りなく作りあげられるようになることであった。たしかに、彼女はシェヘラザードに劣らず楽しませることに熱心であったし、楽しませることに失敗することが死につながるであろうことを意識していたのである。

かくて、激しい情熱はアフリカと同じく依然として野性的であり、完全に固定化された家庭的なものには未だなっていなかった。そこでは、「尊敬すべきものと品位あるものを」区別できたし、「人間であれ、動物であれ、われわれの知るところのものをこの考えに従って分けることができた。われわれは家畜を尊敬すべきものとみなし、野生の動物を品位あるものとみなした。家畜の存在理由と威厳とはその共同社会との関係によって決定されるのに対し、野生の動物は神と直接に接していると考えたのである。豚やにわとりが尊敬に値するのは、それらが自分たちに投資されたものを忠実に返却し、……期待されている通りに行動するからであるという考えに一致した。……われわれは自分自身を野生の動物の中に数え、共同社会に対する――またわれわれの抵当に対する――返済が不十分なことは悲しいながら認めていたが、しかし周囲の人々から高い協賛を得るためではなくとも、河馬やフラミンゴと共有している神との直接的な接触を断念することはおそらく不可能と感じていたのである」。感情のなかでも激しい情熱は、ちょうど追放者や逃亡者がかれらを生み出した文明社会に対するように、「われわれが尊敬に値する」とみなしているものを軽蔑し、社会的に受け容れられているものを破壊しようとする。しかし、生活は社会のなかで営まれるものであるから、愛――結婚による幸福を予定するロマンティックな愛でないことは確かである――は生活をも破壊する。このことは、すべて破局に終った歴史上・文学上の著名な愛人たちの例から知られる通りである。社会を逃れること――それは単なる情熱ではなく、情熱的生活が認められることを意味するのではなかろうか。彼女がデンマークを離れ、社会によって保護されていない生活に身をさらしたのは、そのことが理由ではなかったろうか。「私はアフリカでどんな仕事を望むべきであったのか」と彼女は問う。その回答は「文豪」の詩のなかに与えられていた。かれの言葉は「私の足もとを照らすランプであり、私の行く手を照らす光だった」のである。

塵の世の、望みをすてて
たのしくも、日を浴びて生き

おのが手に、糧をもとめて
得しものに、満ちたる友よ
来たれ、来たれ、ここに来たれ
ここにこそ
仇はあらじ
冬の日に、嵐すさべど。

もしかして、妙なことから
なにびとか、心が呆《ぼ》けて
金を捨て、楽しみも捨て
片意地を、満たしたいなら
ダクダミ、ダクダミ、ダクダミ
ここにこそ
馬鹿の友あり
このわれを、来たりても見よ。

〈シェイクスピア『お気に召すまま』第二幕第五場、阿部知二訳〉

シェヘラザードは、その名前が意味するすべてのものとともに、シェイクスピアのいう

「馬鹿の友」、すなわち塵の世の望みをすててたのしくも日を浴びて生きる人々の間で生活し、「九〇〇〇フィートの高地」に居を構え、そこから「伝道団、実業家、さらには政府といった新来の人々がもつアフリカ大陸を立派なものにしようという望み」をあざ笑い、原住民、野生の動物、いっそう野性的なヨーロッパからの追放者や逃亡者、「没落を前にした時代にこだわらないため」案内人やサファリの狩人になってしまった冒険家を保護すること以外には何の目的も持たなかったのである。これこそ彼女の願った在り方であり、彼女の願った生き方であり、さらに自分自身に対する見方であった。そのことは彼女が他人から、とくに彼女の愛人からどうみられていたかということとは関係がない。かれは彼女をターニアと呼び、ついでタイターニアと呼んだ。(「ここの住民と土地にはこんな魔力があります」と、彼女はかれに言った。デニスは「やさしくほほ笑みながら言った。『魔力は住民や土地にあるのではなく、それを見る人の目にあるのだ。……あなたは自分の魔力をそこへ持っていっているのだよ、ターニア……タイターニア』」。)パルメニア・ミゲルはこの名前を彼女の伝記の表題に選んだ。この名前は妖精の女王と彼女の「魔力」以上のものを意味していることを憶えていたのであれば、それは悪い題ではあるまい。この名前を最初に用いた二人の愛人は、いつもシェイクスピアを引用しあっていたため、もちろんそのことをよく心得ていた。かれらは、妖精の女王がボッタムにすっかりまいってしまったことを、また彼女が自分自身の魔法の力についてむしろ非現実的な評価を下していたことを知っていたのである。

わたしあなたのいやしい人間の根性を浄めて
空を飛ぶ妖精のように自由にしてあげる。
〈シェイクスピア『夏の夜の夢』第三幕第一場、阿部知二訳〉

ところで、ボッタムは空を飛ぶ妖精に姿を変えることはなかったのであり、パックは実際的な観点からことの真相を語っている。

お后さんが化物に惚れちゃいました。……
お后さんが目をさまされてとたんにろばにぞっこん惚れこんじまいましたんで。
〈『夏の夜の夢』第三幕第二場、阿部知二訳〉

厄介なことに、魔力はまたしてもまったく無力であることを立証した。「これほどの高地で」生育したコーヒーは「……全然もうからない」ことを知っていなければならなかったにもかかわらず、なおも農園にとどまる決意を固めたとき、最終的に彼女にふりかかった災厄は自分でもたらしたものにほかならなかった。しかも、さらにわるいことには、彼女は「コーヒーについて多くを知ることも学ぶこともなく、ただ自分の直観力が何をなすべきかを教えてくれるというゆるがぬ確信にひたすら固執していた」——これは彼女の兄が、彼女の死後に分別と優しさのこもった追想のなかで述べているところである。一七年の長きにわたって、家族の財政援助に支えられながら、彼女に女王、妖精の女王であることを可能にしてくれたこの土地を離れざるをえなくなって、ようやくことの実相は彼女に明らかとなった。後年、手製のアフリカ料理カマンテを想い出しながら彼女は書いている。「十分な知識に満ちた秀れた料理頭が深い考えに沈みながら歩いていたところに、今は小さながにまたのキクユ族、のっぺりとした穏やかな顔つきのこびと以外の何かを見るものはいない」。しかり、物語を生み出す源泉となった想像力という魔力のなかであらゆるものを永遠に反復していた彼女以外に、それを見るものはあるまい。しかし重要な点は、こうした不均衡でさえも、それがひとたび発見されてしまえば、物語の素材になりうるということである。かくして、われわれはタイターニアに『夢みる人』のなかで再度出会うことになる。ただここでは、彼女は「ラ・マンチャのドンナ・キホータ」と呼ばれており、この物語でパックの役割を演じている年老いたユダヤの賢人に、かれがかつてインドでみた「踊る蛇」、「どんな毒も」持っていないが、殺す場合には、抱擁の力だけで殺すという蛇を彼女は連想させている。「実際、ぐるぐると巻いた大きなとぐろをほどき、自分のことを印象づけた上で、最後に野ねずみを叩きつぶすあなたの姿は、人を抱腹絶倒させるのに十分だ」。ある意味でそれは、彼女の後半生における「成功」についてのページを繰るごとに、また彼女があらゆる均衡を破ってそれを誇張しつつ、いかにそれを楽しんでいたかを読みとるときに感じるところであろう。たとえば、ブック・クラブの推薦や、名門社交団体の名誉会員となることに、強く烈しい情熱が費やされていた。悲しみは無にまさるとする、「悲嘆と無との間では、私は悲嘆をとるであろう」(フォークナー)とする、初期の冷徹な洞察力が、遂には賞や賞品や名誉といったささやかなものによって報いられたことも、振り返ってみれば悲しいことであろう。こうした光景自体が喜劇にきわめて近いものであったに相違ない。

物語は彼女の愛を救い、不幸が見舞ってからは彼女の生を救った。「あらゆる悲しみは、それを物語に変えるかそれについての物語を語ることで、耐えられるものとなる」。物語は、それ以外の仕方では単なる出来事の耐え難い継起にすぎないものの意味をあらわにする。「承認ということのもつ寡黙で包摂的な特質」はまた真の信仰の特質——彼女のアラブ人の召使いはデニス・フィンチ゠ハットンの死を聞いたとき「神は偉大だ」と述べているが、それはちょうど死者の近親者によって唱えられる祈りの言葉、ヘブライ語のカディシュ(ユダヤ教、礼拝式の終りに唱える頌栄)が、「神の御名こそ神聖なれ」としかいわないのに似ている——でもあり、それが物語のなかから生まれ、想像力のなかでそれを反復するうちに、出来事は彼女が「運命」と呼ぶものになるのである。自分自身の運命とともにある人間においては、踊り手と踊りとを区別できないように、あなたは誰であるかという質問に対する答えは、枢機卿の答え、すなわち「あなたに古風な仕方で答えることを、あなたに物語を語ることを……許して頂きたい」といったものであろうし、こうしたありかただけが、人生はわれわれに与えられているという事実にふさわしい唯一の抱負なのである。これは誇りとも呼ばれるものであり、人々を真に区別しうる一線は、「自分の運命を愛して」いられるか、それとも「日々の相場表で……他人が成功と認めるものを成功として受け容れる」かというところである。「かれらが、運命の前でおののいているとしても無理はない」。彼女のすべての物語はまさしく「運命の逸話」であり、繰り返し繰り返し、終局において人間はどのように判断する力があるかを語っている。言い換えれば、「何らかの知性を備えた人間にとにかくもふさわしい二つの思考の径路」の一方を、どのように追求するかということであろう。すなわち「……神は、世界、海、沙漠、さらには馬、風、女、こはく、魚、酒などを創造することによってはたして何をもくろまれたのであろうか」。

物語を語ることは、定義するという誤りを犯すことなしにものごとの意義を明らかにし、あるがままの事物の承認と和解とをもたらし、さらにはそれが「審判の日」に期待する最後の言葉を結局は暗に含むようになると信じてもよいことは事実である。それにしても、われわれがアイザック・ディネセンの物語の「哲学」に耳を傾け、彼女の生涯をそれに照らして考えるなら、ごくわずかな誤解、あるいは強調点をごくわずか誤った方向に移すだけで、すべてが不可避的に崩壊したであろうと思わざるをえない。彼女の「哲学」が示唆するように、自分の生涯の物語を語りえない人間は考えるに値する人生を持ちえないということが事実とするなら、そのとき人生はひとつの物語として生きられるし、むしろそうあるべきだということ、さらには人が人生においてなすべきことは物語を真実ならしむることだということにならないであろうか。彼女はかつてノートに書き記している。「誇りとは、神がわれわれを創り給うたとき神が所有していた観念を信ずることである。誇りある人はこの観念を意識し、その実現を熱望する」。われわれが今日彼女の初期の生活について知るところからすれば、こうしたこと、すなわち「観念」を「現実化」し、古い物語を真実ならしめることによって生涯の運命を予知することが、少女のころ彼女自身行なおうと試みたことであったのはきわめて明瞭であるように思われる。その観念は、最愛の父の遺産として彼女にもたらされ――彼女が一〇歳のときに訪れた父の死は生まれてはじめての深い悲しみの体験であり、かれが自殺したという事実をのちに知ったとき、彼女は最初にうけたこの激しい衝撃から離れることを拒んでいる――、そして彼女が自分の人生において演じようとした物語は、まさしく彼女の父の物語の続篇となるべきものであった。父の物語は「誰にも慕われる妖精物語の王女」についてのものであり、かれはこの王女を結婚前から知り愛していたが、この少女は二〇歳のときに急逝していた。父はそのことを彼女に語っており、彼女の叔母はのちにかれがこの少女を失くした痛手から回復できず、かれの自殺は癒しえない悲しみの結果であったことをほのめかしていた。この少女は父の従妹であったことがのちに明らかとなり、その結果娘の最大の望みは、父の一族のなかでこの従妹が属していた側の一員になることに向けられたのである。それはデンマークにおける上流貴族の家系であり、加えて彼女の兄が述べているように、彼女自身の周囲とは「まったく異なる人種」に属していた。そのメンバーの一人、死んだ少女の姪にあたる娘が彼女の親友になったこと、また彼女が「口ぐせのようになっていた『一目で永遠の』恋に落ちた」とき、その相手が彼女のまた従兄にあたるハンス・ブロア・ブリクセンであり、死んだ少女の甥だったこともごく自然なことであった。しかし、この青年は彼女に関心を払わなかったため、彼女はこのときすでに二七歳というものごとをよりよく知るに十分な年齢に達していたにもかかわらず、その青年のふたごの兄弟と結婚することに決め——そのことはまわりにいたすべての人にとって苦悩と驚愕のたねであった——、かれとともにアフリカへ去ることにしたのである。それは第一次世界大戦が勃発する直前のことであった。その後訪れたことはおよそ瑣末な出来事であり、それを素材に首尾よく物語を構成したり、物語を語ったりすることが誰に出来たであろう。(彼女は大戦の直後に別居し、一九二三年に離婚している。)

だが、果たしてそうであったのか。私が知るかぎり、彼女はこのばかげた結婚に関して一つの物語も書いてはいない。しかし彼女は、自分の若気の過ちが明白な教訓となったに相違ないこと、すなわち物語を真実ならしめようとすることの「罪」について、物語が明らかになってくるのを忍耐強く待ち、フィクションを創作するのとは違った意味で想像力のなかで反復し、ついでそれに従って行動するというのではなく、あらかじめ考えられた形式に従って人生を損なうことの「罪」についていくつかの物語を書いている。こうした物語の最初のものは、「詩人」(『七つのゴシック物語』所収)であり、他の二つはほぼ二五年後に書かれた(パルメニア・ミゲルの伝記には残念なことに年譜がつけられていない)、「不滅の物語」(『運命の逸話』所収)と「こだま」(『最後の短篇集』所収)である。最初の物語は、農民出の若い詩人と身分の高いかれの後援者との相剋の話である。この年老いた紳士は、若いときにワイマールと「偉大な枢密顧問官ゲーテ」に魅了され、「詩のほかにはかれの人生における真の理想」はないと信じていた。だが、こうした激しい野心だけでは詩人は生まれない。かれが「自分の人生の詩はどこかほかから来なければならない」ことを認識したとき、かれは「マエケナス（ローマの著名な文芸後援者、ウェルギリウス等のパトロンとして知られる。）」の役割〔メセナ〕を演ずる決意をし、かれの保護に値する「偉大な詩人」を探し求め、幸いにもかれが住んでいた町の近くにそれを発見したのである。しかし、詩についてあまりに多くを知っていたこの迫真のマエケナスは、金を出すだけでは十分に満足できなかった。かれは詩がその最良のインスピレーションを大きな悲劇や悲しみからひき出すことを知っていたため、そうしたものをも用意しなければならなかった。かくてかれは若い妻をめとり、かれの庇護下にある若い二人が、結婚の見込みのたたぬまま互いに恋におちいるように仕組んだのである。結末はかなり血腥いものとなる。若い詩人はかれの後援者を射つ。そして、老人が死の苦悶のなかでゲーテとワイマールを夢みているとき、若い女は「首に絞首索をまきつけられた」愛人の幻影におびえながら、その老人にとどめをさすのである。彼女は自分にいい聞かせる。「世界が素晴らしくあってほしいというだけの理由で、かれは魔法を使ってそれを実現しようとしたのだわ」、「そうよ」と、彼女はかれに呼びかける、「あなたこそ、詩人なのよ」。

「詩人」という作品の見事なアイロニーは、ドイツ的教養〈Bildung〉と、それがゲーテに対して持っている不幸な関係とを、この小説の作者同様に知っている人にはおそらくきわめてよく理解されるであろう。（この物語にはゲーテやハイネによるドイツの詩とさらにはフォス（一七五一—一八二六、ドイツの詩人。かれによるホメロスの訳詩は特に有名。）によるホメロスの訳詩へのそれとないあてつけがみられる。これは教養というものの悪についての物語として読むこともできよう。）これに対し「不滅の物語」は民話の形式で構想され、書かれたものである。その主人公は、広東に住む「きわめて富裕な茶の貿易商」であり、「自分の万能を信ずる」にたる実際的な理由を持っていたが、本に接したのは、生涯の終り近くなってからであった。その結果かれは、書物がこれまで起こったことのないことを語っているのに当惑させられ、とくにかれが知っていた唯一の物語——船から上陸し、町「一番の金持」の老紳士に出会った船員が、その老紳士がなお子供を持てるように、かれの若い妻のベッドで「最善をつくす」ことを求められ、このサーヴィスへの報酬として五ギニー金貨一枚をもらったという——が、「これまで起こったことでなく……これからもけっして起こらないだろう、この物語が語られた理由はそこにある」とされているのを読んだとき、かれの憤慨は頂点に達した。そこでこの老人は、世界中の港町で語られているこの古い物語を真実ならしめるため、船員を探しにでかけるのである。すべてはうまくいったかに思われた——ただしかし、若い船員は朝になると、例の物語とその夜の出来事との間にいささかの類似点を認めることも拒否し、五ギニーを拒絶し、そればかりか相手の女性にかれの唯一の財産である「大きな桃色に輝く貝がら」を残すのである。それは、かれの考えでは、「おそらく世界中に同じものは二つとない」ものであった。

この系統の作品の最後にくるのは、「こだま」であり、これは『ゴシック物語』のなかの「夢みる人」、すなわちペレグリーナ・レオーニの物語の続篇である。「自分の声を失ったプリマドンナ」が放浪の途上、その声を再度エマヌエル少年に聞き、かれによって彼女の夢、彼女の最大の少しも利己的とはいえない夢——あれほど人を楽しませた声は復活させられるべきだという夢——を現実のものとしようとする。先にふれたロバート・ラングバウムは、ここで「アイザック・ディネセンは非難の鋒を自分に向け」ており、この物語は最初のページでとにかく示唆されているように「カニバリズム（食人）に関する」ものであって、そのどこにもこの歌手が「自分の若さをとり戻し、彼女が一二年前にミラノに埋めてきたペレグリーナ・レオーニを復活するために（この少年を）支えにしよう」としたということを確証するようなものはない、と述べている。（男の後継者を選んだということがすでにこうした解釈を排除している。）歌手自身の結論は、「ペレグリーナ・レオーニの声はもう二度と聞かれはすまい」である。この少年は、彼女に石を投げ始める前に彼女を非難していう。「お前は魔女で、吸血鬼だ。……もしお前のところへ戻っていったら（次の歌の練習のために）、僕は死ぬだろうってことがわかったぞ」。これと同じ非難を若い詩人はかれのマエケナスに投げつけることが、若い船員はかれの後援者に投げつけることができたであろう。そして一般的には、助けてくれるという口実のもとに、他人の夢を実現するべく利用されている人間はすべてこうした非難を投げつけることができるであろう。（したがって彼女自身は、従兄が「彼女を必要としていたし、しかもおそらくは彼女を必要とした唯一の人間だった」ため愛情もなしに結婚できたと考えたのであるが、実際には、東アフリカにおいて新しい生活を始め、かつて父がオジブウェ・インディアンの間で世捨て人のような生活を送ったときのように原住民の間で生活するためにかれを利用したのである。「ここのインディアンはぼくたちヨーロッパの文明人よりましだ」と父は幼ない娘に語ったことがあり、頭の良いこの娘はそのことをけっして忘れたことがなかった。「かれらの目はぼくらよりも多くのものをみる。かれらはそれだけ利口なのだよ」。）

　こうして若いころの人生が彼女に教えたことは、人生について物語を語ったり、詩を書いたりすることはできるとしても、人生を詩的なものにしたり、まるで人生が芸術作品であるかのように（ゲーテが行なったように）生きたり、あるいはある「観念」を実現するために人生を用いたりすることはできない、ということであった。人生は「エッセンス」を含むであろう。（ほかの何にそれが可能であろうか。）想起し、想像力のなかで反復することは、このエッセンスを解読し「万能の秘薬」をもたらすことであろう。そしてついには、そこから何ものかを「作り出」し、「物語を構成する」ことすらできるようになるかもしれない。しかし、人生それ自体はエッセンスでもなければ、万能の秘薬でもなく、もしそのようなものとして扱うなら、人生はただわなを仕掛けるだけであろう。まさに傑作のようにまれな激しい情熱に身をゆだねる用意を彼女にさせたのは（それはどちらかといえば遅かった。フィンチ＝ハットンにあったとき、彼女は三十代半ばに達していた）、おそらく人生が仕掛けたわなという苦い体験だったであろう。物語を語ることは、いずれにせよ、結局は彼女を賢明にした——ついでながら、そのことは、彼女の周辺が感嘆しつつも考えたように、彼女を「魔女」にも「セイレーン」にも「女予言者」にもしなかった。智恵は老年の徳であり、それはただ若いときに賢明でも慎重でもなかったものにのみ現われるように思われる。

ヘルマン・ブロッホ――一八八六―一九五一

I　意に反した詩人(1)

ヘルマン・ブロッホは意に反して詩人であった。詩人として生まれながら、詩人であることを望まなかったことが、かれの存在様式の特性であり、またそのことがかれの偉大な著作への劇的行動を鼓舞するとともに、かれの人生の基礎的葛藤ともなったのである。この葛藤はかれの人生に関わるものであって精神に関わるものではない。それは精神的相剋に表わされるような心理的葛藤ではなく、ブロッホ自身が皮肉まじりにあいそをつかしながら「精神の喧噪」と呼んだものをもたらしたにすぎなかったからである。それは天分の間の――すなわち科学的・数学的天分と想像的・詩的天分といった――葛藤でもなかった。こうした葛藤なら解決されえたであろうし、たとえ解決できなかったとしても、そこから生み出されえたものはせいぜいが純文学で、真に独創的な作品ではなかったであろう。さらに、心理的葛藤や多様な天分間の相剋は、人間の存在様式の特性とは決してなりえない。こうした特性はつねにあらゆる天分や才能よりも、あらゆる心理学的に記述しうる特徴や資質よりも、いわばもっと深いところに存在しているからである。こうしたものはかれの本性より生まれ、その法則に従って発展し、あるいはそれによって破壊される。ブロッホの生活の領域と創造性の領域、かれの仕事が活動した地平は、実際には円形ではなくむしろ三角形に近いものであり、その各辺はまさに、文学・知識・行動と名づけうべきものであった。かれのような独自性を持った人間にして初めてこうした空間を満たすことができたのである。

われわれはこうした三つの基本的に異なる人間活動に対し、芸術的、科学的、政治的という別個の才能をふりあてる。しかしブロッホは、完全な形で表明されたことはないとしても潜在的にはつねに固執されていた要請、すなわち人間は地上の生活においてこの三者を一致統合しなければならないという要請をもって世界に表われたのである。かれが希求したところは、文学については科学同様の強い説得力を持つことであり、科学については芸術作品が「世界の不断の再創造を任務とする(2)」ように「世界の全体性(3)」を導くことであり、さらにこのように知識を注入された芸術もヴィジョンを獲得した知識もともにあらゆる実際的・日常的人間活動を包含し、包括すべきことであった。

これがかれの存在様式の特性であり、それ自体に葛藤はない。しかし生活の内においては、とりわけ人間生活にわりあてられる限られた時間の内においては、こうした要求は必然的に葛藤へと導かざるをえない。態度や職業の現代的構造の内部では、そうした要求は芸術や科学や政治に過重な負担を負わせるからである。そしてこうした葛藤は、かれが詩人であったという事実に対するブロッホの態度のなかに明瞭に現われていた。すなわちかれは意に反して詩人となったのであり、そのことが不本意であったため、かれの存在様式の特性とかれの人生における葛藤との双方に対し、個人的に有効で適切な表現を与えたのである。

伝記的にいうと、人生の葛藤という意味での「意に反した詩人」という表現は、何よりもまず『ウェルギリウスの死』以降の時期に該当する。この作品によって、文学が一般にもつ問題が文学作品それ自体の主題的内容となったのであり、さらにこの作品の完成が、死の収容所における大量殺人の発覚というこの時代における最大の衝撃的な出来事と一致していたため、以後ブロッホはそれ以上の創作活動を断念するとともに、あらゆる葛藤を解決する手慣れた方法を断念したのである。かれは、生活については行為に絶対的優位を与え、創造性については知識にそれを与えた。それにより、文学・知識・行動の間の緊張は日ごと、時間ごとにかれを襲い、日常の生活と日常の仕事に永久的に影響を及ぼすことになったのである。（こうした緊張関係の客観的基盤についてはのちに言及する。それはブロッホが行動を目標志向的な活動とみなし、思考を結果を生み出す知識とみなしたことに由来する。）

このことはかなり注目すべき実際的な結果を生み出した。知人——ものごとを合理的な限定のうちにとどめようとする友人ばかりでなく、どんな知人も含めて——が悩んだり、病気になったり、金に困ったり、死にかけたりしたときにあらゆることに配慮をめぐらすのはつねにブロッホであった。（その大半が亡命者から成る友人や知人の間では、悩みの種は当然いたるところに存在していた。）あらゆる援助は、金も時間も持ちあわせていないブロッホからくると期待されていたのである。かれがこうした責任――それは不可避的に知人の範囲を拡大し、その結果ますます時間が必要となった――を免除されるのはかれ自身が病院に入院したときだけであり（そのことにある皮肉な喜びがなかったとはいえない）、そこでかれは若干の休養をとったのであるが、その程度のことは疲れ切った手足にとって止むをえざることだったであろう。

しかしもちろん、こうしたことはかれのアメリカでの生活を規定した葛藤のなかでは最も無害なものにすぎなかった。かれにとって比較にならないほど大きな負担となったのは、詩人および小説家としての過去が追いかけてくることであった。かれは事実上詩人であり、小説家であったため、こうした義務を免れられなかったのである。このことは『罪なき人々』をもって始まった。大戦後にあるドイツの出版社がブロッホの古い、半ば忘れられた短篇を古い形のまま再版することを希望したとき、かれはこれを書かざるをえなかったのである。この企画の機先を制するために、かれは本を書いた。すなわちこれらの短篇が枠小説の形態をとるにいたるまで修正し、さらにいくつかの新しい物語を書き足した。そのなかには女中ツェルリーネの物語も含まれているが、これはおそらくドイツ文学における愛の物語のなかで最も美しいものの一つであろう。こうしてそれは疑いもなくきわめて美しい作品となったが、しかしかれの意思で書かれたものとはいい難いのである。

死期が近づいたころに書いていた小説もこれと同じカテゴリーに属しており、今日それは『誘惑者』という題でかれの著作集に収められている。(4) この場合、アメリカのアルフレッド・A・クノップ社がブロッホの本の出版を望み、ブロッホはただ金を必要としていたがためにそれを拒否できなかった。かれが事実上完成されている小説をオーストリアからたずさえて来ており、それが引出しにしまわれたままになっていることはよく知られていた。かれはこの草稿を翻訳のためにアメリカの出版社に手渡しさえすればよかったのである。しかしそうする代りに、かれは三度目の修正作業にとりかかった——そしてこの機会に文学史上おそらく独特なことを行なったのである。この小説は生涯でもまったく特異な時期に属していた——おそらくはかれが最も困惑した時期、ヒトラー支配の初期に書かれたものであった。その内容は多くの点ですでにかれには遠いものとなっていた。しかしかれは、かつて『神話時代のスタイル』というエッセイのなかで論じかつ提唱した「古い時代のスタイル」を用いて、それを作り直したのである。(5) タイプに打たれた二〇〇ページの最終稿を、もととなった第二稿の諸章と比較してみると、かれの努力は削除することと以外の何ものでもなかった。言い換えれば、古い時代のスタイルの特徴である「抽象化」の過程にあったことがわかる。この抽象化の成果は、簡略化と純化により犯し難い美しさと生命を持った散文であり、人間と風景との渾然たる一体化であった。それは、年老いて老熟した巨匠の手からのみ得られるものであろう。

たしかに、ブロッホが詩人であり小説家であることをますます望まなくなっていたにもかかわらず、結局はそうあるのを止めなかったことを確認するには、晩年の未完の文学作品を必要としない。出版されたかれのエッセイはどれをとっても、かれが本質的に作家であることを表明している。このことはとくにホフマンスタールの研究にあてはまるであろう。この見事なエッセイは歴史的洞察に満ち、このなかでブロッホは自己の文学的実存にとっての前提を扱っている。すなわちそれは、ユダヤの血統とその同化、崩壊しつつあったオーストリアの栄光と悲惨、かれが嫌悪してやまなかった中産階級的環境とさらに嫌悪すべき「価値真空の首都」ともいうべきウィーンの文壇といったものであった(6)。そこにはまたかれの重要な歴史認識のすべて、すなわちバロックとドラマとの並置、そして形式なき時代における荘重形式の最後の避難所として劇場を分析するといったことがみられ(7)、ついで「死後の名声が名声よりも重要となったことは芸術史上新しい現象」であること、そしてこの現象がブルジョワジーの時代と関連を持つことの発見や(8)、さらには最後の皇帝とかれの孤独についての忘れ難い描写といったものがみられる(9)。こうしたことはすべて、かれが作家であったからこそ感動的に描かれており、それらはすべて(とくに皇帝の描写については)ホフマンスタールの目で見られたものではあるが、そこになおブロッホの目、詩人の目が感じられるのである。

かれの最後の小説が完成していれば、叙情詩というよりは叙事詩という、まるで違う形式で書かれてはいても、おそらく『ウェルギリウスの死』に匹敵する大作となったであろう。しかるにこれもまた、かれの意思に反していることを自覚しつつ書かれたものであった。おそらくかれは気のりのしないまま人生における行為の優位を容認したのであろうが、かれの生涯の最後の数年間、創造性と仕事が問題となるところでは、知識は文学に優位し、科学は芸術に優位していると完全に確信するにいたったからである。晩年になると、かれは科学や政治に対する知識の一般理論の、優位性とは言わないまでも、ある種の優先性を認めるようになっていた。(かれは科学と政治の双方に新たな基礎を与えるべきそうした理論についてある見解をもち、それは『大衆心理学』という表題の下に構想されていた。)こうして、外的状況と内的状況との相互作用は独特な錯乱を生み出すこととなり、それまでまったく葛藤なしに存在してきたかれの存在様式の特性も、ここでは葛藤以外にほぼ何ものをも生み出さなかったのである。かれがその仕事をしつつもまったく余計なものとみていた(それはたしかに誤っていたが、だからといって何であろう?)小説の背後には、『大衆心理学』のトルソと、すでに着手された仕事についての心配やまだ始まってさえいない仕事の重荷が存在していた。しかしその背後には、さらに緊急なもの、あるいはいっそうかれを憂鬱にしていたものとして、知識の理論に関する熱意があった。かれは当初、大衆心理学理論の付論の延長上でしか、かれの認識論に関する理念の展開を考えていなかった。しかし、その作業の途上、それがかれ本来の主題であること、事実唯一の本質的な主題であることに気づくにいたったのである。

自分の意に反して作家としての成熟をとげさせ、古い時代のスタイルにまで達することを可能にした小説の背後には、そして心理学と歴史学における学問的探究の成果の背後には、最後までかれの不撓不屈の絶対者探究が存在した。この探究こそが、おそらくはまず自分の進路を決めさせ、ついにはかれの頭脳を満足させ、かれの心に慰めを与える解決として「地上の絶対者」の観念を与えることになったのである。

ブロッホが自分の意に反して詩人であることの運命について客観的に述べざるをえなかったところは、かれのほとんどすべての作品のなかに表われている。しかし、かれを窮極的に理解するために決定的なことは、その結果生じた葛藤と問題を小説のなかでどのように解いたかということであり、かれがそこで文学と知識と行動とに如何なる役割を付与したかということである。この問いに答えるためには、われわれは『ウェルギリウスの死』に戻らねばならない。そこでは、周知のように『アエネーイス』が知識のために抹殺されそうになり、ついでこの知識はウェルギリウスと皇帝の間の友情と、この特殊な友情が含むその時代の高度に実際的な政治的要請とを犠牲に供するのである。「文学は知識の側における唯一性急なものである」(10)こと、「告白は無であり、知識はすべてである」という格言はとくに詩に対して有効なものであること、(11)しかしまた、芸術はその認識機能のゆえに「時代の精神」、とりわけその科学と無縁でありえないにもかかわらず、(12)時代は知識ではなく行動を、「科学的」ではなく「倫理的な芸術作品」を要求するものであること、(13)最後に「まず芸術のための芸術という魔窟を通り抜け」、ついで「あらゆる美的なものを倫理的なものの力のなかへ投入する」ことが現代文学の特別な使命であること(14)——こうしたすべてはかれの創作活動の最初から最後まで、一度も疑ったことのない原則であった。かれは絶対的なものを、倫理の侵すべからざる優越性を、行動の第一義性をけっして疑わなかった。のみならずかれの本性の基本的な方向と基本的な要求とを、葛藤と課題とに規定された生活のなかでのみ表現するように駆りたてた特殊な現代性——それを時代拘束性と呼んでもよい——を疑ったこともなかったのである。

たしかに、この最後の点については、かれは一度も直接に言及したことはなかった。おそらくは、あまりにも明白に個人的領域に属する事柄いっさいに対して、かれが独特の、まったく個性的な留保を行なっていたからであろう。「この種の人間は現代の問題である。個々人の問題は色あせつつあるし、道徳的に禁じられてさえいる。個々人がかかえている人間的問題は今や笑い話にふさわしくなっているが、それもなまじのあわれみを持たない点では正当なものだ(15)」。ブロッホには日記をつけていた形跡はないし、かれの草稿のなかにはノートさえみつかっていない。個人的な問題について直接的に、それを詩的に変型することではなく言及しているのは、ただかれが自分自身ではなくカフカを論じたときだけであった。そこでかれは、『ウェルギリウスの死』のなかで語ることを望みながら、この本の内容となった文学自体への攻撃ということがこの作品の意図として強すぎ、ただ十分な効果を発揮できなかったがためになしえなかったことを再度の扮装のもとに述べているのである。したがって、かれはカフカについて英語で書きながら実際には隠された自己解釈を行なったのであり、それはむしろかれ自身について語られる方がはるかに妥当でありながら誰も語らなかったところであった。「かれはこれかあれかという地点に到達していた。すなわち、詩が神話に移りうるか、あるいは破産するかという点である。カフカは、新たな宇宙論、すなわち文学への愛と、また文学への嫌悪と戦いながら、さらにいかなる芸術的方法も窮極的には不十分と感じながら、創り上げざるをえなかった新たな神統記を予感しつつ文学の領域を離れる（同様の状況でトルストイが行なったように）決意をし、かれの作品は破棄されるべきか否かを、かれに新たな神話的概念を与えた宇宙のために問うたのである」[16]（傍点はアレント）。

ブロッホがこのエッセイのなかで述べているところは、文学的ポーズや安価な耽美主義に対する嫌悪以上のものであり、また「芸術のための芸術」に対するかれの激しい批判をも超えている。この「芸術のための芸術」に対する批判は、かれにおいて時事的評論ばかりでなく、芸術哲学や初期の倫理学や価値の理論についての考察のなかでも中心的な位置を占めている。そして今や、芸術作品そのものが疑問とされたのである。文学はそれ自体「窮極的には不十分」である。ある名状しがたい自制、それは謙譲と混同されてはならないが、それによってかれは、自分の作品を自分が述べようとしているもののモデルとして提示することをさし控えた。しかしもちろん、かれはここで『ウェルギリウスの死』に言及しており、それは一〇年前にジョイス論のなかで『夢遊病者たち』に言及していたことに似ている。そこでは『夢遊病者たち』についての批判をジッドに関する批評の背後に隠しながら、「小説が精神分析学的あるいはその他の科学的逸脱のための枠小説として利用される」場合、現代性を獲得し難いことを主張している。[17] しかし当時、初期の自己批判におけるように初期の論文においても、かれの関心はただ小説をその「文学性」から、そのブルジョワ社会への従属から解放することにあった。ブルジョワ社会の安逸と知識欲とは「娯楽と教養」によって満たされねばならなかったからである。[18] たしかにかれは、『ウェルギリウスの死』のなかで、持前の重厚さ、あるいは自然主義的傾向にもかかわらず、小説の形態を真正な詩に変形することに成功していた――したがってこの例によって詩それ自体が不十分であることも立証していたのである。

トルストイへの言及は、ブロッホが文学を不十分なものと考えた理由を示唆している。文学とは拘束力を持つものではない。文学の洞察は、ある完全な宗教的世界観のなかでそれが奉仕するミュトス――この奉仕こそ真に芸術を正当化する――のような強制的性格を持つものではない。(ブロッホにとって、こうした奉仕の顕著な原型であり実例となったものは、つねにカトリック的中世に支配していた生活と思考との階層的に秩序づけられた体系であった。) 芸術も、またとくに文学も論理的表現が持つ強制力や明瞭さを備えてはいない。文学は自己を言語によって表現するが、それはロゴスの説得力を欠いているのである。ブロッホはおそらく第一次世界大戦との関連において初めて、「それでは何をなすべきか」という疑問に直面したのであろう。その後もこの疑問は、われわれの時代のあらゆる災厄によって、ますます強くかれの前に現われた。この疑問は再三再四、「雷鳴のように」かれを圧倒したのである。そしてかれの結論は、いやしくも有効であろうとするそれへの回答は、一方でミュトスが、他方ではロゴスが保持したような強制力を持たねばならないということであった[19]。

この疑問は二〇世紀という「最も暗い無政府状態、最も暗い先祖返り、最も暗い残忍性」の世紀のなかでかれの前に現われたのであるが[20]、それはまた生きている人間そして死ぬべく運命づけられた人間にとって基本的な問題でもあった。したがってその答えは、その時代ばかりでなく、死という現象それ自体とも両立するものでなければならない。何をなすべきかという問題は、その時代の課題によって明らかとなろう。しかしブロッホにとって、それはまた死を地上において征服する可能性を探ることでもあった。したがってその答えは、死それ自体と同様の不可避的な必然性を持たねばならないのである。

ブロッホの場合、生涯を通じて保持された、こうした初期の問題設定は、ミュトスとロゴスの択一によって支配されていた。しかし晩年になると、おそらくかれは『夢遊病者たち』から『ウェルギリウスの死』にいたる希望のすべてであった「新たな神話」をもはや信じていなかったようである[21]。いずれにせよ、『大衆心理学』を書いていく過程で、かれの結論の重点はますますミュトスを離れてロゴスに、文学を離れて科学に移行していった。かれはますます厳密に論理的で立証可能な知識を探究することになったのである。

しかし、たとえかれがこうした信念を失わなかったとしても、『ウェルギリウスの死』以後の文学に対する態度、それはいうまでもなく詩人としての自分自身に対する態度を意味するが、それは他のいかなる形態もとりえなかったであろう。ブロッホの思考におけるミュトスからロゴスへの推移がいかに適切であり、またその認識論への影響がいかに生産的であろうと（それはまさしく認識論の事実上の起源であった）、そのことはかれが詩人でありながら詩人であることを望んでいなかったという基本的な問題と何の関係も持たないからである。むしろそれは、社会批評の問題であるとともにかれの時代における芸術家の立場の問題であり、ブロッホがいろいろな局面で出会いながら、いつも否定的に答えていた問題であった。ブロッホの芸術哲学が、芸術作品の真の認識的機能は他の方法では得られない時代の全体性を表現するものでなければならないとしていたことよりすれば、はたして「価値崩壊」をとげつつある世界を、一個の全体性として表現しうるか否かを問うことは可能であろう。こうして問題は、たとえばジョイス論のなかに設定されることになる。しかしこのエッセイのなかで、文学はなお「神話的な仕事であり、神話的な行動である」とみなされていたのに対し[22]、一二年後に書かれたホフマンスタールに関する研究では、ダンテの詩でさえ「もはや本来的に神話的なものとしては特徴づけ難い」とされているのである[23]。『ウェルギリウスの死』の押し寄せるような叙情的リズムから力強く噴出した調子は、その時代の文学的努力全体の極致としての「新しいミュトス」すなわち「自己の更新を命ずる世界」を期待することと対応していたが、ジョイス論もまたそれと同じ調子で書かれていた。しかし、ホフマンスタール研究においてわれわれが耳にするのは、ただ「あらゆる芸術、あらゆる偉大な芸術の……ふたたびミュトスとなり、もう一度宇宙の全体性を表現することを認められようとする衝動」だけである[24]。そしてすでに、この衝動は危険なまでに幻想に近づいているのである。

ブロッホにとっては、書くこと自体が疑いもなく一種のエクスタシーであっただけに、こうした幻滅感はかれの作家としての発展にとって決定的な意味を持っていた。しかし、あらゆる幻滅を別にしても、かれはつねに次の一事を知っていた。すなわち、いかなる詩も宗教の柱石とはなりえず、とりわけ詩人にはそれを試みる権利はない、ということである。かれがホフマンスタールを高く評価したのはそのためであった。(詩人として偉大であることを知りながら、リルケの「詩による宗教的叙述」がかれにことのほか疑問に思われた理由もそのことによる。[25]) ホフマンスタールは宗教と文学を混同したことはなく、また「信仰心の光」によって美をとりまくことは一度もなかった。[26] そして、かれがホフマンスタールを継承しつつ乗り越えていくに際して、芸術は「絶対的なものにまではけっしてたかまりえず、それゆえ認識的には無言であらざるをえない」と述べたとき、[27] それは、若いときにはこれほど明確かつ厳格に定式化していなかったであろうが、しかしつねにかれの思考の一部をなしてきたことを述べていたにすぎない。

II　価値の理論

作家としての自分自身に対する、また文学それ自体に対するブロッホの批判は、その最も低く、最も早く、かつ最も理解しやすい段階においては、「芸術のための芸術」に対する批判をもって着手された。これはまたかれの価値理論の出発点でもあった。(ブロッホは、他のはるかに無害でつまらないアカデミックな「価値論哲学者」とは異なり、自分の価値概念は、かれがある箇所でニーチェについて言及しているところから明らかなように[28]、ニーチェに負うことを自覚していた。）ブロッホによれば、世界の解体と価値の崩壊とは西欧世界が世俗化した結果であった。その過程において神への信仰は失われ、さらには、最高かつ絶対的であるために非地上的な「価値」を要請するプラトン的世界観を世俗化が破砕した。こうした「価値」は、価値秩序のなかに配置された相対的「価値」をあらゆる人間行動に付与するのである。かくて、宗教的・プラトン的世界観の残存物のすべてが、今や絶対性の要求を提起した。その結果、「価値の無政府状態《アナーキー》」が生じ、そこでは誰もが好むままにひとつの完結的で調和的な価値体系から他のそれへと移ることが可能となる。さらにこうした体系は、いずれも必然的に他のすべての体系に対し仮借なき敵とならざるをえない。それぞれが絶対性を要求し、しかもこうした要求を測定しうる真に絶対的なものがもはや存在しないからである。言い換えれば、世界の無政府状態やそこにおける人間の絶望的なあがきは、何よりもまず測定基準の喪失と、それによって独立したすべての領域が癌細胞のように不当な成長をとげた結果である。たとえば「芸術のための芸術」を主張する哲学は、それがその教義を論理的帰結にまで追究する勇気を持つとするなら、美の偶像化にいたるであろう。そのとき、われわれがたまたま燃えるたいまつによって美しきものを考えるとするなら、われわれはネロのように喜んで生きた人間の身体を燃えたたせることになろう。

ブロッホが「きわもの〈Kitsch〉」という言葉で理解していたのは（かれ以前に誰が、この言葉の要求する鋭さと深さとにおいて、このことを問題としたであろう?)、けっして単なる堕落の問題ではなかった。またかれは、きわものと真の芸術との関係を、宗教の時代における迷信と宗教との関係、あるいは現代の大衆時代における疑似科学と科学との関係に比較しうると考えていたわけでもない。むしろかれにとって、きわものは芸術なのであり、あるいは芸術は指導的価値体系を離れればたちまちきわものとなるのである。とくに「芸術のための芸術」は、たとえそれが貴族的で尊大な外観のもとに現われ、確かな文学作品を――もちろんブロッホも知っていたように――われわれに与えたとしても、実際にはすでにきわものなのである。それはちょうど、商売上の「ビジネスはビジネスである」というスローガンがすでにそれ自体無節操な不当利得者の不誠実を含んでおり、また第一次世界大戦における「戦争は戦争である」という押しつけがましい格言がすでに戦争を大量虐殺に変えていたのと同じである。

ブロッホのこうした価値哲学には特徴的な要素がいくつかみられる。それはただかれがきわものを「芸術の価値体系における邪悪なもの」と定義したというだけではない。それは、かれが犯罪的要素と徹底的に邪悪な要素とを耽美主義的文人(このカテゴリーのなかに、たとえばネロやヒトラーをも含めている)の姿に人格化されたものと考え、またきわものと同一と考えたということである。このことは、邪悪なものは作家に対して何よりもまずかれ自身の「価値体系」のなかにみずからを理解できるように顕わすから、ということでもない。むしろそれは、芸術というものの特性と、それが人間に対して持つ多大な魅力についてのかれの洞察によるのである。かれが考えたように、邪悪なものの真の魅力、あるいは悪魔的人間における魅力の質は主に美的な現象である。ここで美的とは最も広義においてであり、「ビジネスはビジネスである」を信条とする実業家も、「戦争は戦争である」に賛成する政治家も、「価値真空」のなかの耽美主義的文人なのである。かれらは、自分の体系の調和に魅せられているかぎりでは耽美主義者であり、この調和のために、この「美しき」一貫性のためにあらゆるものを犠牲にしようとするがゆえに殺人者となる。こうした一連の思考は、かれの初期の論文のなかにさまざまな形で見出されるはずであるが、ブロッホはそこからきわめて自然に、あるいはとにかくも目立った断絶なしに、後年の「開かれた体系と閉じた体系」との区別、および教条主義と悪それ自体との同一視へと進んだのである。

ここまでわれわれはブロッホのプラトン主義について述べてきた。『夢遊病者たち』から『ウェルギリウスの死』にいたる、すなわち二〇年代後半から四〇年代初頭もしくは中葉にいたるかれの創作活動の初期の段階において、ブロッホはしばしば自分のことをプラトニストと呼んでいた。しかし、もしわれわれがかれの後期における地上の絶対者への、また論理実証主義的認識論への転換の意味と動機とをともに理解しようとするなら、われわれはブロッホがけっして無条件のプラトニストではなかったことを知っておかなければならない。かれがプラトンのイデア理論をもっぱら規準理論の意味で理解していたこと、すなわち、本来的にはけっして絶対的なものではなく、むしろ非常に地上に拘束されたイデアの超越性（『国家』における洞窟の比喩によればイデアの国は地上にアーチをかけて存在するのであり、絶対的に地上を超越するものではない）を論理的に必然的・絶対的な規準の超越性にかれが転換したことは、決定的に重要なことではない。規準とは結局物差と同じで、それらがまったく異なる秩序に属し、測定されるべき対象に対して外から適用されるのでなければ、何ものも測定しえないのである。このようにイデアを、人間の行為を「測定」すべき規準ないし物差に転換することがすでにプラトンにおいても見出され、したがってある種の誤解があるとしても、それはプラトン自身が誤解していた結果であるとするなら、それは決定的なことではないであろう。決定的なことは、ブロッホにとって、あらゆる「価値領域」に適用される絶対的な物差も、いずれにせよつねに倫理的規準だということである。ただこのことが、規準の消滅とともにあらゆる価値領域が一挙に非価値の領域に変容したことの、あらゆる善が一挙に悪に変容したことの理由を説明してくれる。絶対的な規準、そして絶対的に超越した規準とは倫理的絶対者であり、そのものだけが人間の生活のさまざまな局面に「価値」を付与するのである。このことはプラトンには単純にあてはまらないであろう。われわれがブロッホのなかに見出す倫理観はキリスト教と分ち難く結びついているからである。

ブロッホ自身の例に即してみることにしよう。かれによれば、実業家の職務に固有な「価値」、あらゆるものを測る規準となり、また商業活動の唯一の目標となるべき価値は、誠実である。商業活動から生じうる富は一つの副産物、意図されざる結果でなければならず、それはちょうど「美しい」作品ではなくただ「良い」作品を創ろうとする芸術家にとって、美が副産物であるのと同じである。富を望むこと、美を望むことは、倫理的にいえば、俗流におもねることであり、美学的にいうなら、きわものである。そして、価値理論の意味においては、特殊領域の独断的な絶対化である。[29] もしプラトンがこうした例を選んだとしても（ギリシア的な見方によって、かれは商業を単なる営利業とみなし、したがってそれをまったく無意味な職業と考えていたため、それを例に選ぶことはありえなかった）、この職業の本質的な目標を人々と諸国民相互間における財貨の交換に求めたであろう。誠実という観念なぞおよそかれには思い浮かばなかったことであろう。あるいは事例を逆に、ブロッホの作品のなかで暗示されているにすぎないプラトン的な例を選んでみよう。プラトンはあらゆる医療技術の真の目的は、健康の保持あるいは回復であると定義している。ブロッホならば、健康の代りに救助と置き換えるであろう。健康に関心を寄せるものとしての医者と救助者としての医者――この二つの考え方は両立しえない。プラトン自身の場合はこの問題についていささかの疑問の余地もない。かれは、医者の義務の一つは癒しえない人々に死を許すことであり、保証のない医術によって病人の生命をひきのばすことではないということを、自明の真理であるかのように説いているからである。すなわち、決定的に重要なのは人間の生命ではない。人間の問題は人間外の規準に服している。人間は「万物の尺度ではなく」、さらに生命それ自体もあらゆる人間的な事柄の尺度ではない。こうした教義がプラトンの政治哲学の中心に置かれているのである。しかし、あらゆるキリスト教哲学およびキリスト教以後の哲学は、最初は暗黙のうちに、一七世紀以降は徐々に明確に生命が最高の善であり価値それ自体であること、絶対的な非価値は死であることを前提としてきたのである。ブロッホもまた同様である。

死と生についてのこうした基本的な評価は、最初から最後までブロッホの作品における不変の定数である。それはまた、あらゆるかれの社会批判、芸術哲学、認識論、倫理学、政治学が展開される際の基軸をもなしている。かれの生涯という長い期間に、こうした見方は、いかなる教会所属からも独立したまったく非教条的な方法で、かれをキリスト教に非常に近づけることになった。結局のところ、瀕死の古代世界に死の克服という「吉報」をもたらしたのはキリスト教だったからである。ナザレのイエスの説教が本来何を意味していたとしても、また原始キリスト教がイエスの言葉をどのように理解していたとしても、異教世界のなかでこうした吉報が意味しえたのはただ一つのことであった。すなわち、お前たちが永遠と考えてきた世界、そのためにこそ甘んじて死につくことのできた世界に対するお前たちの恐れは正当なものであること。世界は滅亡しようし、しかもその終末はお前たちが考えているよりもはるかに近いこと。しかしその代り、お前たちがあらゆるもののなかで最も移ろいやすいとつねに考えてきたもの、すなわち個別的・個人的特殊性における人間の生命は終末を持たないであろうこと。世界は死滅するであろうが、お前たちは生き続けるであろうこと、以上である。これが、死の脅威にさらされた古代世界における「吉報」の受けとられ方であったに違いないし、またブロッホが、創作によって鋭くされた聴覚をもって、二〇世紀の死滅しつつある世界でふたたび「吉報」を聴いたときの受けとり方であったに違いない。かれがかつてルネッサンスの「罪」と呼んだもの、かれが繰り返し世俗化の過程、すなわち「安定したカトリック的世界観の崩壊」の過程のなかで特に非道なことと診断したものは、[30]現代では人間の生命が世界のために、言い換えれば、いずれにせよ死滅する運命にある地上的なもののために犠牲にされているということである。人間の生命を犠牲にするということは、かれにとっては生命それ自体の永遠性という絶対的な確証の喪失を意味したのである。

キリスト教と世俗化とに関するこうした見方は、ブロッホの後期の著作を理解するためには重要ではない。しかし、重要なもの、すなわちブロッホの主張のなかで最も抽象的で、表面上、まったく表面上にすぎないが、最も特殊化された部分を理解する道を開いてくれる唯一のものは、生と死に関するかれの最初の見方である。かれは生涯を通じて、「死はそれ自体は無価値である」という考え、われわれは「価値の意味をただ消極的な局面からのみ、死という観点からのみ体験する」という考えに固執していた。「価値とは死の克服を、より正確には、死についての意識を追い払うのに役立つ幻想を意味している」。[31]ここで真先に挙げられる反対意見、すなわちこれは西欧道徳の歴史における決定的な混同、つまり不正と邪悪との、あるいは極端に悪いことと最高の悪とを混同することの新たな変種にすぎない、と述べる必要はない。ブロッホにとっては、それらが深層部で一致していることこそ、むしろ絶対的な倫理規範の存在を保証するものであった。われわれは死が絶対的な悪、最高の悪であることを知っているがゆえに、殺人は絶対的に悪であると言うことができる。もし不正が邪悪に根ざすものでないとすれば、不正を測る規準はもはや存在しないことになろう。

　こうした命題が、人間が人間に対してなしうる最悪のことは殺すことであるという確信、したがって死刑以上に苛酷な刑罰は存在しえないという確信に立脚していることは明白である。[32]（かれの死後に残された『政治学』の二章のなかで描かれている絶対的なものの限界についての具体的基礎はこのことから与えられる。）死と殺人をこのように捉えることは、ブロッホばかりでなく、かれの同世代のものに特有な、ある経験上の限界を想起させる。死の体験がこれまでになかったほどの哲学上の威厳を獲得したのは、ドイツにおける戦争世代と二〇年代哲学との特色であった。この威厳に匹敵しうるものは、それ以前にはただホッブズの政治哲学にみられるだけであるが、それもただ表面上のことにすぎない。なるほど死への恐怖はホッブズにおいて中心的な役割を演じてはいたが、それは不可避的な死についての恐怖ではなく、「暴力的な死」についての恐怖であったからである。たしかに、戦争体験は暴力的な死に対する恐怖と分ち難く結びついていたが、しかしこの恐怖が死についての一般的な不安に置き換えられたこと、あるいはこの恐怖がはるかに一般的で中心的な不安現象を明確化するための口実となったことこそ、まさにこの戦争世代の特色だったのである。しかし、われわれが死の体験の哲学的な威厳についてどのように考えるとしても、ブロッホがこうした世代的体験の地平に制約されていたことは明らかである。

そしてこの限界は、戦争ではなく全体主義的支配形態こそ、基本的かつ決定的な体験であったとする世代によって決定的に乗り越えられた。われわれは今日、殺すことは人間が人間に課しうる最悪のことではないこと、また他方で死は人間が最も恐れていることではけっしてないことを知っているからである。死は「あらゆる恐るべきものの典型」ではないし、不幸なことには死刑よりもはるかに苛酷な刑罰も存在しうる。「死が存在しないならば、地上には如何なる恐怖も存在しないであろう」という文章は、(33)死に匹敵する耐え難い苦痛にも余地を残せるように修正されなければならない。それどころか、死が存在しないとすれば、こうした苦痛は人間にとってさらに耐え難いものとなろう。まさにそれこそが地獄の永遠の刑罰の恐ろしさであり、もしそれが永遠の死以上に大きな脅威でなかったならば、それが発明されることもなかったであろう。われわれの体験に照らしてみると、苦痛の体験を威厳ある哲学上の問題として究明すべき時がふたたび来ているように思われる。今日の哲学は、三〇年ないし四〇年前のアカデミックな哲学が死の体験を見下していたのと同じ密かな侮蔑の念をもって、この苦痛の体験を見下しているからである。

しかし、かれの体験という限界のなかで、ブロッホは死の体験から最も包括的で根源的な結論をひき出していた。たしかに、それは初期の価値理論ではまだなされていない。そこでは、死は最高の悪としてしか、あるいは地上の絶対者を予想した形而上学的現実としてしか現われていない。たとえば、「その本質的な意味によって測られるならば、死以上に現世から遠くへ移されうる現象、死以上に形而上学的な現象」は存在しない、といったようにである。[34]ここでいう根源的な結論とは、認識論のなかに現われ、それによれば、「あらゆる真の知識は死へと向けられ」[35]、世界に向けられるのではない。したがって、知識の価値は、すべての人間行動の持つ価値と同様に、それが死を克服することに役立つか否かによって、またどの程度それに役立つかによって測られる。窮極的に——これはかれの創作時期の終りにあたる——かれは知識の絶対的優越に到達したのである。かれは『大衆心理学』についてふれた際に、すでにこの原則を定式化していた。すなわち、「すべてを知ることに成功した人間は、時間を止揚し、したがって死をも止揚する」と。

III 知識の理論

知識は如何にして死を止揚することに成功しうるか。人間は如何にして「すべてを知る」ことに成功しうるか。この二つの疑問を提起することで、われわれはブロッホの知識理論の中心へまともに踏みこむことになる。それに対するブロッホの回答は、われわれにその範囲について若干の観念を与えるであろう。まず最初の疑問に、かれは次のように答える。すべてを包括する知識からは必然的に同時性が生ずるが、それは時間の継起性を止揚し、したがって死をも止揚する。かくて、ある種の永遠性、あるいは永遠性のイメージが人間の生命のなかに確立される。第二の疑問についての鍵は次の文章のなかにある。「必要とされるのは経験主義の一般理論である」[36]、すなわち、将来のあらゆる可能な経験を考慮にいれる一つの体系である。(「あらゆる人間の可能性の総和が実際に推測されうるとすれば、こうしたモデルは将来のあらゆる可能な経験のアウトラインをわれわれに提示するであろう」と、ブロッホは『大衆心理学』の内容目録に書いている。）これを通じて、人間は「かれのなかに機能する絶対者の力によって、すなわちかれに付与されている論理的思考の力によって(37)」「表象作用」を獲得する。それは「それ自体表象作用」であり(38)、たとえ人間をその一表象とする神がいなくても、存在するであろう。ブロッホ自身の言葉をかりれば、このことは、認識論が「神を背後から熟視するために、いわば神の背後に到達すること」に成功するかどうかにかかっている(39)。しかもこの両者——知識の同時性における時間の止揚と、すべてを包括する経験論の確立、そのなかで個人的体験と経験的素材が持つ無法な偶然性は、論理的命題の持つ自明で公理的な（したがってつねに同語反復的な）確実性と必然性に変形される——はともに「認識論的主体」を発見することによって獲得されうる。それはちょうど、観察領域における科学的主体のように、「極度に抽象された人間の人格」を象徴するものである(40)。ただ、観察領域における科学的主体が、単に「みる行為それ自体、観察行為それ自体」を象徴するだけであるのに対し、「認識論的主体」は人間全体を、人間の人格全体を象徴しうる(41)。知ることはあらゆる人間の機能のなかで最高の機能だからである。

　ここで最も起こりやすい誤解についてあらかじめふれておくことにしよう。ブロッホの認識論については、のちに詳述するつもりであるが、それは本来の意味での哲学ではなく、また「知る」という言葉と「考える」という言葉は、たとえ他の場合同じ意味にとられうるとしても、ここでは同じ意味に解されるべきではない。厳密にいえば、知ることだけが目的を持ちうるのであり、ブロッホはつねに、倫理的なものであれ、宗教的なものであれ、あるいは政治的なものであれ、高度に実際的な目的にまず関心を寄せていたのである。考えることは真の目的を持つものでなく、そして考えることがそれ自体のなかに意味を見出すのでなければ、それは結局何の意味も持たない。（このことはもちろん、考えるという活動それ自体にのみ有効であり、思考を書きおろすことには通用しない。それは単なる思考よりも芸術的かつ創造的過程とはるかに密接に関連している。思考を書きおろすことは事実上目標と目的とを持っており、あらゆる生産的な活動と同様にそれは始点と終点を持っている。）考えることには始点も終点もない。われわれは、生きているかぎり考えるのであり、それというのもわれわれには他の仕方が不可能だからである。窮極的には、カントの「私は考える」があらゆる「観念」ばかりか、あらゆる人間的活動と不活動を伴わざるをえないのは、このためである。

　ブロッホが思考の「認識的価値」と呼ぼうとしたものは、まさに曖昧な性格のものである。また、哲学が真理と呼ぶものは、世界のなかで客観的に与えられた事実、あるいは意識における既知事項を確認することではまったくない。しかしまた、正しく証明され論証された命題もなお真理を構成するものではない。たとえそれが、アリストテレス的な矛盾のない公理によって支配されていようと、ヘーゲル的弁証法によって支配されていようと、あるいはまたブロッホの論理におけるように、その内容がもっぱら強制的な必然性を持ったものとして、すなわち自明でしたがって絶対的に有効なものとして現われていようと、それは同様である。こうした自明性はただ同語反復的命題においてのみ表現されうるということは、ブロッホが繰り返し強調するように、如何なる意味でもその真価を傷つけるものではない。同語反復のもつ「認識的価値」は、それがあらゆる有効な命題の属性である強制的な性質を直接に表現しているという事実にある。問題は、ただ同語反復が如何にしてその形式性から、またそれが陥る循環論から救い出されうるかというところにある。そしてブロッホは、地上の絶対者を発見することでこの問題を解決したと考えた。それは、同語反復的で自明な力と論証的に与えられた内容との双方を具備しているからである。しかし認識は、探究という形態であろうと、また論理という形態であろうと、それだけが強制力を持ち、それだけが必然性と強制力をもつ絶対者へ導くことができ、したがってそれだけが人間行動の予測不可能性と予見不可能性とをいわば超越することを望みうる行動の理論（政治的にせよ、倫理的にせよ）を提起しうる点において、（文学と哲学に現われるように）思考とは別物なのである。

　ブロッホは哲学と認識との間のこうした差異をつねに自覚していた。初期の著述のなかで、かれは哲学よりも芸術に知識へのより大きな可能性を認めることで、この点を明らかにしている。かれによれば、哲学は「神学との関係を断ち切って以来」もはや「全体性を包括した知識」となることができず、それは今や芸術にゆだねられざるをえない[42]。かれはまた、ホフマンスタール研究のなかで、「詩が人間の浄化と自己同一化を導くべきものとするなら、これは哲学とまったく対照的に、人間の自己矛盾の深みに身を投じなければならず、これに対し哲学は奈落のふちにとどまって、跳躍の危険を冒すことなく、それが見てきたものをただ分析することに満足している」ことを、ホフマンスタールはゲーテから学んだと明言している。[43]初期の著述において、文学に比べると、知識の価値と内容の点で、かれが従属的な地位しか与えなかったのは、哲学ばかりでなく、科学もまた同様であった。当時ブロッホは、「科学の認識体系は、結局は問題のすべてである世界全体性という（芸術が達成している）絶対性を獲得していない」[44]のに対し、どんな「個別的芸術作品も全体性の鏡である」と、なお主張しえたのである。しかしこれは、後期の著述のなかで、最も明瞭にはかれが提起した価値と真理の対置のなかで、まさに変更された見解であった。[45]思想が神学との関係を離れたとき、真理は「真の立証基盤を奪われて」しまった。真理は、それゆえに知識へと変形されなければならなかった。そのとき初めて、価値が生じえたのである。事実価値とは、「知識へと変形された真理」にほかならない。[46]哲学に対する古来よりの異論、すなわち「純粋に自己自身とその認識の論理から生じた思考（インド型の超論理的・神秘的研究方法は除くとしても）はいかなる最終的な成果も生み出しえない」という異論は依然続いている。思考がそうしたものを生み出そうとしても、それは「ただ無内容な言語上の幻想」になるだけである。[47]しかし今やブロッホは、文学を哲学の無能な手から課題をとりあげうるものとはみていない。むしろ科学が救済者となったのである。かくて、「同語反復が許されうるか否かの問題はたしかに哲学上の問題ではあるが、それが解かれうるか否かの決め手は数学的な実践による」のであり、さらに相対性理論は、哲学が解きえない二律背反とみなしたものが、「解きうる方程式」になりうることを示したのである。(48)

ブロッホによるこうした異論のすべてはまったく正当である。ブロッホの要求――自我の必滅性の克服、世界の偶然性・「無政府性」の克服、それはかつてカトリック的世界観が人の子にして神の子の死と復活のミュトスによって達成したところであった――に直面するとき、哲学はただその不適格性を論証しうるだけである。哲学はただかつてミュトスが宗教と詩のなかで答えた問題、今日では科学が探究と認識のなかで答えねばならない問題を提起するにすぎない。ミュトスとロゴス、通常の言い方をするなら宗教と論理は、いずれも「人間の基本的構造から生まれたものである」かぎりでは、対《つい》のものである。それらは宇宙の外在性を「支配する」のであり、したがってそれは人間にとって「無時間性それ自体」を意味する。(49)しかしこの死の克服という作業は、人間が動物と分ちもつ裸の生衝動に由来する生き続けたいという熱烈な願望によるだけでは、人間の認識に付与されたり、割りあてられることはない。むしろそれは、認識的、いわば肉体を持たない自我それ自体を基盤として現われるのである。自我が認識の主体であるかぎり、それが「自己自身の死を想像することはまったく不可能」だからである。(50)

自我が自己の始まりあるいは終りを想像することは不可能なところから、人間が経験的に与えられた世界から引き出す最初の基本的経験は、時間の経験、推移の経験、そして死の経験である。かくて、外的世界は「自我の核」に対してまったく異質なものとして現われるだけではなく、まったく威嚇的なものとしても現われる。それは現実には自我によって「世界」として認識されるのではなく、「非自我」として認識される。「認識論的自我の核」は推移について知るところがないため、外的世界についても何も知らず、またその異質の世界のなかでは「時間ほどそれにとって完全に異質なもの」は存在しない[51]。かくて、ブロッホはかれの時間論に到達するのであるが、それはかれの著しい特性を示すものであり、また私の知るかぎりではまったく独創的なものである。アウグスティヌスの『告白』からカントの『純粋理性批判』にいたる西欧的時間論はすべて時間を「内的感覚」とみていたのに対し、ブロッホにとって時間とは通常空間に帰属せしめられている機能を帯びるものであった。時間とは「最も内的なところにある外的世界[52]」すなわち、外的な世界をわれわれに内的に与えてくれる感覚である。しかし、このようにきわめて内的に現われる外面性は、自我の核の現実の構造に属するものではない。そのことは、たとえ死が生命の内部に位置し、生命を内側から掘り崩し、こうした意味で生命に帰属するものであるとしても、なお死が自我の核の現実の構造に属していないのと同様である。他方、空間という範疇は、かれにとっては外部世界の範疇ではない。それは人間の「自我の核」のなかに直接に現われるからである。人間が敵対的な「非自我」をミュトスによって支配しようと欲するにせよ、あるいはロゴスによって支配しようと欲するにせよ、ただ時間を「廃棄し」止揚することによってのみそれをなしうるのであり、「こうした止揚が空間と呼ばれるのである[53]」。かくてブロッホにとっては、通常最も強く時間に拘束された芸術と考えられている音楽は、むしろ「時間を空間に変換したもの」となる。それは「時間の止揚」であり、もちろんそれはつねに「死に向って急行する時間の止揚」を、継起性を共存性に転換することを意味している。かれはこれを「時間経過の構造化」と呼んでおり、ここにおいて「人類の意識における死の直接的な止揚」が達成されるのである。[54]

ここで重要なことは、言うまでもなくあらゆる継起性を共存性に転換する同時性の達成であり、この同時性のなかで時間的に構築された世界の経過は、それがもつ豊かな経験とともに、あたかもすべてを同時性において把握する神の目によってみられたかのように現われることになる。人間は、人間的自我が世界と時間から疎外されている(ブロッホにとってこの両者は同一である)ために、こうした神に近似していると感ぜざるをえない。自我の核の構造は無時間的なものであり、それは人間が現実にこうした絶対者のなかで生きるべく運命づけられていることを示している。こうしたことはあらゆる特殊に人間的な行動様式に明らかに現われている。とりわけそれは、言語の構造において明らかである。ブロッホにとって言語はけっしてコミュニケーションの手段ではなく、またそれは、単一の人ではない多様な人々が地上に住み、相互に意思を伝達しなければならないという事実と何らの関連を持つものでもない。はっきりそう述べているわけではないが、人類相互間のコミュニケーションのためであれば、単なる動物的音声で十分だとかれは考えていたようである。かれにとって言語における本質的なものは、それが「文章のなかで」時間の止揚を文章論的に示すことにある。なぜならば、それは必然的に「主体と客体を同時性の関係に置く」からである。[55] 話し手に課せられる「役割」は、「あるまとまりを持った認識を見聞きできるものにする」ことであり、このことが「言語の唯一の仕事」である。[56] 文章の同時性のなかに凍結されたもの——すなわち思想であるが、それは「一瞬のうちに異常な規模で全体を把握できる」——はすべて、時間の経過からもぎとられたものである。こうした考察が、なかんずく、ブロッホの叙情的スタイル——それはただ表面上叙情的であるにすぎない——についての、異常に長い文章とそこにみられる異常に正確な反復についての一つの解釈を提供してくれることは、あらためて述べるまでもなかろう。

こうした言語学的考察は、ブロッホの生涯における最後の数年間になされたものであるが、当時かれは同時性の問題をロゴスの領域において解決しようとしていた。しかし、言語的表現がもつ同時性は永遠性を垣間見させるという確信[57]、そしてまさしく「同時性の要求こそ、あらゆる叙事詩、あらゆる詩的なものの真の目標である」とする確信[58]、こうした確信はすべて、初期のジョイス論のなかにすでに見出される。かれはそのころより、「印象的継続性と体験的継続性を統一すること、継起性を同時性の統一体へと押し返すこと、時間に拘束されたものをモナドの無時間性へと追いやること」に関心を寄せていたのであり、このモナドの無時間性こそかれがのちに「自我の核」と呼んだものである[59]（傍点はアレント）。しかしはるかのちになると、かれはもはや「芸術作品のなかに超時間性を確立すること」では満足せず、同時性が持つ同じ超時間性を生命それ自体に刻印することを望んでいた。ジヨイス論が書かれたころ、かれは依然として「こうした同時性への努力も……共存と連鎖とが継起によって、独自なものが反復によって表明されなければならぬことの必然性を無視できない」ことを認めていた。しかしのちには、かれはただ文学や文学的表現は、方程式を作ることにおいて数学ほど有効でありえないことを認めたに過ぎない。たしかに、数学の基底に横たわる絶対的な論理（具体的なものではないにしても、あらゆる可能な認識のモデルとして）は、時間的な継起のすべてを空間的な共存へと変換するこうした機能を完全に遂行することが可能である。

ブロッホが「強制」「必然性」「強制的必然性」といった言葉をこうした文脈のなかで頻繁に用いていること、さらに論理的証明の強制的性格に非常に強く依存していたことは印象的である。かれの認識論の出発点は、ミュトスからロゴスへの根底的な転換であるが、この転換に際して、かれは神話的世界観の強制性を論理的主張の強制的必然性に置き換えることを意識的に志向していた。強制的必然性とは、神話的世界観と論理的世界観とのいわば公分母である。必然的で、それゆえ人間に対して強制的なものとして現われるものだけが、絶対的有効性という要求を提起できる。必然性と絶対性とをこのように同一化することから、ブロッホが人間的自由の問題についてとっていた、とくに二面《アンビヴァレント》的な態度が生まれる。実のところかれは、哲学に対するよりも自由に対して、はるかに高度な見解を保持していたわけではない。ともかくかれは、つねにそれをただ心理学の領域に探し求め、またかれがつねに必然性に対して認めてきた形而上学的で、科学に基礎をおく尊厳を自由に付与することはけっしてなかったのである。

ブロッホにとって自由とは、仲間の人々からの「離脱」をめざす無政府的《アナーキー》な努力であり、あらゆる自我のなかにまどろむものである。こうした努力は動物の社会においてもすでに「一匹狼」によって示されている。もし人間がかれの自我がもつ自由への衝動にのみ従うのであれば、かれは「無政府的な動物」である[60]。しかし人間は、「仲間の人々なしには暮すことはできず、したがってかれの無政府的な性向をつらぬくことは不可能」なところから、かれは他の人間を征服し奴隷化しようとする。自我は他の人々に依存しているにもかかわらず、自立のためには他の人々と内的にまったく無関係のままにとどまろうとするのであるが、こうした自我の持つ反抗的な無政府性は、すでに初期の著作のなかにも根源的な悪の源泉の一つとして現われている。しかしこうした初期の著作のなかでは、それは真の悪といった純粋に美学的な性向の分析によって圧倒されたままであった。すべてが認識論によって方向づけられている後期の著作になると、状況は逆転する。認識論からはただちに、仲間の人々との関係のなかにある人間は、かれが認識において、言い換えれば自分自身との関係において、必然的に自分自身を服従させるものとまったく同一の強制力に服従させられるべきだという政治的な帰結が生まれる。この政治的領域のなかで人間は外的に行動し、外部世界の機構によって動かされるのであるが、ブロッホはこうした政治的領域が本来的に政治的な範疇によって秩序づけられうるとはけっして信じていなかった。

「なぜならば、世界のさまざまの騒乱は無政府状態以外の何ものをも生み出しえない……」

からであり、「政治は外的騒乱の力学だ」からである。[61] こうした世界の騒乱は、自我それ自体と同一の強制的に明白な必然性に従わされなければならない。またこうした強制を有効ならしめるためには、この強制が実際には人間的なものであること、すなわちそれがまさしく人間性に由来することが論証されなければならない。認識論がもつ政治的・倫理的課題はこの論証を行なうことである。認識論は人間の持つ人間性が強制的必然性であること、したがってそれが無政府状態からの救済をもたらすことを示さなければならない。

ここでわれわれが実際に手にしているものが、われわれに手渡された断片的な材料から、大した困難もなく描かれうる一般的輪郭を持ったシステムであることは、これまでのところで明らかであろう。ブロッホのシステムの基本的な特徴は、長い年月の間に強調点の推移はあるものの初めから固定されたままであるため、右のことはなおさら魅惑的である。このシステムの内部では、認識の時間を止揚する機能とその同時性とが、二つの具体的な問題に適用されることによって論証されなければならなかった。すなわち、それは世界の無政府性を廃棄すること、言い換えれば完全に無世界的な自我と完全に非自我的な世界とを調整できなければならなかったのであり、さらにそれは「神話的予言」を「論理的予言」によって置き換え、その結果、記憶が過去を現在にひき寄せることで過去の壊れやすさからそれを救うのと同じ確実性をもって、現在との同時性を未来に強制しなければならなかったのである。それは「記憶と予言との統一性を論証」しなければならなかったのであり、[62]『ウェルギリウスの死』はこのことを詩的に呼びおこしたにすぎない。

最初の問題に関するかぎり、自我と世界とを調整することは、すなわち自我を極端な主観主義から取り戻すことであり、この極端な主観主義において「人間のあらゆる『属性』は」「自我に属する」ことになり、「人間のあらゆる『所有』物は自我の近くに存在し、残るすべて、世界の残余全体は……異質で、自我に敵対的であり、死を孕む」のである。(63) この問題に関するかぎり、ブロッホは、かれ以前の真正な主観主義のすべてが歩んだ道をただ踏襲したにすぎないように思われる。その最大の前任者はライプニッツにほかならない。それは「予定調和」の道であり、「設計も土台も同じ二つの家」を建てる道である。「しかし、それらがア・プリオリに完成を許さない無限の広がりを持つがゆえに、これらの家は見た目には異なる角から組み立てられるとしても、その無限の建築時間の間に、それらの角は次第次第に一致していく。しかし実際には、完全な同一性はけっして達成されえないのであり、たとえ望んだとしても、得られるものは交換可能性にすぎない(64)」。

人間は如何にして「自己の本性と外的世界の本性の間の最も内的な近似性を直観的に把握し」うるかという設問に対し、(65) ブロッホの回答は「予定調和は論理的必然性である」ということであった。(66) この回答をもって、たしかにかれはライプニッツばかりか、あらゆる単子論者の通常の理論を超える決定的な一歩を踏み出したのである。予定調和が論理的必然性をもつということは、ブロッホが(まさしくフッサールの線にそって、かれは他の重要な示唆もフッサールに負うている)、「私は思う」ということはすべて「私は何かを思う」ということであるところから、対象(すなわち世界のモデル)はすでに思考という行為のなかに現われていることを見出したという事実から生じたのである。かくて、自我はそれ自体のなかに非自我の素描を見出し、「思考は自我の分離しえない部分ではあるが、それは自我の主観から区別され、それゆえに同時に非自我にも属するのである」(67)。

ここから導かれるのは、自我はエクスタシーにおいて頂点に達する「自我の拡大」、あるいは恐怖において最底辺に達する「自我の剝奪」とは異なる仕方で世界に帰属するということである。自我は、エクスタシーや恐怖とは無縁に世界に帰属する。またここから、世界は外部からのみ経験されるものではないということも導かれる。あらゆる経験に先だって、それはすでに「無意識」のなかに与えられているからである。こうした無意識なるものは非論理的でも非合理的でもない。むしろ、あらゆる真正の論理は必然的に「無意識的なものの論理」を含まなければならず、また「認識論的無意識の領域」における知識に対して自己自身を検証しなければならない(68)。そこに存在するのは、具体的な経験ではなく、あらゆる経験に先行する経験一般の認識――言い換えれば、「経験それ自体」――にほかならない。

認識にとって完全に接近可能な、この同じ無意識の領域に、第二の問題に対する解答が存在する。すなわち、同時性の獲得に熟達すること、過去と同様に未来をも因果的連鎖への隷属から解放することである。しかしここで、過去に対すると同様に未来に対しても共在性を確立することは、無意識的なものに特有な夢想的なものによって達成されるはずである。「人間に、また人間だけに特有な未来への突入は、未来をして現在の一部（にする)」、アリストテレス的論理を超越した論理が、いつの日か未来の新しさを形成するこうした「インスピレーション」を予見できるようになるであろう。「こうしたことがいつの日か達成されるであろうと想定しつつ、これらの領域を形式的に確定すること」[69]は、信頼できる「予言の論理」を提示すること以外の何ものでもない。それはわれわれに「あらゆる可能な未来の経験の輪郭」を提示するであろうからである。この「論理的予言」の対象となるのは、あらゆる新しいことのための刺激と「インスピレーション」を生み出す無意識的なものであるが、この「論理的予言」はそれ自体完全に合理的で論理的な学問であり、「まったく自然に……研究を土台にいたるまで発展し深化させることから」流出するであろう。[70]この「新しさの理論」――それは「論理的予言」の別名にすぎない――の前提となるのは、時間それ自体は「最も内的な外的世界」としてみられるのは当然としても、「世界における真に新しい」ことはすべて、「たとえそれが経験的な外観のもとに現われようと」けっして現実的な経験から生ずるのではなく、つねにただ自我の領域から、魂から、心情から、精神から生ずるということである。[71]言い換えれば、認識の主体、「最高度の抽象における人間」とは[72]、世界を自分自身の内部に運び入れる性格を持ち、認識の奇跡は予定調和から、この内的な世界を経験的に与えられた世界と調和させることから生ずるのである。

こうした調和はとくに「システム」によって達成されるのであり、この「システム」は「超克のシステム」として、単に世界と無限の「世界の経験的内容」とを受け容れるだけではなく、「それを超克することによってそれを新たに創り出す」のである。[73]「ロゴスの持つ」こうした創造的「体系化の機能」は、「ロゴスの本質的で唯一の表明」であり、[74]それによってロゴスは「初めて世界を繰り返し新しく創造しなおす」。認識と創造は本源的直観（カント）という神的行為において同一であるだけではない。この同一性は、あらゆる啓蒙とは無縁の論証可能な事実であり、人間の「創造義務」のなかに存在する。この義務において人間は「無限に宇宙の創造を繰り返さなければ」ならないのであるが、[75]それは論理実証主義的論議によっても証明されうる義務である。これは、「未来の統合された科学」において、ミュトスの位置を占めるロゴスである。[76]それは混乱した世界を秩序だった「システム」のもとに復帰させるであろうし、無政府状態のなかで失われた人間を再び必然性の拘束へと導くであろう。

かくて三〇年代の半ば、ブロッホは予感と希望という形式において、ロゴスは科学という筋道によって人間を救うことができるであろうという考え方を表明したのである。かれの生涯の末期、この観念は次のような確信となっていた。「世界のあらゆる内容がまさしく均衡状態に到達できるのであれば、世界が現実に一つの全体的なシステムに、あらゆる部分が相互に他の部分を条件づけかつ支えるようなシステムに形成され、再形成されることができるのであれば、こうした状態——科学はこれを厳密に合理的な領域において追究する——が現実に存在できるのであれば、その時、存在の窮極的な和解が生じていようし、また世界は救済され、人間性が持つ形而上学的で宗教的な熱望はすべてそこに流入しているであろう[77]」。

こうした文章を読むと、おそらくはヨハネ福音書の文言が想起されるであろう。「初めに言葉ありき……言葉は肉体となりて……〈Ἐν ἀρχῇ ἦν ὁ λόγος...καὶ ὁ λόγος σὰρξ ἐγένετο〉」（第一章一節および一四節）。しかし、ロゴスが化した肉体はもはや神話のなかの神の子ではない。それは「最大限抽象化された人間」である。ブロッホが考えたように、もしも肉体となった言葉は人間自身であることが、純理論的・形而上学的な術語ではなく実証主義的な術語によって論証されるとすれば、その時地上では、如何なる超越的飛躍もなしに、「それ自体イメージ的なるもの」に関する論証がなされ、さらに「それ自体イメージ的なるもの」のなかで人間は自分のイメージの本体である神からも独立しているのであるから、時間と死もしたがって止揚されることになる。これこそが地上における人間の救済であろう。

IV　地上の絶対者

こうした方向でブロッホが考え、またかれが断片的な形態のままに残したすべてのものは、「地上の絶対者」という概念、あるいはむしろその概念の発見のなかに本質的に包含されている。もしわれわれが地上の絶対者の真に意味するところを理解しようとするのであれば、初期のブロッホが死を地上の人間存在にとって絶対的なものとして論じていたこと――それは後期の作品のなかにも時折見出される――と、かれの晩年における真の発見とを等置することを避けなければならない。二つの見解に架橋するものはただ——これはたしかに大きなことではあるが——両者ともに死と関連を持つこと、また両者ともに死の体験によって基本的に規定されていることである。しかしそれにもかかわらず、両者の相違は明白である。死が絶対的なもの、生の動かしえない限界として理解されるときには、次のように述べることが可能である。すなわち死以上に「現世から遠く、また生に対して形而上学的な意味をもつ現象はおそらく存在しない」こと(78)、人間の立場からは「永遠の相のもとにある」とは同時に「一時的な相のもとにある」ことを意味すること(79)、絶対的な価値の探究は死、すなわち「それ自体非価値的なもの」によって駆り立てられること、そして実在と自然との唯一の絶対性である死の絶対性は、人間の意志に支えられて精神の絶対性と文化の絶対性とを創造しうる絶対性によって対抗させられなければならないこと(80)、などである。そして明らかに、ブロッホは「死に対する純正な関係が存在せず、今ここにおける死の絶対的な特質が永続的に認知されないところでは、真の倫理はありえない」とするかれの基本的確信をけっして棄てなかった(81)。この基本的確信は事実きわめて強力であったため、かれの『政治学』——すなわち、本来無政府的な事物の領域に対するかれの認識論の適用——においても、ふたたびかれは死を地上の領域に現われる絶対的なものとしてとりあげている。すなわち、死刑が刑罰に絶対的限界を課する自然的極限を意味しているという事実に、かれの法的・政治的体系全体を基礎づけたのである。しかしそれにもかかわらず、ブロッホの地上の絶対者の概念は死だけに関連を持っていたのではない。死に固有な絶対性とは、結局本質的には非地上的である。それは明らかに、いわば死の後においてのみ始まる。それは死によってのみ地上の領域に自己を現わすものであるが、それは死を超えた存在である。このように彼岸的、超越的な絶対者を有限かつ現世的なものに変えることは、事実世俗主義がもつ致命的な罪であり、それが価値の崩壊と世界の解体とをもたらしたのである。

地上の絶対者が死に対して持つ関係は異なった性質を有する。ここに含まれるのは、生における死の意識を廃棄し、生きるかぎり生を死から解放し、生があたかも永遠であるかのようにすることである。認識の機能が「最も内的な外的世界としての時間」を超克し、さらにそれによって、自我の最も近くにあり、したがって自我に対して最も疎遠で最も威嚇的な世界を征服することであるように、地上の絶対者の機能も、「死を孕んだ世界」に対抗しつつ、その核心において、すなわちその認識的核心において自己を不滅とみなしている自我をこうした世界に対決させることによって、生における死を征服することなのである。かれが論理実証主義(非常に特異であるとともに独自な論理実証主義ではあるが)に目を向ける場合でさえも、ブロッホは若いころより基本的にもっていたキリスト教的確信、死と腐朽性とは世界に根ざしているが、しかし不滅性と永遠性とは自我につながれており、それゆえわれわれに死すべきものと思われている生命は実は不滅であり、われわれに永遠と思われている世界は実は死のえじきである、という確信に固執していた。

論理実証主義への転換は、地上の絶対者という概念のなかに最も明らかに示されているが、それはもちろん、もともと世俗化の過程に対する不満として投げられたブロッホの時代批判を無言のうちに修正するものであった。こうした修正は、結局「新しい神話」への希望が「実証主義的非神格化」が必然となったという確信へと転換したことのなかに最もあざやかに示されている。しかし、おそらくはこうした転換を生み出したであろう問題、またブロッホが死後に発見された認識論の二つの遺稿（「体系の概念」および「文章論的・認識論的単元」）のなかで論理実証主義的術語を用いて答えようとしていた問題――こうした問題は、次のように定式化することができよう。自我は自己の不滅性の確信を何から得るのであるか？　この確信の根拠はそのままこの不滅性の確証ではないであろうか？

同じ問題を、もっぱら死によって方向づけられていた初期の価値論と結びつけるならば、この問題は次のように定式化できるであろう。純粋に消極的な死の体験――自我の核によってけっして予見されることがないため純粋に消極的な――は、人間（絶対的な無世界性のなかで自己の不滅を知る）を突如として恐慌状態におとしいれはしないか――またこの純粋に消極的な死の体験は、不滅なものと絶対的なものが死と同様の確実性と現実性をもって現われるような積極的体験によって補完されはしないか？　その答えは、次の文章のなかに凝縮されている。これが書かれたのは初期のことに属するが、かれ自身晩年にいたるまで、その意味を十分把握してはいなかった。「形式論理の構造は物質的基盤に依存する」[82]。

ブロッホの思考の系列をあえて単純な形に要約するなら、認識は、科学における基本的に異なる二つのタイプに照応する二つの知識のタイプのなかに現われる。第一に、帰納的経験科学があり、これは事実から事実へ、探究から探究へと手探りしつつ発展するのであり、原則として非限定的で、完結不能であり、進歩のためには新しい事実と新しい発見の無限の連続を必要とする。第二に、演繹的形式科学があり、これはいわば自己の内部よりその公理的回答にいたるのであり、明らかにあらゆる経験的事実から独立している。ブロッホにとって最も重要な帰納型の科学は物理学であり（もっともかれは、説明のためにはしばしば考古学を例として用いていた。この学問の場合、遺跡の「発掘」ということが、あらゆる経験科学の発展に不可欠な新しい「発見」に照応しているからである）、他方古典的な演繹的科学は、もちろん数学である。事実についての単なる知識を超えた真の認識は、システムを形成する演繹的科学においてのみ達成されうると、かれは主張していた。数学が、物理学者によって観察された経験的事実に適合する定式を演繹した後においてのみ、物理的事実に関する科学的理解を語ることができるのである。

帰納的科学と演繹的科学との間のこうした関係は、「原体系」と「絶対的体系」とに関するブロッホの区別に照応する。(83) 原体系は世界の直接的な支配、その同化に役立つものであり、動物の生命も含めたあらゆる生命が持続するための前提条件をなすものである。他方、絶対的な体系は、それを完全に達成することは人間には不可能であるが、それ自体のなかに「かつて世界に生じた、あるいは生じうるいっさいの問題に対する解答」を含むものとなろう。「……要するに、それは神の認識体系となろう」[84]。一見したところでは、人間の認識体系はこれら二つの体系、全生命の体系と神の体系との中間にあるかのように思われるが、しかし、それにもかかわらず、この両者は帰納的方法と演繹的方法とが対立しあうように、相互に対立しあったままなのである。

上記の論究に引続いて、こうした対立の除去、あるいはこうした対立の皮相性が立証される。このことはまず、原体系から絶対的体系にいたる橋、あらゆる認識過程に特有な反復の上に築かれた橋の存在を証明することによって達成される。第二は、絶対的に演繹的な体系のごときものは存在しないことを証明することである。むしろ、あらゆる形式的体系の基盤はつねに経験的である。このことは、あらゆる体系は自己に超越する基盤に依存するものであり、それはかかる基盤を絶対的なものと想定せざるをえないこと、さもなければ、それは多様な演繹の連鎖を開始することさえできなくなってしまうこと、を意味している。

原体系から絶対的体系への橋は、一方では純粋に帰納的科学から演繹的知識への橋を意味するとともに、他方では動物から人間を経て神に到る橋を意味するものであるが、それは次のような形で生ずる。原体系は「知られ」てはいるが、「理解され」てはいない「経験」の体系である。こうした形の知識は、あらゆる経験に内在するものであり、経験なしには存在しえないものであるが、それは実際にはすでに「知ることについて知ること」という最初の反復のうちにある。こうした反復なしには、記憶もありえないし、しかも記憶

はあらゆる経験に所属する。ブロッホは、それを意識と同一視しながら、またそれを動物にもありとしているのである。(85)

この知ることについて知ることとは、世界と直接的に結びつけられたままにある。それは、世界の事物をその具体的な事実性において直接的に支配することを可能にする。それが支配しないところのものは、世界の世界性であり、ブロッホはそれを世界の根源的「非合理性」において(政治的表現を用いるならば、その「無政府性」において)与えられたものとみている。「認識の体系」は今やこの世界性の支配を完成することに着手する。そしてそのことは、それがすでに自己を世界の具体的な事物から解き放ち、したがって世界の世界性、かくのごときその「非合理性」を把握することができ、かくて絶対的体系の予備的形態となることが可能である。直接経験とそれに必要な「知ることについて知ること」とは、もはやここでの問題ではなく、問題はむしろ「知ることについて知ることについて知ること」、言い換えれば、再度の反復であり、それはしかし、最初の反復である「知ることについて知ること」から自然に流れ出るものである。

知ることについて知ることから成る原体系においては、真の知識はまだ達成されていないし、また生命ある存在は単にその経験を意識するようになるだけであるが、このような原体系と神の絶対的体系との間には、実証主義的に論証されうるような反復的段階の連続的系列が存在する。ブロッホは、「『経験的内容』が減少し、『認識的内容』が増大するのに応じて一つの体系の上に他の体系を重ねていくという——原体系から出発し、あらゆる段階を経て絶対的体系に到る——ある種の成層化された体系の配列を考えること」に対してわれわれにはっきり警告しているにもかかわらず、かれ自身は「進歩の方向が……常にとはいわぬまでも大体において認識的内容を増大させ、表現可能性を減少させる方向にあることは……明らかである」と考えていた[86]。地上的絶対者の実在性を裏づけるためにこうした論証を行なうことの意義は、その存在を前提とする認識的操作と単純な経験との間にみられる密接な関係に存する。それは、経験を認識的な知識に結びつけ、その結果として、あたかも絶対的な何かが地上のあらゆる生活の諸条件のなかから生ずるかのようにみせかける不断の連続性のなかに存するのである。

こうした考察は二つのことを目的としている。それはまず、絶対者の地上的起源を示し、それが客観的には有機的生命の進化に由来することを示すのである。同時にそれは、あらゆる演繹的体系が体系自体からは得られない絶対的に経験的な基礎に依存することを論証する。すなわち逆にいえば、あらゆる形式は内容を侵害するものであることを示すのである[87]。言い換えれば、まさにその本質によって地上的なものが絶対的なもののなかに入りこんでいくこと、いわばそのなかに成長していくことの論証は、あらゆる絶対的なものには地上的なものが付着しているという逆証明とパラレルなのである。このことは数学の場合に最も明白である。数学においてまさに数学的なものは、明らかに数学的に証明ないし論証しえない。それは数学にとっては「未知のプラス」であり、それは数学の外部に横たわる領域に存在する。このことは、あらゆる数学が発生する現実的基盤、ブロッホが「数それ自体」と同一視した現実的基盤についても、数学的理解を発展させる「課題の刺激」についてもともにあてはまる。事実、数学はその進歩を物理学に負うているのである。[88] しかし、このことはまた認識論、あるいは論理それ自体にとっても真実である。それはまず数学に「数それ自体」を与え、それゆえ第一に数学的演算の基礎を置いたと考えてもよかろう。「論理学者は、かれ自身の研究に対して、数学者がかれ自身の研究に対するのとまったく同様に、素朴に現実主義的な関係をとる。すなわち一方では——少なくともかれがかれの考察を次の高次の段階に、超《メタ》論理の段階に移行させないかぎり——、かれは全体としての論理的体系に関する知識、および特殊な考慮を必要としない研究上の自明な付随物としての論理的操作可能性に関する知識を念頭から去らせるであろうし、他方では、そうした知識の主体あるいは担い手に対して、数学者よりもわずかな注意しか払おうとしないであろう[89]」。

かくて、演繹的科学、すなわち論理学と数学とが、つねに必然的に見落としているものが二つあることになる。第一に、それらは論理学や数学をまさに現にあるがごとくしているもの、すなわちその論理性あるいは数学性をみることができないのであり、それは人間が自分の立っている地面そのものをみることができないのと同様である。第二に、それらは論理的かつ数学的操作の主体を観察することができない。それらはつねに、自分自身ではなく、いわば自分自身の影をみているにすぎない。ところで、数学における数学性、言い換えれば「数それ自体」は数学にとって、当然「絶対的なもの」であるはずである。そして、このまさに絶対的なものは数学に対して外側から与えられたものであり、数学自体の体系の外部に存在することが論証される。この絶対的なものは絶対的に超越的なものではなく、それが数学的体系の外側に求められなければならないとしても、経験的に与えられたものに相違ない。科学はつねに自分自身にとって絶対的なものを「一段高次の」科学から受けとるのであり、その結果諸科学のヒエラルヒーが生ずるのであるが、このヒエラルヒーの原則は、すべてを包含する統一的・体系的な方法で把握しうるといってよいであろう。物理学はその絶対性を数学から受けとり、数学は認識論から、認識論は論理学からそれぞれの絶対性を受けとり、論理学は超論理に依存するのである。

しかし、絶対的なものがそれぞれの場合に異なる形で科学から科学へ、認識体系から認識体系へと手渡され、そのすべての場合において科学と認識とをとにかくも可能とするこうした連鎖は、無限に連続可能でも反復可能でもない。いずれの場合にも、絶対的なものとして、すなわち絶対的な基準として機能しているもの、またそれを用いている人にとっては、まさにかれがそれを用いているがゆえに観察されないものは、その基準を用いている主体である。それは「みる行為それ自体」であり、それは物理学における「物理学的人間」であって、それは「数学的人間」すなわち「数それ自体」の担い手や、論理的人間、すなわち「論理的操作」それ自体の主体に対応する。かくて、こうした諸科学における絶対的なものは、「内容的」に与えられるだけではなく——どの科学も、その内容が外部からもたらされるのでなければ機能しえない——、その起源もまたまったく地上的で実証的なものであり、それを認識論的な術語でいうなら、それは論理実証主義的な基礎において論証可能なもの、すなわち「最も抽象化された人間的人格」である。この抽象の内容は「みる行為それ自体」から数える行為それ自体へ、さらには論理的操作それ自体へと変化しうる。このことは、肉体、霊魂、精神という属性をすべて備えた人間があらゆる事物の尺度になることを意味するのではなく、人間が認識の主体、すなわち認識行動の担い手以外の何ものでもないところから、人間が絶対的なものの源泉であることを意味する。絶対的なものの起源は、その絶対性、必然性、強制的有効性において、現世に属しているのである。

ブロッホは、かれの地上的絶対者の理論がそのまま政治に適用されうると信じていた。「凝縮された」『大衆心理学』の二つの章のなかで、かれは、断片的にではあるが、実際にかれの認識論を現実政治の諸観念に移し変えたのである。かれの考えによれば、このことが可能なのは、かれがあらゆる政治的行動を、かれの認識論において中心的役割を果たしたような行為についての考え方によって解釈したからであった。この行為は本来的に無世界的なものと考えられ、あるいはかれ自身の表現によれば、「暗箱のなかに」あるものと考えられるのである。(90) 言い換えれば、かれは実際には政治的行動に、あるいはとにかくも行動に関心を寄せていたのではない。かれが望んでいたのは、かれの青年時代にかれが提起した問題、すなわち「それでは、われわれは何をすればよいか」という問題に答えることであった。

行動すること《アクティング》と処理すること《ドゥイング》とは、思考することと知ることとが違うように異なっている。ちょうど知ることが、考えることとは反対に認識という目標と認識という課題を持つように、処理することも特殊な目標を持っており、それを達成するためには特殊な基準によって支配されざるをえないのに対して、行動することは、たとえ達成されるべきものが存在しなくても、人類が共存しているところではどこにでも生ずる。処理することや生産することはすべて必然的に目的－手段の範疇に拘束されるが、この範疇も行動することに適用される場合には、つねに破滅的であることが判明するであろう。処理することは、生産することと同様に、「行動」の主体が獲得されるべき目標と生産されるべき対象とを十分に知っているという前提から出発しており、したがって唯一の問題はそれらの目標を達成するのに適した手段を発見することである。こうした前提は、帰するところ、単一の意思しか存在しない世界、あるいはそのなかのあらゆる行動的自我主体が相互に十分孤立しており、そのためそれらの目的や目標相互間に抵触が生じないようにしつらえられた世界を前提としている。行動については、正反対のことがあてはまる。そこには、交差しあい抵触しあう無限の意図と目的とが存在しており、その複雑な無限性においてすべてを一挙にとり出すならば、それは各人がかれの行動を投げ入れなければならない世界を意味するであろう。ただこの世界においては、如何なる目的も如何なる意図も、それが最初に意図されたままの形で達成されることはないのである。こうした記述でさえも、またあらゆる行為に必然的に伴う挫折の可能性とか、行動の表面的空虚さといった説明でさえも不適当であり、誤解に導く恐れがある。というのは、それは実際には処理するという観点から考えられており、したがって目的‐手段の範疇によっていることを意味しているからである。こうした範疇の内部では、われわれはただ福音書の「かれらは自分たちの行なっていることを知らないからである」という言葉に同意できるだけである。この意味では、行動している人間は誰も、かれが何を処理しているのかを知らない。かれはそれを知りえないのであり、また人間の自由のゆえに知ることを許されないのである。自由は人間の行動の絶対的な予測不可能性に依存しているからである。われわれがこれを逆説的に表現しようとするならば――われわれが処理することの基準をもって行動を評価しようとするならば、つねに逆説にまきこまれることになろう――、われわれは次のようにいうことができよう。すなわち、悪しき目的のためになされるあらゆる善き行動は、実際には世界に善の一片を付加するであろうし、善き目的のためになされるあらゆる悪しき行動は、実際には世界に悪の一片を付加するであろう、と。言い換えれば、処理することや生産することにとっては、目的が全面的に手段を支配しているのに対して、行動することにとってはちょうど逆のことがあてはまる。すなわち、そこでは手段がつねに決定的な因子なのである。

ブロッホは認識論的には自我を「暗箱」のなかに無世界的に置いたために、かれは当然に行動することを処理することの意味で解釈し、行動者を生産することの意味で、すなわち孤立した自我、特定の行為の主体として解釈した。しかし、もっとはるかに重要なことは、芸術家としてのかれが、処理することを一種の世界創造と解釈したことであり、さらにはそれにある種の「世界再創造」を要求したことであった。かれはこの「世界再創造」を最初は芸術的活動に要求していたのである。もし政治が、かれが政治に対して要求したものになっていれば、それは実際には「倫理的な芸術作品」となったであろう。処理することにおいて、人間の二つの基本的な能力が一致する。その一つは文学に含まれる創造的能力であり、他の一つは科学に含まれる認識的世界支配能力である。それゆえに、ブロッホにとって政治はまさしく芸術であり、世界創造は科学となり、同時に科学は芸術となる。たしかに、かれはこの問題をこうした形で論じてはいない。しかしわれわれが持っている断片的な材料は、少なくともかれの基礎的概念の輪郭を推測することを可能にしているのである。

いずれにしても、これが窮極的な分析においてかれの認識がめざしていたものである。すなわち、それは行為を望んでいたのである。文学は何ごとをも処理しなかったがゆえに、ブロッホは文学から離れ、哲学は単なる観想と思弁に限られていたがゆえに、かれはそれを拒否し、最後にはかれのすべての希望を政治に託した。ブロッホの中心的な関心はつねに救済、死からの救済にあったが、かれは政治学においても認識論や小説におけると同様に救済に関心を寄せていた。ここで救済へと方向づけられた政治におけるユートピア的要素を見逃すことはできない。しかしそれにもかかわらず、われわれはブロッホをかれの具体的な思考において導いた現実主義を過小評価することを警戒しなければならない。それはまた、かれが認識論のなかに見出した地上の絶対者を、独断的かつ無分別に政治に適用することをかれに避けさせたのである。

ブロッホは窮極的に地上の絶対者を信じていた。かれは地上において絶対的な何かが発見され、論証されうるという、また政治的領域――すなわち、地上の生活条件のなかで人間が本来的に無政府的に集積している――においてさえある限られた絶対性が含まれるという洞察によって慰めを得ていた。このことは、「人間の権利」についての新たな宣言の源泉となりうる「絶対的正義」のごときものが存在しなければならず、それは政治的現実に対して、数学が物理学に対して持つのと同じ関係を持つであろうということを意味している。この「絶対的正義」の支配のもとで、権利を生み出す、あるいは「権利を創出する（それゆえ、権利を志向する）主体」は、まさに「物理学的人間」あるいは「みるという行為それ自体」に対応するであろう。[91] こうした洞察は、ますます「最も抽象化された人間」に集中されていく傾向にあるが、ブロッホはこれによって、ちょうど数学者が物理空間の事実に満足する用意があるように、政治的領域の事実に満足することができたのである。かくておそらく、かつてかれが政治生活の事実と可能性とを定式化するのに用いた美しくも詩的な寓話は、かれには数学的公式のような何ものかに見えたに相違ない。それは羅針盤に描かれた図形の話である。「羅針盤の機能は、世界のどの方角に歴史の風が吹いているかを示すことにある。その図によれば『権利が力を作る』は天国を指し、『力が悪を作る』は煉獄を指し、『悪が力を作る』は地獄を指しているが、『力が権利を作る』は地上の普通の生活を指している。しかも、人間性を圧倒するほどに怒号する恐れがあるのはつねに悪魔の嵐であるところから、たとえ天国の微風——地球上のあらゆる場所においてもはや死刑が存在しなくなるような場合——を望んだところで、奇跡は来るべくしなければ来ないことを知っている人間は、通常は控えめに地上的な『力が権利を作る』ことに満足する。『権利が力を作る』という奇跡は、何よりもまず権利が力を持つことを要求する[92]」。

われわれはこうした文章の背後に、ブロッホが語らなかったことを、またこの文脈のなかでは多分語ろうとさえしなかったことを明瞭に感じとる。われわれは『ウェルギリウスの死』から、また『誘惑者』における医師の人物描写から、ブロッホにとって他の人々との関係はすべて窮極的には「助力」という観念に、救いを求めるどうしようもない声に、支配されていたことがわかる。「倫理的要求」の絶対性（「概念の統一性は侵されず、倫理的要求を侵さない[93]」）をかれは当然のこととみなしていたため、それを論証する必要さえないものと考えていた。「倫理的要求の目標は絶対的なもの、無限なもののなかにある[94]」。このことは、あらゆる倫理的行為は絶対的なものの領域において遂行され、相互に助力を得ようとする人間の要求は、けっして終らず、つきることがないことを意味している。まさしくブロッホは、救いが求められている時救いを与えるためには、どんな仕事も活動もただちに放棄すべきことを当然と考えていたように、文学が「認識における絶対的なものへの義務」を満足しうるかどうかを疑い始めたとき、かれは窮極的には文学を放棄せざるをえなかったのである。(95)とりわけかれは、文学と認識とが、何が必要とされているかという知識から、必要とするものの救済へと、かつて跳躍することに成功したことがあるかについて疑い始めていた。ブロッホがしばしば口にした「使命」、かれがあらゆるところにみていた「免れ難く課せられた仕事」は、かれが論理と認識論のいたるところでそれに遭遇し、その存在を論証したにもかかわらず、窮極的にはいささかも論理的でも認識論的でもなかった。この使命は倫理的命令であったし、避けることのできない仕事とは人々の救いを求める声だったのである。

原注

(1) このエッセイのなかで用いられている「詩人」とは、ドイツ語の Dichter (詩人・作家) の意味である。

(2) "Gedanken zum Problem der Erkenntnis in der Musik," in *Essays* (Zürich, 1955), II, 100.

(3) "Hofmannsthal und seine Zeit," *op. cit.*, I, 140.

(4) 残念ながら、死後発見された手稿から、ブロッホはそれを『遍歴者〈*Der Wanderer*〉』と呼ぶつもりであったことが明らかになったが、それはすでに遅きに失した。しかし、それは無意味な事実ではない。それによって、かれの最後の改訂版においては、ブロッホはマリウス・ラッティではなくて、医者をこの本のヒーローと考えていたことが証明されるからである。

(5) この再構成の奇蹟は、現在の版ではもはやみることができない。そこでは、第二版と第三版(第三版が最後のものである）とが読みやすさのために統合されているからである。

この論文は、ラシェル・ベスパロフの『イーリアスについて』（ニューヨーク、一九四七年）への序文であり、英語で書かれ、かつ出版されている。

（6） "Hofmannsthal...," *op. cit.*, I, 105.

（7） *Ibid.*, p. 49.

（8） *Ibid.*, p. 55.

（9） *Ibid.*, p. 96 ff.

（10） "Die mythische Erbschaft der Dichtung," *op. cit.*, I, 237.

（11） ゲーテの「すべての私の作品は長期にわたる告白の諸断片にすぎない」に言及したもの。Hugo von Hofmannsthal, *Selected Prose*, transl. by Mary Hottinger, Tania and James Stern, introd. by Hermann Broch (New York, 1952), p. xi を参照。

（12） "Die mythische Erbschaft...," *op. cit.*, I, 246.

（13） "James Joyce und die Gegenwart," in *Essays*, I, 207.

（14） "James Joyce...," *op. cit.*, I, 208.

（15） "Die mythische Erbschaft...," *op. cit.*, I, 263.

（16） *Ibid.*

（17） "James Joyce...," *op. cit.*, I, 195.

（18） "Hofmannsthal...," *op. cit.*, I, 206.

（19） "Das Böse in Wertsystem der Kunst," *op. cit.*, I, 313.

（20） "Hofmannsthal...," *op. cit.*, I, 59.

(21) "James Joyce...," *op. cit.*, I, 210.
(22) *Ibid.*, p. 184.
(23) "Hofmannsthal...," *op. cit.*, I, 65.
(24) *Ibid.*, p. 60.
(25) *Ibid.*, p. 125.
(26) Hugo von Hofmannsthal, *op. cit.*, p. xv.
(27) *Ibid.*
(28) "Das Böse...," in *Essays*, I, 313 (First published in 1933).
(29) "Das Weltbild des Romans," *op. cit.*, I, 216.
(30) "Politik. Ein Kondensat," *op. cit.*, II, 227 をみよ。
(31) *Ibid.*, pp. 232 f.
(32) *Ibid.*, p. 248.
(33) *Ibid.*, p. 243.
(34) "Das Weltbild...," *op. cit.*, I, 231 をみよ。
(35) "Gedanken zum Problem...," *op. cit.*, II, 100 をみよ。
(36) "Über syntaktische und kognitive Einheiten," *op. cit.*, II, 194.
(37) "Politik...," *op. cit.*, II, 204.
(38) *Ibid.*, p. 217.
(39) *Ibid.*, p. 255.
(40) *Ibid.*, p. 248.

(41) "James Joyce...," *op. cit.*, I, 197.

(42) *Ibid.*, pp. 203-204.

(43) Hugo von Hofmannsthal, *op. cit.*, p. xi.

(44) "Das Böse...," *op. cit.*, I, 330.

(45) "James Joyce...," *op. cit.*, I, 203.

(46) "Werttheoretische Bemerkungen zur Psychoanalyse," *op. cit.*, II, 70.

(47) "Über syntaktische...," *op. cit.*, II, 168.

(48) *Ibid.*, pp. 201 f.

(49) "Die mythische Erbschaft...," *op. cit.*, I, 239.

(50) "Werttheoretische Bemerkungen...," *op. cit.*, II, 74.

(51) *Ibid.*, p. 73.

(52) *Ibid.*, p. 74.

(53) "Der Zerfall der Werte. Diskurse, Exkurse und ein Epilog," *op. cit.*, II, 10.

(54) "Gedanken zum Problem...," *op. cit.*, II, 99.

(55) "Über syntaktische...," *op. cit.*, II, 158.

(56) *Ibid.*, p. 153.

(57) "James Joyce...," *op. cit.*, I. 209.

(58) *Ibid.*, p. 192.

(59) *Ibid.*, p. 193.

(60) "Politik...," *op. cit.*, II, 209.

(61) *Ibid.*, p. 210.
(62) "Die mythische Erbschaft...," *op. cit.*, I, 245.
(63) "Politik...," *op. cit.*, II, 234.
(64) "Über syntaktische...," *op. cit.*, II, 169.
(65) *Ibid.*, p. 151.
(66) "Das System als Welt-Bewältigung," *op. cit.*, II, 121.
(67) "Werttheoretische Bemerkungen...," *op. cit.*, II, 67.
(68) "Über syntaktische...," *op. cit.*, II, 166.
(69) "Die mythische Erbschaft...," *op. cit.*, I, 244.
(70) *Ibid.*, pp. 245–46.
(71) "Über syntaktische...," *op. cit.*, II, 187.
(72) "Politik...," *op. cit.*, II, 247.
(73) "Das System...," *op. cit.*, II, 111 ff.
(74) "Über syntaktische...," *op. cit.*, II, 200.
(75) "Politik...," *op. cit.*, II, 208.
(76) "Über syntaktische...," *op. cit.*, II, 169.
(77) "Gedanken zum Problem...," *op. cit.*, II, 98.
(78) "Das Weltbild...," *op. cit.*, I, 231.
(79) "James Joyce...," *op. cit.*, I, 186.
(80) "Das Böse...," *op. cit.*, I, 317.

(81) "Hofmannsthal...," *op. cit.*, I, 123.
(82) "Der Zerfall der Werte...," *op. cit.*, II, 14,
(83) "Das System...," *op. cit.*, II, 122 ff.
(84) *Ibid.*
(85) *Ibid.*, p. 134.
(86) *Ibid.*, p. 123.
(87) "Politik...," *op. cit.*, II, 247.
(88) "Über syntaktische...," *op. cit.*, II, 178 ff.
(89) *Ibid.*, p. 183.
(90) "Werttheoretische Bemerkungen...," *op. cit.*, II, 71.
(91) "Politik...," *op. cit.*, II, 219 and 247 f. をみよ。
(92) *Ibid.*, p. 253.
(93) "Der Zerfall der Werte...," *op. cit.*, II, 40.
(94) "Das Weltbild...," *op. cit.*, I, 212.
(95) "James Joyce...," *op. cit.*, I, 204.

ヴァルター・ベンヤミン――一八九二―一九四〇

I　せむしの侏儒

名声の女神ファーマは、人々に熱望される女神であるがいろいろな相貌をもち、名声というものもカバー・ストーリーの一週間限りの評判から輝かしい不朽の名声にいたるまで多種多様である。死後の名声は他の名声に比べると、それが単なる商品に授けられるものでないため気まぐれなものでなく、むしろ信頼度は高いのであるが、ファーマの相貌のなかでもまれであり、望まれることが最も少ないものの一つである。それによって一番利益を受けるはずの人はすでに世を去っており、もはやそれは売物ではない。こうした商業的でなく、実利的でない死後の名声が、今日ドイツではヴァルター・ベンヤミンの名前と仕事の上に訪れている。ヒトラーの政権掌握とベンヤミン自身の亡命に先行する一〇年たらずの間、このドイツ系ユダヤ人はそれほど有名ではなかったが、雑誌や新聞の文芸欄への寄稿者としては知られていた。その同胞と同世代人の多くにとり、戦争中でも最も暗い時期とされていた一九四〇年の初秋にかれが死を選んだとき、その名前を記憶していたものはごくわずかであった。当時、フランスは降伏し、イギリスは脅威にさらされ、ヒトラーとスターリンの間のまだ無傷のままの条約は、ヨーロッパ最強の秘密警察が密接に協力するという恐るべき帰結をもたらしていた。死後一五年して、ドイツで二巻本の著作集が刊行されるとすぐ、かれの生前を知っていた少数の人々の間での評価をはるかに超える声望がもたらされたのである。だが、最良の人々の判断による評判がどれほど高いものであろうと、それは作家や芸術家の生活を十分保証するものではない。それを保証するのは、名声、すなわちそれほど膨大である必要はないとしても、とにかく多数者の証言だけだからである。したがって、「死後に勝利をかちえたものが生前に勝利を得ていたとするなら」万事が異なっていたであろうと(キケロに唱和して)述べたい衝動にかられてくる。

死後の名声はきわめてまれな事柄であり、世間の盲目や文壇の腐敗を非難することは適当ではない。また、あたかも歴史は競走用のトラックであり、ある競技者があまり速く走りすぎると観客に見えなくなるとでもいうように、それが時代に先行した人々に対する苦い報酬である、ということもできない。むしろ通常は、死後の名声に先んじて仲間うちでの至高の評価が存在する。カフカが一九二四年に死んだ時、かれの数少ない出版物は二、三〇〇部しか売れていなかったが、しかし文学上の友人と、ほとんど偶然にかれの短い散文の断片(小説はまだ一冊も出版されていなかった)に出会った少数の読者とは、かれが現代における散文の巨匠であることを少しも疑わなかった。ヴァルター・ベンヤミンもこうした評価を早くからかちえていたのであり、それは青年時代の友人ゲルハルト〔ゲルショム〕・ショーレムや最初にして最後の門下生テーオドル・ヴィーゼングルント・アドルノ——この二人はともにかれの死後にその作品と手紙を編纂する責務を果たしている——のような、当時まだ無名の人々に限られてはいなかった。(1) 一九二四年ゲーテの『親和力』に関するベンヤミンの論文を公判したフーゴー・フォン・ホフマンスタールからは、ただちに直観的ともいえる高い評価を与えられたし、ベンヤミンの訃報に接して、これはヒトラーがドイツ文学にもたらした最初にして真の損失であると言ったと伝えられるベルトルト・ブレヒトからも同様の評価が与えられた。われわれは、誰にも評価されない天分が存在するかとか、それは天分を持たぬものの白昼夢ではないかといったことについては知るべくもないが、死後の名声が天分を持たぬものに無縁であろうことだけはたしかである。

名声は社会的な現象である。友情や愛情というものは一人の意見で十分であるとしても、(セネカがペダンティックに述べたように)「名声というものは一人の意見では十分ではない」、いかなる社会も何らかの格付けなしには、すなわち事物や人物を等級や一定の形態のもとに配列することなしには、有効に機能しえない。このように必然的に進められる格付けがあらゆる社会的差別のもとであり、いかに現在の世論が反対しようと、差別は社会的領域の構成要因なのであり、それは平等が政治的領域の構成要因であるのと同様である。重要な点は、あらゆる人々が社会の中で自分は何であるか——自分が誰であるかという質問とは性質の異なるものとして——自分の役割と自分の職分とは何であるかという問いに答えなければならないことである。私は独自な存在である、傲慢からではなく、その答えが無意味となるであろうから、というのではもとよりその解答とはなりえない。ベンヤミンの場合、問題は（それが今述べたようなものとすれば）次のようなことを想い起こせば明らかである。ホフマンスタールが、このまったく未知の著者によって書かれたゲーテに関する長い論文を読んだとき、それを「まったく比類がない」と呼んだ。問題はホフマンスタールが文字通り正しかったことに、ベンヤミンの著作が現存する著述のどれとも比較しえないことにあった。ベンヤミンが書いたものすべてにみられる問題は、それが常にユニークなものとなることにあったのである。

それゆえ、死後の名声とは格付けされえない者、すなわちかれらの仕事は現存の秩序に適合せず、また将来の格付けに役立つ新しいジャンルを導くこともないものへの幸運と言えるかもしれない。カフカ流に書こうとした無数の企てがすべて惨憺たる失敗に終ったことは、ただカフカの独自性、どの先人にも帰することができず、またいかなる追随者をも許さない絶対的な独創性を強調するのに役立つだけであった。こうした独自性は社会にとってもっとも妥協し難いものであり、また社会はそれに是認の確証を与えることを常にためらうであろう。率直にいえば、今日ヴァルター・ベンヤミンを文芸評論家およびエッセイストとして推奨することは、一九二四年にカフカを短篇作家および小説家として推奨するのと同様に、誤解をまねくこととなろう。かれの仕事を正しく記述し、われわれの通常の思考の枠組のなかでの著述家としてかれを描こうとするなら、われわれはきわめて多くの否定的な叙述をこころみなければなるまい。たとえば、かれの学識は偉大であったが、しかしかれは学者ではなかった。かれの論題には原典とその解釈に関するものが含まれていたが、言語学者ではなかった。かれは宗教ではなく神学に、また原典自身を神聖なものとみなす神学的な型の解釈に強くひきつけられていたが、神学者ではなかったし、またとくに聖書に関心を寄せてもいなかった。生まれながらの文章家であったが、一番やりたがっていたことは完全に引用文だけから成る作品を作ることであった。かれはプルースト(フランツ・ヘッセルとともに)とサン゠ジョン・ペルスを翻訳した最初のドイツ人であり、またそれ以前にボードレールの『パリ風景』を翻訳していたが、翻訳家ではなかった。書評を行ない、また存命中の作家についても死亡した作家についても数多くエッセイを書いたが、文芸評論家ではなかった。ドイツ・バロックに関する書物を著わし、また一九世紀フランスについての膨大な未完の研究を遺したが、文学史家でも、あるいは何か他の分野に関する歴史家でもなかった。私はかれが詩的に思考していたことを明らかにするつもりであるが、しかしかれは詩人でも哲学者でもなかった。

ただまれに、ベンヤミンが今自分は何をしているかをはっきりさせたいと望んだとき、自分自身を文芸評論家として考えていたし、また仮にかれがこの世である地位を得ることにあこがれていたといいうるなら、(ショーレムがすでに出版されているこの友人にあてた数は少ないが、きわめて美しい手紙のなかの一つで述べているように)「ドイツ文学の唯一の真実な批評家」となることであったろう。その場合でも、それがために社会の有用な一員になるという観念は、かれを不快にしたであろうと思われる。かれがボードレールの「有用な人間となることは私には常に非常にみにくいことに思われる」という言葉に賛同していたことに疑問の余地はない。ベンヤミンは、『親和力』論の序論のなかで、文芸評論家の任務と考えていたものを論じている。かれは解説《コメンタリー》と批評《クリティック》とを区別することからはじめるのである。（批評〈Kritik〉という術語は、通常は批評を意味しているが、ベンヤミンはそれにはふれず、おそらくはそれに気づくことさえなしに、カントが『純粋理性批判』を論じたときに用いたように同じ術語を使っている。）

批評は芸術作品の真実の内容にかかわり、解説はその主題にかかわる。両者の関係は文学の基本法則に規定されており、それによれば、作品の真実の内容が適切であればあるほど、それはその主題とめだたずに、また緊密に結びつけられている。それゆえ、まさにその真実の内容がもっとも深くその主題のなかに埋もれているような作品が持続性を持った場合には、その作品の作られた時代のはるか後になってそれを観照する者には、そこに写されている現実が、すでにこの世界から消え去っているだけにいっそう印象深いものとなる。このことは、最初は作品の中で統一されていた真実の内容と主題とが、後になると分離することを意味している。主題はいっそう印象的なものになりながら、他方で真実の内容はその本来の隠れ場を保持する。それゆえ、こうした印象的なものと風変わりなもの、すなわち主題を解釈することは、後世の批評家の必要要件となり、その必要性は時日の経過につれて増大する。批評家は羊皮紙の文書を前にした古文書学者に擬せられるかもしれない。その色あせた原典は、その原典に言及した書きこみのより強い筆跡によって囲まれているのだ。古文書学者が書きこみを読むことからはじめなければならないように、批評家も原典に注釈を加えることから始めねばならない。こうした活動からただちに批判的判断のための貴重な尺度が生まれるのであり、ここではじめて批評家はあらゆる批評における根本問題——すなわち、作品の輝かしい真実の内容はその主題に由来するのか、あるいは主題が生き残ったことはその真実の内容によるのか——を問うことができる。なぜならば、それらが作品のなかで分離するようになるとき、それらは作品の不朽性を定めるからである。この意味において、芸術作品の歴史が芸術作品に対する批評を準備するのであり、歴史的なへだたりが芸術作品の力を増大させるのもそのためである。ここで直喩を用いて、力を増しつつある作品を火葬用の燃料とみなすならば、その解説者は化学者《ケミスト》に、その批評家は錬金術者《アルケミスト》に擬することができよう。化学者がかれの分析の唯一の対象として薪と灰に託すのに対して、錬金術者はただ焔自体のなぞ、すなわち作品が生き続けていることのなぞにのみ関心をいだく。かくて批評家は、過去の重い丸太と過ぎ去った生涯の軽い灰との上で燃え続ける生きた焰のなかに、その作品の真実を探るのである。

世に知られていない芸術作品について、現実のもつ平凡さを真理のもつ輝かしい不朽の金塊に変ずることを業としている、あるいはむしろこうした不可思議な変貌をもたらす歴史の過程を注視し、解釈する錬金術者としての批評家——こうした人物をわれわれがどのように考えるにせよ、それは、われわれが著述家を文芸評論家として区分した場合普通に思い浮かべるものとほとんど類似点を持たない。

しかしながら、「死んで勝利をかちえた」人々の生涯には、格付けされえないものという純然たる事実のほかにそれほど客観的でない要素も存在する。それは不運の要素であり、ベンヤミンの生涯においてきわめて顕著であったこの要素は、おそらく死後の名声について夢想することもなかったであろうかれ自身が、それについては異常なまでに気づいていたがゆえに、ここで無視することのできないものである。著作のなかでも、また会話のなかでも、かれは、ドイツ民謡集として有名な『少年の魔法の角笛』に出てくるドイツ童話の人物「せむしの侏儒」について語るのが常であった。

Will ich in mein' Keller gehn,
Will mein Weinlein zapfen ;
Steht ein bucklicht Männlein da,
Tät mir'n Krug wegschnappen.

Will ich in mein Küchel gehn,
Will mein Süpplein kochen ;

Steht ein bucklicht Männlein da,
Hat mein Täpflein brochen.

（ぶどう酒を取り出そうと
地下の穴蔵に降りて行くと、
そこにはせむしの侏儒がいて
ぼくからジョッキをひったくった。

スープを作ろうと
台所に入って行くと、
そこにはせむしの侏儒がいて
ぼくの小さなポットがこわれていた。）

せむしの侏儒とベンヤミンとのつきあいは古いものであった。まだこどもの時分こどもの本のなかでこの詩をみつけた時に、はじめてせむしの侏儒に出あったのであるが、かれは一度もそれを忘れたことがなかった。しかし、死を予想しながら、「死の床にあるものの眼前をよぎるといわれているような、……かれの『全生涯』をとらえようと試みたことはただ一度（『一九〇〇年前後のベルリンでの幼年時代』の末尾において）しかなく、そこでは幼ないころからかれをおびやかし、死ぬまでついて離れなかったものが何であり

かれの母親も、ドイツの他の母親たちと同様に、かれの母親も、幼時にありがちな無数の小さな失敗が起こったときには、いつでも「しくじりやさんが宜しくって」と言ったものである。こどもがこうした奇妙なしくじりが何を意味するかを知っていることはいうまでもない。母親はいろいろなものをけしかけてこどもにたちのわるいいたずらをさせる「せむしの侏儒」について語っていたのである。だれかがころぶ時には、「せむしの侏儒」が足をかけたのであり、何かが手から落ちてこなごなになる時には、かれがそれをたたき落としたのである。こどもがおとなになると、こどもがまだ知らなかったこと、すなわち、「侏儒」をみつめることによって——あたかも恐怖の何たるかを学びたいと願う少年のように——「侏儒」を怒らせたのは自分ではなかったということ、むしろせむしの侏儒が自分をみつめていたのであり、しくじりはひとつの不運であったことを知るようになる。「侏儒がみつめていた人間は何も気づいていない。自分のことにも、侏儒のことにも気づいていないのだ。気づいてみると、驚いたことにこなごなになったかけらの山の前に立っているのである」(『著作集』第一巻、六五〇—五二ページ)。

最近その書簡集が出版されたおかげで、今ではベンヤミンの生涯を大まかに描くことができる。かれ自身が自分の生涯をこなごなになったかけらの山とみていたことには、ほとんど疑問の余地がないため、その生涯をそうしたものとして語りたくなるのも当然であろう。しかし、重要な点はかれが神秘的な相互作用、すなわち「人間の弱点と天賦の才能とが合致するような」場所について熟知していたということにある。かれはそれをプルーストの診断にたくみに用いている。ジャック・リヴィエールがプルーストについて語ったことを、完全に同意しながら引用するとき、ベンヤミンはもちろん自分自身についても語っていたのであろう。プルーストは「世間知らずのゆえに死んだのであるが、このことがまたかれに作品を書かせたのである。かれは世間についての無知のゆえに死んだ。……火のおこしかたも窓のあけかたも知らなかったからである」(『プルーストのイメージについて』)。プルーストのように、ベンヤミンも「生活条件がかれを押しつぶそうとしているときでさえも、それを」変えることはまったくできなかった。(かれの不器用さはいつもわざわいのただなかか、あるいはその種の何かが待ちうけているところへかれを連れて行ったのであり、まるで夢遊病者であったといってもいいすぎではなかろう。一九三九年から四〇年にかけての冬には、空襲の危険が迫ったことがかれにパリを離れてより安全な場所に移る決意をさせた。ところが、パリにはまだ一度の空襲もなかったが、ベンヤミンがおもむいたモーは軍隊の中心地であり、おそらく当時の数カ月間にあっては、フランスのなかでも最も危険な場所の一つだったのである。)しかしプルーストと同様、かれには災禍を祝福すべき十分な理由があったのであり、民謡の末尾にある奇妙な祈りの文句をくり返して幼年時代のメモワールをしめくくっている。

Liebes Kindlein, ach, ich bitt,
Bet fürs bucklicht Männlein mit.

（かわいいこどもよ、お願いだから
せむしの侏儒のためにも祈っておくれ）

ふり返ってみれば、かれの生涯は業績と偉大な才能と不器用さと不運とによって織りなされた解き難い網に捉えられていたが、それはベンヤミンに文筆家としての生涯をはじめさせた最初の幸運のひとかけらのなかにすら見出すことができる。かれは『ゲーテの親和力論』を友人の好意からホフマンスタールの雑誌『ノイエ・ドイッチェ・バイトレーゲ』（一九二四―二五年）に掲載することができた。この研究はドイツ散文における傑作であり、ドイツの文芸批評という一般的な分野においても、またゲーテ研究という特殊な分野においても依然として独自の地位を占めているが、それまで数回にわたって公刊を拒絶されてきたものであり、ベンヤミンが「この作品のひきうけ手をみつけること」にほとんど絶望しかけていたときに、ホフマンスタールの熱意のこもった賛同がもたらされたのである（『書簡集』第一巻、三〇〇ページ）。しかし、その時には明らかでなかったとしても、そこには決定的な不運も含まれていたのであり、それは当時の条件のもとではかれに与えられたチャンスと必然的に結びついていた。この最初の公刊の成功がもたらしえた唯一の実質的な保証は、大学教授資格の獲得であり、それは当時ベンヤミンが準備していた大学での地位を得るための第一歩であった。たしかに、それはまだ生計をたてることを可能にするものではなかったが――いわゆる私講師は無給であった――、おそらくかれが正教授の地位を得るまでの間、父親の援助を受けることはできたであろう。それが当時ではあたりまえのことだったからである。今日、かれとその友人とが、ごく普通の大学教授のもとでの資格の獲得に失敗するにちがいないとどうして疑いえたかを理解することは困難である。のちになって、それに関係していた教授たちが、ベンヤミンの提出した論文『ドイツ悲劇の根源』の一語も理解しえなかったと述べたとすれば、それは真実を語ったものといってよいであろう。最大の誇りが「大部分引用句から成る作品を書くこと――想像しうるかぎりの気ちがいじみた寄木細工の手法――」であり、論文の冒頭に置いた六つの引用句に最大の強調点を置くような作家を、かれらがどうして理解しえよう。ベンヤミンは六つの引用句について「ほかの誰にも……もっとすぐれた、あるいはもっと適切な引用句を集めることはできない」と語っている(『書簡集』第一巻、三六六ページ)。それはちょうど名匠が手近にある特売品売場で売り物にするためだけに、何か独特な品物を作るのに似ていた。まったくのところ、そこでは反ユダヤ主義も、局外者に対する悪意も――ベンヤミンは戦時中にスイスで学位を得ており、誰の弟子でもなかった――、また何事によらず平凡であることを保証しない事柄に対して向けられる大学人にありがちな疑惑も、ひきあいに出される必要はなかったのである。

しかしながら――ここでしくじりと不運とが入りこんでくるのであるが――当時のドイツにおいては、教授資格を獲得するためのもう一つの道があったのに、ベンヤミンが大学での地位を得る唯一のチャンスをだいなしにしたのは、まさにかれのゲーテに関する論文にほかならなかった。ベンヤミンの著作がしばしばそうあるように、この論文もポレミックに書かれたものであり、その攻撃はフリードリヒ・グンドルフのゲーテ論に向けられていた。ベンヤミンの批判は決定的なものであったが、それでもなおベンヤミンは「既成の大学人」よりは、グンドルフとシュテファン・ゲオルゲのサークルの他のメンバーとからより多くの理解が得られることを期待していた。青年時代ベンヤミンはこのサークルの知的世界に強い親近感をいだいていたのである。当時学界でかなり快適な足場を築きはじめていたこのサークルの一員のもとで大学人としての資格の認定を得るためには、必ずしもそのメンバーである必要はなかったであろう。しかし、かれがすべきでなかったことは、このサークルの最も卓越した、かつ最も有能な学者に激しい攻撃を加えることによって、かれがのちにふり返って説明したように、誰もがかれは「大学についてと同様に……グンドルフやエルンスト・ベルトラムのごとき人々の業績についてもほとんど満足していない」と考えるようにさせたことであった（『書簡集』第二巻、五二三ページ）。事実、これは実際に起こったことであった。ベンヤミンのしくじりあるいはかれの不運は、かれが大学に受け容れられる前に、このことを世間に知らしめたことであろう。

だからといって、かれが相当の注意を払うことを意識的におこたったということはできない。むしろかれは「しくじりやさんが宜しくといっている」ことに気づいていたのであり、他の誰よりも気をつかっていたことを私は知っている。しかし、ショーレムが指摘した「中国的儀礼」(2)も含めて、ベンヤミンはおこるべき危険にいつも奇妙で神秘的な方法で対処し、ほんとうの危険を無視していた。戦争の初期、安全なパリから危険なモーへ——いわば前線へ——逃げ出したのと同じように、かれのゲーテに関する論文は、ホフマンスタールが、かれの雑誌への主要な寄稿者の一人であるルドルフ・ボルヒャルトについての非常に慎重な批判を悪意に解するかもしれないという、まったくいらざる心配をかれに起こさせていた。それにもかかわらず、ベンヤミンは「ゲオルゲ派のイデオロギーに加えた攻撃、……かれらが非難されているのを無視することは困難だと気づくであろう箇所」から は、良い結果だけを期待していたのである（『書簡集』第一巻、三四一ページ）。実際、かれらはこうしたことに気づくのに何の困難も感じなかった。このようなしくじりはベンヤミンが他の誰よりも孤立していたことに、かれがまったくひとりであったことによるものであろう。ホフマンスタール——ベンヤミンは最初の幸福の感激に浸りながらかれを「新しいパトロン」と呼んでいた（『書簡集』第一巻、三二七ページ）——の権威もこうした状況を変えることはできなかった。かれの意見はゲオルゲ派の実力には比較すべくもなかった。この有力なグループの内部では、他のすべての同種のグループの場合と同じく、イデオロギー的な忠誠だけが頼りうるものであった。地位や技能ではなく、イデオロギーだけがグループの一体性を保持しうるからである。政治を超越しているというかれらのポーズにもかかわらず、ゲオルゲの弟子たちは、文筆家としての術策における基本的な原則に十分に精通していたのであり、それはちょうど大学教授が学内政治の基本に精通しており、あるいはジャーナリストやそれに類する人たちが、「陰徳あれば陽報あり」という格言のＡＢＣ

に精通しているのと同様であった。

しかし、ベンヤミンはこうした事実を知らなかった。こうした事態をどう扱ったらよいかをまったく知らなかったし、こうした人々の間でうまく立ちまわることもできなかった。「ときにはあらゆる方面から狼のように押し寄せてくる外面的生活での逆境」(『書簡集』第一巻、二九八ページ)がすでにかれに世間の動き方についてある種の洞察力を与えていたときでさえもそれは同じであった。何とかして堅固な足場を築こうとして順応と協調の努力を試みると、事態はいつでも悪い方に向かったのである。

マルクス主義の観点からするゲーテについての主要な研究は——二〇年代の中頃、かれは入党する一歩手前まで共産党に近づいていた——、そのために書かれたロシアの大百科事典でも、また今日のドイツにおいても、まだ一度も公刊されていない。ブレヒトの『三文小説』についての書評を『ザンムルング』誌に掲載するよう依頼されたクラウス・マンは、ベンヤミンが二五〇フランス・フラン——当時の約一〇ドル——を要求したのにたいして、一五〇フランしか払う意思がなかったので、原稿を返した。ブレヒトの詩集についての評論は、生前には世に現われなかった。最も重大な財政上の困難は、最後に、本来(今も再び)フランクフルト大学の一部であった社会科学研究所がアメリカへ移転したことによって生じた。ベンヤミンは財政的にこの研究所に依存していたからである。研究所の指導的な人物であったテーオドル・W・アドルノとマックス・ホルクハイマーとは、「弁証法的唯物論者」であったが、かれらの意見では、ベンヤミンの思考は「非弁証法的」

であり、「マルクス主義の範疇とはまったく合致しない唯物論的範疇」に移行しており、「無媒介的なもの」であった。ボードレール論に関するかぎりでいえば、かれは「上部構造内におけるある種の目立った要素を……おそらくは因果関係において、下部構造内の対応する要素に直接に」結びつけているとされていた。その結果、ベンヤミンが書き下ろしたエッセイ『ボードレールの作品における第二帝政下のパリ』は、当時の研究所の雑誌にも、死後の二巻本の著作集においても印刷されなかった。（その二つの部分は現在では公刊されている。すなわち、『ノイエ・ルントシャウ』誌一九六七年一二月号に掲載された『散策者』と、『アルグメント』誌一九六八年三月号に掲載された『近代』とである。）

ベンヤミンはおそらくこれまでのところ、マルクス主義運動によって生み出された最も特異なマルクス主義者であるが、この運動が十分に風変わりな人々を含んできたことは、神のみぞ知るところである。かれを魅惑せざるをえなかった理論的な観点は、上部構造論であった。上部構造論はマルクスによって簡単にふれられていたにすぎないが、異常に多くの知識人、すなわち上部構造にしか関心を持たない人々が運動に参加するとともに、上部構造論はこの運動のなかで異常に大きな役割を受け持つことになったのである。ベンヤミンはこの理論をただ発見的 - 方法的な刺激として用いたのであり、その歴史的あるいは哲学的背景にはほとんど関心を持っていなかった。ボードレール論をめぐってかれを魅惑した点は、精神とその物質的表現とがきわめて密接に関連しあっているとすれば、ボードレールの「書簡」を発見することはいたるところで可能であろうし、その場合「書簡」は、相互に正しく関係づけられるならば、互いに他の意味を明らかにし説明するから、ついにはそれに解釈とか解説とかいった論評を加える必要もなくなるであろうという点であった。かれが関心を寄せていたのは、街路の情景、証券取引における投機、詩、思考の間の相互関係、さらにはそれらを結合し、歴史家や言語学者にそれらはすべて同じ時代に存在したものに違いないと判断させうるような隠された傾向であった。アドルノはベンヤミンが「目を大きく見開いて現状を表現する」と批評しているが（『書簡集』第二巻、七九三ページ）、これは肯綮に当たっている。これこそまさにベンヤミンが行なっていたことであり、また行ないたいと思っていたことである。かれは、シュルレアリスムに強く影響されていたので、それは「歴史の肖像を実在の最も無意味な表現のなかで、いわばそのスクラップのなかで捉えようとする企て」にほかならなかった（『書簡集』第二巻、六八五ページ）。ベンヤミンは小さなもの、ときには微細なものに熱中していた。ショーレムは、かれが普通のノートのページに一〇〇行書きこみたいという大望を持っていたことや、クリュニー美術館のユダヤ・セクションで「一同胞が完全なシマー・イスラエル（ユダヤ人の信仰告白）を刻みこんだ」二粒の小麦を嘆賞していたことを語っている。(3) かれにとって対象の大きさはその重要さに反比例するものであった。こうした熱情は、一時の気まぐれとはほど遠いものであり、かれに決定的な影響を及ぼした唯一の世界観、すなわちゲーテのいだいていた確信から直接にひき出されたものであった。ゲーテは根源現象〈Urphänomenon〉の実在性を確信していた。それは現象の世界に発見される具体的な事物であり、そこでは「意味」（最もゲーテ的なことば、意味〈Bedeutung〉はベンヤミンの著述のなかでも再三繰り返されている）と現象、ことばと事物、観念と経験とが一致するのである。事物が小さければ小さいほど、それは最も集約された形のなかに他のあらゆるものを含むことができるように思われる。それゆえ、二粒の小麦が完全なユダヤ人の信仰告白、ユダヤ教の真髄そのものを含んでいるのをみることは、ベンヤミンの大きな喜びであった。それは極小の真髄が極小の実在に現われていることであり、他のすべてのものはそこから生ずるのであるが、いずれもその意味においてその根源となったものには比較するべくもないのである。言い換えれば、最初からベンヤミンを深くひきつけていたものは、決して観念ではなく、常に現象であった。「正当にも美しいと呼ばれているすべてのものについて、逆説的だと思われることは、それがそのように現われているという事実である」（『著作集』第一巻、三四九ページ）。こうした逆説――あるいはもっと単純にいえば、現象への驚異――が常にあらゆるかれの関心の中心にあったのである。

こうした研究がマルクス主義と弁証法的唯物論とからいかに遠いものであるかは、それら研究の中心的表象である「散策者〈flâneur〉」によって確証される。(4) 事物がその隠れた意味のなかにみずからを示すのは、かれにとっては大都市の群衆のなかを、かれらの忙しい、目的のある活動とはまったく対照的にあてどもなく散策するときであった。「過去の真の表象はちらりとしか現われない」（『歴史哲学テーゼ』）のであり、無為に歩きまわる散策者だけがそのメッセージを受けとるのである。アドルノはベンヤミンにおける静的な要素を鋭く指摘している。「ベンヤミンを正しく理解するには、かれのどの章句の背後でも、はげしく動揺しているものが何か静的なものに転換されていることを、まさに運動そのものについての静的な観念が存在することを感じとらなければならない」(『著作集』第一巻、一四ページ)。当然のことながら、こうした態度ほど「非弁証法的」なものはありえないであろう。ここでは、「歴史の天使」(『歴史哲学テーゼ』第九から)は未来へ向かって弁証法的に前進するのではなく、天使の顔は「過去へ向けられた」ままである。「われわれに対しては事件の連鎖が現われてくるところで、天使は唯ひとつのカタストローフをみる。このカタストローフは、廃墟の上に廃墟を積み重ね、それを天使の眼下に投げ出すのである。天使はそこにとどまって、死者をよび起こし、こなごなに破壊されたものを一つに組み立てたいのだ」。(おそらく、これは歴史の終末を意味するのであろう。)「しかし、強い風がパラダイスから吹いてきて」、「天使をあらがいがたくかれが背を向けている未来へと推し進める。しかし他方では、天使の眼下にある廃墟の山は積み重ねられて天にも届くばかりだ。この強い風こそ、われわれが進歩と呼ぶものなのである」。ベンヤミンはこの天使を、クレーの描いた『新しい天使』のなかに見るのであるが、「散策者」はこの天使において、その最終的な変貌を体験する。「散策者」が、群衆によって推し進められたり運び去られたりしているときでさえも、あてどもなく散策するという挙動によって群衆に背を向けているように、「歴史の天使」は、過去の廃墟の堆積しか見ないにもかかわらず、進歩の強風によってうしろを向いたまま未来へと吹き動かされるからである。こうした思考が、首尾一貫した、弁証法的に常識的で、合理的に説明しうる思考過程にわずらわされるなど、おろかなことであろう。

こうした思考が、拘束力のある、一般的な有効性を持った主張をめざすことはないし、またそうした命題に達することもありえないのは、すでに明らかであろう。むしろアドルノが批判的に述べたように、こうした命題は「隠喩《メタフォール》的な命題により」置き換えられる（『書簡集』第二巻、七八五ページ）。直接的にまた実際に論証できる事実や、単純で「意味」の明確な出来事に関心を持つベンヤミンは、理論や「観念」には大きな関心をいだいていなかった。それらはただちにこの上もなく明確な外面的形をとるものではないからである。このようにきわめて複雑ではあるが、しかし依然として高度にリアリスティックな型の思考にとっては、上部構造と下部構造との間のマルクス主義的関係は、厳密な意味で隠喩的なものとなった。もしも、たとえば——これはたしかにベンヤミンの思考の核心にあったのだが——抽象的な概念「理性〈Vernunft〉」が「感知する」あるいは「聞く〈Vernehmen〉」という動詞から派生したものとすれば、上部構造の領域に属することばはその感覚的な下部構造に対応するものと考えられるであろうし、あるいは逆に、もしも「隠喩」がその本来の、非寓意的な意味である「写す〈metapherein〉」という意味で理解されるならば、ある概念はそのままある隠喩へ変化させられるとも考えられよう。隠喩《メタフォール》は、その直接性において感覚的に認知され、解釈を必要としない関係を設定するのに対して、寓話《アレゴリー》は常に抽象的観念から生じ、さらにその寓話を象徴する何か明白なものをほとんど自由に案出することになるのである。寓話は、それが意味のあるものとなりうる前に、説明されなければならないし、説明はその寓話が示しているなぞを解き明かすものでなければならない。そのため、厄介なことの多い寓話的表象の解釈は、骸骨によって死を寓話的に示すといった程度以上の工夫が要求されない場合でさえも、不幸にも常にパズルを解く苦労を思い出させることになる。ホメロス以来、隠喩は認識されたものを詩的なものによって伝達する方法を生み出したのであり、その使用は物理的に著しくかけ離れたものの間に対応関係を設定する。たとえば、『イーリアス』のなかでアカイア人の胸中にたかまる怖れと悲しみとは暗い水上を北風と西風とが呼応して吹き寄せてくることに照応しており（『イーリアス』IX、一―八）、また戦場へ向かう軍隊が列をなして次から次へと近づいてくる様子は、海の長い波のうねり、風にあおられて水面高く逆巻く波頭、次々に海岸線に押し寄せるうねり、さらには轟音とともに砕け散る波のしぶきに照応するのである（『イーリアス』IV、四二二―二八）。隠喩は世界の一元化を詩的に達成する手段である。ベンヤミンについての理解を困難にしているものは、かれが詩人となることなしに、詩的に思考していたことであり、それゆえに隠喩を言語における最大の武器とみなさざるをえなかったことであった。言語に「移すこと」によって、われわれは不可視的なものに物質的な形態を与えることができ――「強力な要塞はわれわれの神である」――、かつ不可視的なものを体験可能なものとするのである。かれは上部構造の理論を形而上学的思考の窮極的な原理として理解することに何の苦労もなかった。なぜならば、まさにかれは大して苦心することなく、「媒介物」を避けて、上部構造を直接に「物質的」下部構造に関係づけたからであり、かれにとって下部構造は感覚的に経験された素材の全体性を意味するものにほかならなかったからである。かれは明らかに、他の人々が「俗流マルクス主義者」とか「非弁証法的」思考とかのレッテルをはりつけたものに、ひきつけられていたのである。

ベンヤミンの精神生活は、ゲーテによって、すなわち哲学者ではなく、詩人によって形成され、鼓吹されたこと、かれは哲学を学んだけれども、かれの関心はほとんどもっぱら詩人と小説家によって喚起されたこと、したがってかれは弁証法的にであれ、形而上学的にであれ、理論家とよりも詩人と交流するほうが容易であることに気づいていたであろうこと、これらのことは事実であったように思われる。かれのブレヒトとの友情――これは、この時代の最も偉大なドイツの詩人とこの時代の最も重要な批評家とが出会ったという点においてユニークなできごとであった。そして両者ともにこうした事実に気づいていた――が、ベンヤミンの生涯における第二の、しかもきわめて重要な幸運のめぐりあわせであったことには、まったく疑問の余地がない。しかしながらそれは急速にまったく逆の結果をもたらしたのである。それはかれの少数の友人の反感を買ったたし、またかれの社会科学研究所との関係を悪化させた。かれには社会科学研究所の「示唆」に対して「柔順である」べき理由が十分あったのである(『書簡集』第二巻、六八三ページ)。ショーレムとかれとの間の友情を犠牲にせずにすんだ唯一の理由は、ショーレムの変わらざる誠実さと、友人をめぐるあらゆる問題に対してかれが示した賞賛に値する寛容な態度とであった。アドルノもショーレムもともに、ベンヤミンがマルクス主義の諸範疇を明らかに非弁証法的に用いていたこと、またかれがあらゆる形而上学と明確に絶縁したことについて、ブレヒトの「有害な影響」(5)（ショーレム）を非難していた。厄介な点は、大体において不必要な相手とでも妥協するのが普通であったベンヤミンが、ブレヒトとの友情は他人に対する柔順さだけではなく、他人とのかけひきについてさえも、絶対的な限界をなすものであることを知り、かつ主張していたことであった。「私がブレヒトの作品に共鳴していることは、私の立場全体における最も重要な戦略的地点の一つ」だからである（『書簡集』第二巻、五九四ページ）。かれはブレヒトを得難い知的能力をそなえた詩人と考えていたが、当時のかれにとってそれと同様に重要であったのは、ブレヒトが、弁証法について多くを語りながらも、かれと同様、弁証法的な思索家ではなかったこと、しかしまれにみるほど現実に密着した知性を持つ左翼人であることであった。ブレヒトとともにかれは、ブレヒトがみずから「粗野な思考〈das plumpe Denken〉」と呼んだものを実行することができた。「重要なことは、粗野に思考する仕方を学ぶことだ。粗野な思考、それは偉大なものの思考なのだ」とブレヒトは語っている。ベンヤミンは説明的に補足している。「多くの人々が、弁証家とは微細な区別を愛好する人だと考えている。……むしろ、粗野な思考こそ弁証法的思考の主要部分である。それは理論を実践に関係づけることにほかならないからだ。……思考が行動において本来の地位を認められるためには、粗野にならなければならない(6)」。ベンヤミンを生な思考にひきつけたのは、おそらく実践との関連よりも現実との関連であった。かれにとって、こうした現実は日常言語のことわざや慣用句のなかに最も直接的に現われるものであった。「ことわざは粗野な思考の学校である」と、かれは同じ箇所で書いている。こうして、ことわざや慣用句におけることばを文字通りの意味にとる手法によって、ベンヤミンは——カフカにおいても同様であり、修辞の形態によってしばしば着想の源をはっきりとみわけることができるのであって、それが人々に「なぞ」を解く鍵を与える——現実への不思議に魅惑的で魔術的な接近を散文で書くことができたのである。

ベンヤミンの生涯のどこをのぞいても、せむしの侏儒が発見されるであろう。第三帝国が勃興するかなり以前から、せむしの侏儒は邪悪な術策を弄していた。まずかれは、草稿を読んだり、雑誌を編集したりすることの代償に年俸の支払をベンヤミンに約束した出版社を、雑誌の第一号が現われる前に破産させた。ついで、せむしの侏儒はすぐれたドイツ人の手紙の収集を印刷に付することを許した。これは無限の注意をこめて作成され、非常にすばらしい解説を付されており、『ドイツ人』という題のもとに「名声なき名誉、虚飾なき偉大、そして報酬なき尊厳について」という題句が置かれていた。ナチス・ドイツにおいて変名でこの書物に署名したベンヤミンは本書が流布されることを期待していたが、しかしせむしの侏儒は、その代りにそれが破産したスイスの出版社の地下室のなかで埋もれてしまうようにはからった。その版は一九六二年にこの地下室のなかから発見されたが、それはまさにドイツで新しい版が印刷されたばかりのときだったのである。(結局は好転するにいたった事柄が、最初はしばしば不愉快な外観のもとに現われたのも、せむしの侏儒のせいであったといえよう。適切な例は、アレクシ・サン＝レジェ・レジェ〔サン＝ジョン・ペルス〕の『きのぼりうお』の翻訳である。ベンヤミンはこれを「あまり重要でない」(『書簡集』第一巻、三八一ページ)作品だと考えていたが、それが、プルーストの翻訳と同様に、ホフマンスタールによってかれに割りあてられた仕事だったので、その翻訳をひきうけたのである。その翻訳はドイツでは戦後まで公刊されなかった。しかし、ベンヤミンが大戦中フランスに無事滞在できたのは、レジェとの接触のおかげである。外交官であったレジェは、ベンヤミンに戦時フランスにおける二度目の抑留を免れさせるよう、フランス政府と交渉し、説得することができたからである。これはほかにはきわめて少数の亡命者にしか許されない特権であった。）こうして、不運ののちには「こなごなになったかけらの山」が残された。スペイン国境での悲劇的な結末に先だつ最後の不運は、かれが一九三八年以来感じていた脅威、すなわちかれのパリ生活における唯一の「物質的・精神的支持者」(『書簡集』第二巻、八三九ページ)であったニューヨークの社会科学研究所がかれを見棄てるのではないかという不安であった。「私のヨーロッパでの立場を強く脅かしている事情が、多分私のアメリカ移住をも不可能にするであろう」と、かれは一九三九年四月に書いている(『書簡集』第二巻、八一〇ページ)。一九三八年一一月にボードレール研究の第一論文の公刊を拒絶するアドルノの手紙がかれに加えた「打撃」の影響が、依然として残っていたのである(『書簡集』第二巻、七九〇ページ)。

ショーレムが、当時の作家のなかでは、ベンヤミンはプルーストについでカフカに対し個人的親近感を強く感じていたと述べているが、それはまったく正しい。ベンヤミンが「（カフカの）作品を理解することには、他のいろいろなことどもに、かれが失敗者であったことを素朴に承認することが含まれている」と書いたとき（『書簡集』第二巻、六一四ページ）、かれは明らかに自分自身の仕事における「廃墟の領域と不幸の領域」とを念頭に置いていた。ベンヤミンが特異な素質を持ったカフカについて語ったことは、そのままかれ自身にもあてはまるであろう。「こうした失敗者の環境は多種多様である。ただ、ひとたびかれが結局は失敗に終わるであろうと思い始めたら、その途上であらゆるものが、ちょうど夢のなかでのように、かれを失敗させる方向に働きはじめるといってよかろう」（『書簡集』第二巻、七六四ページ）。かれが、カフカのように考えるためには、別にカフカを読む必要はなかった。『火夫』がかれの読んだ唯一のカフカの作品であったときでも、すでにかれは『親和力』に関する論文のなかで希望についてゲーテが述べたことばを引用している。「希望は、空から降る星のように、人々の頭上を通り過ぎていく」。そして、この研究の結びの文章は、カフカが書いたかのごとく思わせるものであった。「希望なき人々のためにのみ、われわれには希望が与えられている」（『著作集』第一巻、一四〇ページ）。

一九四〇年九月二六日、アメリカへ移住しようとしていたヴァルター・ベンヤミンは、フランスとスペインの国境でみずから生命を絶った。それにはさまざまの理由があった。すでにゲシュタポがかれのパリのアパートメントを押収していたが、そこには蔵書（かれは蔵書のうち「より重要な半分」をドイツ国外に持ち出すことができた）とノート類の多くが置かれていた。かれはまたパリから非占領地区フランスにあるルアードに飛びたつ前、ジョルジュ・バタイユの好意によって他のノート類を国立図書館に置いてきたが、かれはそれについての心配もしていた。(7) 蔵書なくしてどうして生きられよう。かれのノートに収められた引用文や抜粋の膨大な収集をなくしたら、どうして生計をたてうるのか。それに加えて、アメリカもかれには魅力ある土地ではなかった。かれが口ぐせのように語っていたところによると、そこでは人々はたぶんかれに対して、かれを「最後のヨーロッパ人」として観覧に供するために、国中をあちらこちらとひきまわすこと以外に何の効用も見出さないであろう。しかし、ベンヤミンの自殺の直接の理由は、普通にはみられない不運のめぐりあわせであった。フランスのヴィシー政府と第三帝国との間の休戦協定によれば、ヒトラー・ドイツからの亡命者――フランスでは、公式にはドイツからの亡命者と呼ばれていた――は、ただ政治的敵対者である場合にのみ、送還される危険があるとされていた。こうした危険な部類に含まれる亡命者を救うために――ユダヤ人の非政治的大衆はのちにはすべての人のなかで最も危険な立場に置かれることになったが、それがここには全然含まれていなかったことは注意されなければならない――、合衆国は非占領地区フランスにあるアメリカの領事館を通じて、多数の緊急用のビザを配布した。ニューヨークにあった研究所の努力のお蔭で、ベンヤミンはマルセイユでこうしたビザを受けとった最初の人々のなかに含まれていた。かれはまた、リスボンから乗船することができるように、スペイン国内の通過ビザをもすばやく入手した。しかし、かれはフランスの出国ビザを持ちあわせていなかった。これは当時なお必要とされていたし、ゲシュタポを喜ばせることに熱心なフランス政府は、ドイツの亡命者には例外なくそれを拒否していたのである。一般的にいえば、これは重大な障害ではなかった。ポール・ボウにいたる山の上を踏み固めた、比較的に短かく、それほどけわしくもない山道は、よく知られていたし、フランスの国境警察によっても監視されていなかったからである。ただ、明らかに心臓の容態に悩まされていたベンヤミンにとっては（『書簡集』第二巻、八四一ページ）、わずかな距離を歩くことにさえ大きな努力が必要であったため、かれが国境にたどり着いたときには、消耗しつくした状態であったに違いない。しかも、かれが加わっていた亡命者の一行がスペイン国境の町に着いたとき、かれらが知りえたことは、その同じ日にスペインは国境を閉鎖したこと、国境の警備官はマルセイユで作成されたビザを尊重しないことだけであった。亡命者たちはその翌日に同じ道を通ってフランスへ戻るものと思われていた。その夜、ベンヤミンはみずから生命を絶ったのである。その後、かれの自殺に感銘を受けた国境警備官は、かれの仲間たちにポルトガルへ進むことを許した。数週間の後、ビザに対する禁令はふたたび解除された。もう一日早かったなら、ベンヤミンは何の障害もなく国境を通過したであろう。もう一日遅かったなら、マルセイユの人々は当分の間スペインへの国境通過が不可能であることを知ったであろう。この悲劇は、その特別な一日にだけ起こりえたのである。

II　暗い時代

「実人生ではうまく生活できぬものも、自身の運命に絶望するのを多少なりとも避けるには片方の手を必要とするが、……もう片方の手でかれが廃墟のなかにみるものを書きとめることはできる。他人とは違うもの、他人以上のものをみるからだ。それにしてもかれは生きているあいだは死んでおり、本当の生き残りなのだ」。

〈フランツ・カフカ『日記』、一九二一年一〇月一九日〉

「難破船のこわれかけたマストの先端にまでのぼり、ようやく沈まぬようにしているもののようだ。しかしかれにも自分の救助信号を送るチャンスはある」。

〈ヴァルター・ベンヤミン、一九三一年四月一七日ゲルハルト・ショーレムへの手紙〉

時として時代は、最もわずかしかその影響を蒙らず、最もその時代から遠く、したがって最も強く苦しんだ人に、最も明瞭にその印を刻むものである。プルースト、カフカ、カール・クラウス、さらにはベンヤミンがそうであった。かれの仕種、聞いたり話したりするときの身のこなし、立居振舞、習慣、とくに単語の選びかたから文章の構成のしかたまでを含めた話しかたのスタイル、さらにはまったく特異な嗜好、ベンヤミンにおけるこうしたすべては、きわめて古くさく、まるで見知らぬ島の海岸に突然うちあげられるといった形で、一九世紀から二〇世紀にさまよい出たようにさえみえる。かれははたして二〇世紀のドイツでくつろいだ気持ちになれたであろうか。おそらくそうではあるまい。一九一三年にかれが非常に若くして初めてパリを訪れたとき、数日間滞在しただけのパリの街路が、見馴れたベルリンの街路よりも「むしろくつろげる」ほどに感じられた(『書簡集』第一巻、五六ページ)。二〇年後にかれは、ベルリンからパリへの旅行は時代を旅すること——国から国へではなく、二〇世紀から一九世紀へ戻る旅行——と感じていたが、当時すでに、そう感じていたかもしれない。そこには一九世紀ヨーロッパを文化的に規定した卓越した国家〈nation par excellence〉が存在し、オスマンはその国のためにベンヤミンのいう「一九世紀の首都」パリを再建した。このパリはたしかにまだコスモポリタンではなかったが、真にヨーロッパ的であったたし、一九世紀中葉以降は実に自然に、あらゆる寄るべのない人々の第二の故国となっていたのである。パリの住民のいわゆる外国人嫌いも、洗練されたパリの警察によって悩まされることも、こうしたパリの性格を変えることはなかった。パリに移住するはるか以前、ベンヤミンは「フランス人に接した場合、かれとの会話を一五分以上ひきのばすことができるのは、きわめて例外的なこと」を知っていた(『書簡集』第一巻、四四五ページ)。のちに、亡命者としてパリに住居を定めたときも、かれの生来の高潔さが、ちょっとした知人——そのおもなものはジッドであった——との交際を深めたり、新しい接触を求めたりすることを妨げていた。(最近わかったことであるが、ヴェルナー・クラフトがかれをシャルル・デュ・ボスにひきあわせている。デュ・ボスは「ドイツ文学への熱中」のゆえに、ドイツ人移住者にとっていわば中心人物であった。ヴェルナー・クラフトのほうがましな交友関係があったわけで、何とも皮肉なことである。[8])ベンヤミンの作品や手紙、さらにはベンヤミンに関する論文についてきわめて明敏な批評を下しているピエール・ミサックは、ベンヤミンがフランスで当然に与えられるべき「歓迎」を受けなかったことで、非常に傷ついたに違いないと指摘している。[9] このことは勿論正しいが、しかしそれほど大きな問題ではない。

こうしたすべてが如何にいらだたしく不快であったとしても、都市それ自体があらゆることを償ってくれた。ベンヤミンは一九一三年には、パリの大通りの両側にある家屋は「人が住むためというより、人々が間を歩くための石のセットのようだ」と述べている(『書簡集』第一巻、五六ページ)。今日でも人々は古い門を通り抜けてこの都市の周囲をまわることができるが、それは城壁によってきびしくさえぎられ、外に対して保護されていた中世都市の名残りをとどめている。それは一個の室内ともいうべきものであるが、しかし中世風の狭い街路はすでに影をひそめており、ゆとりをもって建てられ設計された室内であって、その上には壮麗な天井のような青空がアーチを描いている。「ここでの芸術や活動にとって最もすばらしいことは、わずかながら残されている古いものや自然なものが今なおその光彩をとどめているということだ」(『書簡集』第一巻、四二一ページ)。実際こうした古いものは、それらが新しい光沢を帯びるのを助けている。この都市においては人々が他の都市にいるよりもいっそう物理的に保護されているように感ずるのは、壁のように街路に並ぶ建物の前面が同じ形であることによる。大きな街路を結びつけ、天気が悪ければかくれることもできるアーケードは、当時計画中であった一九世紀とその首都に関する膨大な研究を単に『アーケード』とするほどにベンヤミンを魅了していた。こうした通路は、まさにパリの象徴のごときものである。それは明らかに内容であると同時に外観であり、それによってパリの真の性格を典型的な形で示すものだからである。パリでは外国人もくつろげるのは、自分の部屋のなかにいるのと同じように、この都市では生活できるからである。アパートに住んで、それを快適なものにするには、それをただ眠ったり、食べたり、働いたりするだけの場所にするのではなく、そこで生活することが必要であるように、都市に住むということも、あてもなく町を通り抜けたり、街路にそって並ぶカフェに腰を落ち着けたりすることが必要であって、カフェのかたわらを過ぎていく歩行者の流れこそ都市の生命である。今日パリは、大都市のなかでは徒歩で何不自由なく用のたせる唯一の都市であり、また他のどの都市にもまして街路を通り過ぎていく人々によって活況をていしている都市でもある。したがって、現代の自動車交通がパリの存在そのものを脅かしているのは、単に技術的な理由だけによるものではない。アメリカの郊外の荒地や、多くのタウンの居住地域は、パリとはまったく正反対であり、そこでは街路の生命はもっぱら車道だけにあり、今では小道になりさがってしまった歩道を歩く人々は、数マイルの間ひとりとして人間に出会うことはない。他の都市では社会の最下層の人々に対してだけしぶしぶと認めていること——怠けてぶらぶらしたり、散歩したりすること——を、パリの街路は実際にすべての人に誘いかける。かくて、第二帝政以来、パリは生活の資や出世、あるいは特別な目標を追い求めたりする必要のない人々のパラダイス、したがってボヘミアンのパラダイスであった。それは、芸術家や作家だけではなく、そのまわりに集まるすべての人々のパラダイスであったが、それはかれらが政治的にも――家庭も国家も持たなかったがゆえに――あるいは社会的にも統合されえない人々だったからであろう。

若きベンヤミンにとって決定的な体験となったパリのこうした背景を考慮にいれなければ、なぜ散策者〈flâneur〉がかれの著作のなかで中心人物となったかは理解し難い。こうした散策がどれほどかれの思考のペースを決定したかは、おそらくかれの歩きかたの特徴に最もよく現われていた。マックス・リュヒナーはそれを「進むと同時に立ち止まる、両者の奇妙な混合物」と評している(10)。こうした歩きかたはまさに散策者の歩きかたであるが、それがとくに注目されるのは、ダンディやスノッブと同様に、散策者も一九世紀に起源を持つものであり、この安定した時代においては、上流中産階級の子弟は、収入を保証されていたため働く必要はなく、したがって急ぐ理由もなかったという点である。パリがベンヤミンに散策という、一九世紀的歩行と思考のスタイルを教えたように、それはまたかれにフランス文学への感受性を目覚めさせ、それによってかれをドイツの普通の知識人の生活からほとんど永久的に遠ざけることになった。「ドイツでは、私は同世代のものの間で、仕事においても関心においてもまったく孤立していたような感じがする。これに対してフランスには、ジロドゥのような作家、とくにアラゴン、さらにはシュルレアリスム運動の人々のように私と同じような関心をもって活動している人々がいる」と、かれは一九二七年にホフマンスタールに書き送っている（『書簡集』第一巻、四四六ページ）。そのころかれはモスクワから帰ってきたところで、共産主義の旗のもとで進められる文学上の企ては実現不可能であることを確信し、かれの「パリでの地位」を固めようとしていた（『書簡集』第一巻、四四四—四五ページ）。（これより八年前、かれはペギーによびさまされた「驚くべき連帯の感情」について語り、「どんな著作もこれほど強く私を感動させなかったし、こうした仲間意識を与えることはなかった」と述べている（『書簡集』第一巻、二一七ページ）。）実際には、かれは何を固めることにも成功しなかったし、また成功はおぼつかない状況でもあった。大戦後のパリにおいてのみ、外国人——おそらくこれまでパリではフランスで生まれなかった人はすべてそう呼ばれている——が、「何らかの地位」を占めることが可能になったのである。これに対しベンヤミンは、現実にはどこにも存在せず、あるいは実際上のちになるまではかくかくしかじかのものとして説明することも、診断することもできないような立場をとらざるをえなくなっていた。それは「マストの先端」という立場であり、ここからは安全な港にいるよりも、はるかによく狂暴な海をみきわめることができた。しかし、潮流に乗るにせよ逆らうにせよ、泳ぐことを学んでいなかったこのひとりの男が発した「難破船」の遭難信号に注意を払うものはほとんどいなかった。みずからこうした狂暴な海に挑もうとはしなかったものによっても、またこうした海においてさえうまく動きまわることのできたものによっても、それは認知されなかったのである。

外側からみれば、それはペンによって生活をたてているフリーランスの著述家の立場であった。しかし、マックス・リュヒナーだけが見抜いていたように、かれはそれを「独特の方法」で行なっていた。「かれの著述の刊行はけっして頻繁とはいえなかった」し、また「どの程度まで他の収入源にたよることができたかも……はっきりしていなかった」からである。[11] リュヒナーの疑問はあらゆる点からみて正しい。かれがパリに移住する前には自由にできる「他の収入源」があっただけではなく、フリーランスの著述業という看板のうらで、たえず危険におびやかされながらも、かなり自由な文人〈homme de lettres〉としての生活を送っていた。文人としての生活の本拠は、きわめて注意深く収集されてはいても、決して仕事のための道具としてもくろまれたものではない蔵書であった。それは貴重な書物から成り、その価値は、ベンヤミンがしばしば繰り返していたように、かれがそれを読んでいなかったという事実によって証明されていた。したがって、この蔵書は有用であることやあるいは何かの職業に役立つことを約束するものではなかったのである。こうした生き方はドイツでは未知のものであったし、ベンヤミンが生きるためにのみそこからひき出した職業もまた未知のものであった。それは、著者の名誉となるように必要な数の大冊を著わす文学史家や文学者といった職業ではなく、エッセイという形式すら大きすぎて俗悪なものにみえ、もしも行数によって支払われるのでなければ警句《アフォリズム》を好んだであろう批評家あるいはエッセイストというべきものである。かれは、自分の職業的野心のおもむくところがドイツにはまったく存在しなかったことに気づいていなかった。ドイツでは、リヒテンベルク、レッシング、シュレーゲル、ハイネ、さらにはニーチェがいたにもかかわらず、アフォリズムが高く評価されたことは一度もなかったし、また人々は普通批評をせいぜいが新聞の文化欄で目にする程度の攻撃的なしろものと考えていた。ベンヤミンがその職業的野心を表現するのにフランス語を選んだことは偶然ではない。「自分自身のために設定した目標は、……ドイツ文学批評の第一人者と目されることである。問題は、ドイツにおいては五〇年以上もの間、文芸批評が重要なジャンルと考えられてこなかったことだ。批評のなかに自身の場を創造することは、批評をひとつのジャンルとして再生することを意味している」(『書簡集』第二巻、五〇五ページ、原文フランス語)。

ベンヤミンにこうした職業上の選択をさせたものが、若いころうけたフランスの影響であったことは疑いない。ライン河をはさんで偉大な隣国と接していたことが、かれにきわめて強い親近感を呼びおこしたのである。しかし、職業のこうした選択でさえ、実際には不景気と財政上の困難とによって動かされていたということは、その将来をいっそう強く暗示するものであろう。かれがみずから、慎重にとはいえないにしても自発的に準備を進めていた「職業」を、社会的なカテゴリーで表現しようとするならば、帝政時代のドイツにまでふりかえってみる必要がある。かれはそこで成長したのであり、将来についての最初のプランはそこで具体化したのである。そうすれば、ベンヤミンが準備を進めていたのは、ただひたすら民間の収集家と完全に独立した学者、当時「民間学者」と呼ばれていたものになるためであったことがわかる。かれの研究が始められたのは第一次世界大戦以前であったが、当時の状況のもとでは、その行きつくところは大学での地位獲得であった。しかし、非キリスト教徒のユダヤ人は、官途が閉ざされていたのと同様に、こうした大学での地位からも閉め出されていた。教授資格を獲得することはユダヤ人にも認められてはいたが、その後にはせいぜいのところ無報酬の員外教授の地位が得られるにすぎなかった。それは一定額の収入を保証するものでなく、むしろそうした収入を前提とするものだったのである。ベンヤミンが「家族に対する考慮から」(『書簡集』第一巻、二一六ページ)のみ取ることに決めた博士号やそれに続く教授資格獲得の努力は、かれの家族がこうした収入をかれの自由にゆだねる余裕があったという事実に基づいて試みられたのである。

こうした状況は大戦後に激変した。インフレーションが多数のブルジョワジーを貧窮化し、ときには破産させた。また、ワイマール共和国においては、大学での地位が非キリスト教徒のユダヤ人にも開放されることになった。教授資格の獲得をめぐる不運な物語は、ベンヤミンがこのように変化した状況をいかにわずかしか考慮にいれていなかったか、またかれがあらゆる財政上の問題について戦前の観念にいかに強く支配されていたかを明瞭に示している。最初から教授資格の獲得は、「公認の証拠」を示すことで父親の「異議」を押さえ(『書簡集』第一巻、二九三ページ)、当時三十代の息子に十分な、さらにはその社会的地位にふさわしい額を父親が送金するようにもくろまれたのである。どの時期にも、かれが共産主義者に接近したときにさえも、両親との長期にわたる軋轢にもかかわらず、かれはこうした援助を受ける資格があると信じていたし、「生活のために働くべきだ」という家族の要求は「口にするのもいやなこと」と考えていた（『書簡集』第一巻、二九二ページ）。のちにかれの父がとにかくも払い続けてきた毎月の送金を、たとえ息子が教授資格の獲得に成功したとしても、増額することはできないし、またその意思もないことを告げたとき、ベンヤミンの全計画は当然にその基盤を失ってしまった。一九三〇年に両親が世を去るまで、ベンヤミンは最初は家族づれで（かれには妻と一人のこどもがあった）、直に訪れた別居後はひとりで両親の家に戻ることで生活の問題を解決することができた（一九三〇年までかれは離婚していない）。こうした解決法が多大の苦痛を与えたことはたしかであるが、かれが他の解決方法を真剣に考慮しなかったこともまた確実である。永続的な財政の逼迫にもかかわらず、この間たえず蔵書をふやし続けていたこともまた印象的である。こうした高価な熱望を断とうとする努力——かれは、他の人々が賭博場に頻繁に出入りするのと同じように、大きな競売場を訪れた——と「緊急の場合に」蔵書の一部を手放す決意とは、新しく蔵書を買い入れることで「こうした決意に伴う苦痛を和らげ」ざるをえないという感情に圧倒されてしまったし（『書簡集』第一巻、三四〇ページ）、家族への財政的依存を断ち切ろうとする努力も、結局は父親に「古本屋の権利を買えるだけの資金」をすぐにも出してほしいと頼むにすぎなかった（『書簡集』第一巻、二九二ページ）。これがベンヤミンの考えついた唯一のもうけ仕事である。それが実現しなかったことはいうまでもない。

二〇年代のドイツの現実とベンヤミンが自分はペンで生計をたてえないであろうということを知っていた——「ごくわずかな収入を得る道はあるし、ごくわずかな収入で暮らす道もあるが、両方同時にやれる道はない」(『書簡集』第二巻、五六三ページ)——ことを考えると、かれの態度全体は許し難いほど無責任な印象を与えるかもしれない。しかし、それは無責任とだけはいいきれない。金持が貧乏になったとき自分の貧窮を信じ難いのは、貧乏人が金持になったとき自分の富が信じ難いのと同じであろう。前者は自分がまったく知らないことを少しも気にとめないといった気分に流されているのだろうし、後者は実際には明日はどうなるかわからないという、古くからしみこんだ恐怖にほかならぬ貧乏人根性にとらわれているのであろう。

さらに、財政上の問題に対するベンヤミンの態度は、けっしてかれひとりだけのものではない。どちらかといえば、かれの考え方はドイツ系ユダヤ知識人のある世代全体に典型的にみられるものだった。ただ、他の人々の場合、財政上の問題をかれほどひどく気にしてはいなかったということにすぎない。その底にあるものは父親たちのものの考え方である。父親たちは実業家として成功はしたものの自分自身の業績をあまり高尚なものとは考えておらず、息子たちが間違いなくより高尚なものをめざしてくれることを願っていた。それは古代ユダヤの信条、すなわちトーラーやタルムードのような神の法を「学んだ」ものは、人民の真のエリートであり、金をもうけるとかそのために働くとかいった卑俗な仕事にわずらわされるべきではないという信条の世俗化されたものであった。もっとも、この世代には父と子の間に相剋がなかったという意味ではない。むしろ、この時代の文学にはそうした相剋が充満しているし、またもしフロイトがかれに患者を提供してくれたドイツ系ユダヤ人の社会とは異なった国と言語のなかで生活し、かれの研究を続けていたとするならば、われわれはエディプス・コンプレックスといった概念に接することはなかったかもしれない。[12]しかし、こうした相剋は、息子の側が自分はすぐれた天賦の才能を持っていると主張することで、あるいは裕福な家庭出身の無数の共産主義者の場合には、人類の福祉のために献身していると主張することによって――いずれの場合も金もうけよりは高尚なことを望んでいると主張することによって、解決されるのが普通であった。父親たちはこうした主張を生計をたてようとしないことのもっともな理由としてよろこんで認めたのである。こうした主張が行なわれなかったり、認められなかったりする場合、破局は間近であった。ベンヤミンはその典型である。父親はかれの主張を決して認めなかったため、二人の関係は極端に悪化していた。もう一つのこうした例は、カフカの場合である。カフカは――おそらくかれが本当の天才であったからであろうが――まわりから天才としてもてはやされることはまったくなかったし、天賦の才能を主張したこともなく、プラハの労働者災害保険協会で平凡な職務につくことで財政的には自立していた。（カフカの父親との関係はもちろん同様に悪いものであったが、しかしそれは異なる理由による。）それにしてもなおカフカは、こうした地位につくと同時に、「自殺に向かって走り始めた」と感じたのであり、「自分の墓地を作るべく働け」という命令に服従しているかのごとく感じたのである。[13]

とにかく、ベンヤミンにとって収入は毎月の手当しかなかったのであり、両親の死後もそうした手当を受けとるために多くのことをする覚悟であったし、少なくともそうした覚悟をしていると考えていた。たとえば、ヘブライ語の研究に対して、もしシオニストたちが何らかの利点を認めるならば、毎月三〇〇マルクが支払われるはずであった。あるいは、マルクス主義者と協働するしか方法がないとしても、あらゆる媒介的修辞をほどこしつつ弁証法的に思考することに対して、一〇〇〇フランス・フランが払われるはずであった。窮乏していたにもかかわらず、かれが結局はいずれの道も選ばなかったという事実は賞賛に値する。またショーレムは、ベンヤミンがエルサレムの大学からヘブライ語の研究のための給費を得られるように懸命に努力をし、幾年もの間自分自身の給費を先に延ばしていたが、かれのこうした無限の忍耐も賞賛に値しよう。もちろん、かれの生まれついた唯一の「働き場所」、すなわち文人としてのそれにおいてかれを援助しようとするものは一人もいなかった。シオニストもマルクス主義者もかれがこの働き場所で無比の可能性を秘めていることに気づかなかったし、また気づくべくもなかったのである。

今日では、文人は、実際にはいつでもややこっけいな感じを与える民間学者の場合と同様に、むしろ無害な限界的人物とみられている。言語は自分の存在証明のための「一種のアリバイ」（『書簡集』第二巻、五〇五ページ）とフランス流に感じていたベンヤミンは、文人が革命前のフランスにその起源を有すること、さらには文人がフランス革命に際して特異な生涯を送ったことをおそらく知っていたであろう。後世の作家や文学者、ラルースですらが文人の定義として用いた作家や文学者〈écrivains et littérateurs〉とは異なり、こうした人々は、たとえ書かれ印刷された言葉の世界のなかで書物にとりまかれて住んでいたとしても、生活の資をうるべく職業的に書いたり読んだりする必要もなければ、その意思も持たなかった。エキスパート、専門家、官吏として国家に奉仕したり、社会のために娯楽と教育を与えるべく奉仕する知識人階級とは異なり、文人は国家と社会の双方から常に離れているように努力していた。かれらの物質的生活は仕事以外の収入によって保証され、その知的態度は政治的にも社会的にも統合されることを断乎として拒否することから出発していた。こうした二重の独立を基盤として、かれらは傲慢で侮蔑的な態度をとることができたのであり、そうした態度がラ・ロシュフコーの人間の品行に対する軽蔑的な洞察や、モンテーニュの世間的智恵や、パスカルの辛辣な警句や、モンテスキューの政治的見解における大胆さや公平さを生み出すことになったのである。一八世紀の文人が結局は革命論者になっていった状況や、一九・二〇世紀のその後継者たちが、一方における「教養ある」階級と他方における職業的革命家とに分裂するにいたった過程を論ずることはここでの本題ではない。私がこうした歴史的背景にふれるのは、ベンヤミンの場合、教養の要素がまったく独特な形で革命的、反逆的なものと結びついていたからである。それは、文人的な人間像が、こうした悲劇的な形でその物質的な基盤を失ったにもかかわらず――おそらくはそれゆえに――その消滅の直前においてその可能性を再度完全な形で示すべく運命づけられていたとでもいったらよいであろうか。そしてその結果、こうした人物を愛すべきものとしていた純粋に知的な情熱が、可能な限り最も効果的かつ印象的な形で展開することになったのであろう。

たしかに、ベンヤミンの成長した環境、すなわち帝政ドイツのドイツ系ユダヤ人社会という環境に対して反抗する理由はいくらでもあった。またワイマール共和国に対する反抗を正当化する理由もいくらでもあったのであり、かれはそこで職業につくことを拒否したのである。『一九〇〇年前後のベルリンでの幼年時代』のなかで、ベンヤミンはかれが住んでいた家を「長い間私を閉じこめていた壮大な墓場」として描いている（『著作集』第一巻、六四三ページ）。父親が美術商で骨董趣味があったこと、家族が富裕でごく普通の同化された家族であったこと、かれの祖父母のひとりは正統派ユダヤ教徒であったが、他は改革派のユダヤ教会に属していたことは、その家族の特徴を十分に示しているであろう。「幼年時代、私は新旧両ベルリン西地区の囚人であった。当時、私の同胞は頑固と自信のいりまじった態度でこれら二つの地区に住んでおり、これらの地区をユダヤ人の生活圏ともいうべき一種のゲットーに変えていた」（『著作集』第一巻、六四三ページ）。頑固さはかれらのユダヤ人らしさに向けられていたのであり、かれらをユダヤ人らしさに固執させていたのはただこの頑固さだけであった。自信は、終局のところかれらがわずかな成果しかあげることのできなかった、非ユダヤ的環境での地位によって強められていた。こうした頑固さと自信の強さは、来客が予想される日にはっきりと示される。こうした場合、家の中心にあり、その意味で「神殿にも比せられるべき」食器棚の内側がすっかり開放され、「周囲をとりまかれることの好きな神像のごとき秘宝を見せびらかすこと」ができたのである。

ついで、「その家に秘蔵されてきた銀の食器」が現われ、そこにくり広げられるものは、「必要な数の一〇倍どころか、二〇倍にも三〇倍にも達していた。私がコーヒー・スプーンやナイフ台、フルーツ・ナイフやオイスター・フォークなどの長い長い列をみていると、このように豊富であることの喜びが、招かれてくるはずの人々も、われわれの刃物類と同じように、皆同じに見えてしまうのではないかといった恐怖と争い始めるのだった」(『著作集』第一巻、六三二ページ)。こどもでさえこうしたことにどこかひどく間違ったところがあるのを知っていた。ほかに貧しい人々がいたからだけではない。(「貧しい人々——私の年頃の金持のこどもたちにとって、それは乞食でしかなかった。貧困がわずかしか支払われない労働という恥ずべき形で私の前に初めて現われたとき、貧困についての私の理解は大きく前進したのである」(『著作集』第一巻、六三二ページ)。)内部における頑固さと外部に対する自信とが、こどもの発育にとってまったく不適当というよりほかはない不安定で自意識に満ちた雰囲気を作り出していたからでもある。こうしたことは、ベンヤミンやベルリン西地区[14]、もしくはドイツだけにあてはまったわけではない。カフカがかれの妹の一〇歳になる息子を寄宿舎学校に入学させ、それによって「裕福なプラハのユダヤ人の間に害毒を流しており、こどもたちをそこから隔離しておくことのできない特殊な雰囲気、……けちで、汚なくて、陰険な雰囲気」にその子が染まらないように妹を説得しようとしたとき、カフカを動かしていたのもこうした雰囲気に対する嫌悪感ではなかったであろうか[15]。

ここに含まれている問題は、一八七〇年代あるいは一八八〇年代以来ユダヤ人問題と呼ばれてきたものであり、この時期においてはこうした形ではただドイツ語を話す中央ヨーロッパにのみ存在していたものである。今日、こうした問題は、いわばヨーロッパ・ユダヤ民族の受難によってすでに洗い流され、今や忘れ去られようとしている。より古い世代のドイツ系シオニストの言葉のなかに今日でもそれが時折みられはするが、それはかれらの思考の習慣が今世紀初頭の一〇年間に形成されたものだからにすぎない。しかも、この問題はユダヤ人知識階級にとってのみ関心があったのであり、中央ヨーロッパの大多数のユダヤ人にとっては何の意味も持っていなかった。しかし、知識人にとってはそれは重要な問題であった。精神的にはみるべき役割を果たさなかったユダヤ人であるということも、かれらの社会活動をきわめて強く規定したのであり、それゆえかれらにとっては第一級の道義的問題として現われることになったからである。カフカの言葉を借りれば、ユダヤ人問題はこうした道義的な形で、「これらの世代の恐るべき内面の状態」を明らかにするものとなった。[16] のちに現実に起こったことからみて、この問題がわれわれにとって如何に無意味なものにみえようとも、われわれはここでそれを無視することはできない。ベンヤミンもカフカも、あるいはカール・クラウスも、それを無視しては理解されえぬからである。問題を明確にするため、かつて『ドイツ系ユダヤ人のパルナッソス』という論文で述べられ、ついでそれをめぐって果てしなく論議されたことに即してこの問題に言及してみたい。モーリッツ・ゴルトシュタインがこの論文を一九一二年に有名な雑誌『デル・クンストヴァルト』に発表したとき、それは大きな反響をまき起こしている。

ゴルトシュタインによれば、ユダヤ人知識階級にとってこの問題は、非ユダヤ的環境と同化されたユダヤ人社会という二重の側面を持っており、かれの見方からすれば、それは解決不可能な問題であった。非ユダヤ的環境については、「われわれユダヤ人は国民の知的財産を管理しているが、しかし国民はわれわれがそうする権利も能力も認めていない」。そしてさらに、「われわれの敵対者の議論が不合理であることを示し、かれらの敵意がいわれのないものであることを証明するのは簡単である。しかし、それによって何が得られよう。かれらの憎悪は純粋なものだということだけである。あらゆる中傷を論破し、あらゆる曲解を正し、われわれをめぐるあらゆる誤った判断を拒否したとしても、なお反感が反駁されえないものとして残るであろう。こうした点を認めようとしない人々はまったく救いようがない」。ユダヤ人社会を耐え難いと感じ、この社会の典型的な人々が一方でユダヤ人としてとどまることを願いながら、他方で自分たちのユダヤ人らしさを認めたがらないのは、こうした点を十分に認識していないからであろう。「われわれはかれらが避けようとしている問題を、あからさまに繰り返し叫ばねばならない。われわれはかれらにユダヤ人であることを白状させるか、さもなくばかれら自身をキリスト教徒に改宗させねばならない」。しかし、こうしたことが成功したとしても、あるいはこうした環境の持つ虚偽性が暴露され、それを避けることができたとしても、それによって何が得られようか。「現代のヘブライ文学へと一足跳びに飛びこむこと」は、現在の世代には不可能である。「われわれはドイツに対して片想いの関係にある。いざとなればわれわれの胸中から愛するものを引き裂けるぐらい男らしくあろうではないか。……私が述べてきたことは、われわれは何を望むべきかということである。また私は、なぜそれを望み得ないかについても述べてきた。私の意図は問題を指摘することにあった。その解決策を知らないとしても、それは私の責任ではない」。（ゴルトシュタイン氏自身は六年後にフォスィシェ新聞文化欄の編集者になったとき、その問題を解決した。そしてほかにかれは何をなしえたであろう。）

もしカフカのなかでその問題が同じようにたてられ、その解決不可能性についての同じような告白が、はるかにまじめな形で述べられているのに出会わなかったとするなら、モーリッツ・ゴルトシュタインは、ベンヤミンが他の文脈のなかで、「シオニズム・イデオロギーと同様に俗悪な反ユダヤ主義イデオロギーの主要部分」と呼んだものを単に複写したにすぎないとしてかたづけることもできよう。ドイツ系ユダヤ作家について述べたマックス・ブロートあての手紙のなかで、カフカは次のように述べている。ユダヤ人問題、あるいは「それに対する絶望がかれらのインスピレーションとなった――それは他のインスピレーションと同様に尊重されるべきものではあるが、しかし詳しく調べてみるならば、いたましい特質を数多くそなえてもいる。第一に、かれらの絶望が生み出すものは、表面そう見えたとしてもドイツ文学ではありえない」。なぜならば、その問題はまったくドイツ的な問題ではないからである。かくて、かれらの前途にあるものは「三つの不可能性である……。まず書かないでいることの不可能性」、かれらは書くことによってだけかれらのインスピレーションから逃れることができるからである。「ドイツ語で書くことの不可能性」――カフカによれば、かれらがドイツ語を用いることは「明示的にせよ黙示的にせよ、おそらく外国財産の自虐的な簒奪であり、こうした外国財産は学んで手に入れたものではなく、盗み出し、（いわば）すばやく身につけたものであって、言語学上の誤りひとつない場合でも、それは誰かほかの人の所有物なのだ」。そして最後に、「他の言語で書くことの不可能性」、他のどのような言語も利用できないからである。カフカは結論的にいう。「第四の不可能性として書くことの不可能性をつけ加えることもできなくはない。ここでいう絶望は書くことによって和らげうるようなものではないからだ」。それは詩人にとってはノーマルなことであろう。神が詩人に、人間は何を悩み、何を耐えるべきかをいわせるからである。しかし絶望は、ここでは「生きることと書くことの敵である。書くことはここではただ問題の解決を先に延ばすことでしかない。それはちょうど、まさに首をつろうとしている人が、遺言を書いているようなものだ[17]」。

カフカのいっていることが間違いであり、今世紀における最も純粋なドイツ語散文で語っているかれ自身の作品がその見解に対する最良の論駁であることを論証するのは簡単である。しかし、それが悪趣味であることを別にしても、こうした論証は、カフカ自身が十分それを知悉していたがゆえに、まったく皮相なものとなるよりほかはあるまい。「仮に私が気ままに文章を書いたとしても、それはすでに完璧な文章である」と、かれはかつて日記のなかに記している[18]。かれはまた「ユダヤ訛りで話す〈Mauscheln〉」ことが、ユダヤ人であれ非ユダヤ人であれ、すべてのドイツ語を話す人々によって軽蔑されているとしても、ドイツ語のなかでは正統な位置を占めており、無数にあるドイツ方言の一つにほかならないことを知っている唯一の人間でもあった。かれは「ドイツ語のなかでは、方言とそのほかには高度に個人的な高地ドイツ語だけが本当に生きている言葉である」と考えていたため、ユダヤ訛りのドイツ語、あるいはイディッシュ語から高地ドイツ語に移ることは、低地ドイツ語あるいは西南ドイツ語から高地ドイツ語に移ることと同様に当然に正統なことであった。カフカがかれを魅了したユダヤ人俳優について述べているところを読むと、かれをひきつけたのは、特殊にユダヤ的な要素であるよりもむしろ言葉と身振りの躍動であることがよくわかるのである。

たしかに、今日ではわれわれがこうした問題を理解したり、あるいはそれを重大なものと考えたりするのは難しい。とくにこうした問題を、反ユダヤ主義的な環境に対する単なる反動として、したがって自己嫌悪の表明として誤って解釈したり、簡単に片づけたりすることが流行になっているからである。しかし、カフカ、クラウス、ベンヤミンのように高い道徳性と知性とを備えた人々を扱う場合には、こうした解釈ほど誤解を招きやすいものはないであろう。かれらの批評に痛烈な鋭さを与えたものは、反ユダヤ主義それ自体ではなく、ユダヤ人中産階級の反ユダヤ主義に対する反撥であり、知識人は中産階級とはけっして一体化しなかったのである。そこで問題となっていたのは、しばしば威厳を失って弁解めいた態度をとるユダヤ人官公吏でもなかった。知識人はこうした官公吏ともほとんど接触していなかったからである。問題はむしろ広汎に存在する反ユダヤ主義を見せかけだけ否定することに、ユダヤ人ブルジョワジーが自己欺瞞のためのあらゆる舞台装置を用いて現実から逃避していることにあった。こうした逃避は、カフカやそのほかの人々にとってユダヤ人、とくにいわゆる東欧ユダヤ人からのしばしば敵意に満ちた、そして常に傲慢な分離を意味していた。人々は、より正しい知識を持っている場合でもなお反ユダヤ主義を東欧ユダヤ人のせいにしていたからである。すべてここにみられる決定的な問題点は、これらの階級の富によって幇助された現実の喪失であった。カフカは次のように書いている。「貧しい人々の間では、世間や労働の騒がしさといったものが、いわばいやおうなしにあばらやのなかへ入りこんでいき、……みごとに飾りつけられた家族部屋の無気力で不潔で、こどもをやつれさせるような雰囲気が作られるのを許さない[19]」。かれらがユダヤ人社会に対して闘ったのは、それがかれらに、たとえばヴァルター・ラーテナウの殺害（一九二二年）を準備するといった幻想を持たず、あるがままに生きることを認めようとしないからであった。カフカにしてみれば、「かれらがかくも長い間かれを生存させておいたことが理解し難いこと」であった[20]。問題の激しさを決定的にしたものは、それが単に、あるいは第一義的に世代間の断絶として現われることがなかったという事実である。問題がこうした形をとるならば、そこからの逃避は家庭と家族を離れることによって可能になるはずであった。きわめて少数のドイツ系ユダヤ作家にとってのみ問題がこうした形で現われたにすぎない。これらの少数者をとり囲んでいた人々は、すでに忘れられてはいるけれども、のちの人々が各人の性格・地位などをめぐる問題を解決した今日では、かれらからははっきりと区別されうる人々であった。（ベンヤミンは次のように書いている。「かれらの政治的機能は党派ではなく徒党を確立することであり、かれらの文学上の機能は流派ではなく流行を作り出すことであり、かれらの経済的機能は生産者ではなく周旋人を世の中に配置することである。周旋人とか自惚れ家は、かれらの貧しさをまるで富でもあるかのように消費する術を心得ており、あくびの出そうなつまらないことで大騒ぎをやらかす連中である。不愉快な状況のなかで愉快に過ごすことに通じている点では、この連中の右に出るものはない」[21]。）先にあげた手紙のなかで「言語的不可能性」という形でこうした状況を例証していたカフカは、こうした不可能性が「またまったく違った形で呼ばれうる」ことを指摘しながら、いわばプロレタリア的方言と上流階級的散文の中間にある「言語的中産階級」に言及している。それは「生命のない灰にすぎず、それにみせかけの生命を与えることができるのは、灰のなかをくまなく探しまわっている熱心すぎるユダヤ人の手だけだ」。ユダヤ知識人の圧倒的多数がこうした「中産階級」に属していたことはことわるまでもなかろう。カフカによれば、かれらは「ドイツ系ユダヤ文学の審問官」であり、そこではカール・クラウスが「自分自身懲らしめられている人々のなかで、どの程度までこうした審問官の役割を果たしている」かには気づくことなく、「偉大な監督官、きびしい教師」として支配力を保持していたのである[22]。こうした事柄も、非ユダヤ的な見方にたてばまったく違ってみえることは、ベンヤミンのエッセイの一つで、ブレヒトがカール・クラウスについて語ったところを読むとき明らかとなろう。かれはいう。「時代がそれ自身の手によって滅びるとき、かれはその手であった」（『著作集』第二巻、一七四ページ）。

この世代のユダヤ人（カフカとモーリッツ・ゴルトシュタインとは、ベンヤミンより一〇歳年上であったにすぎない）にとって、有効な反逆の形態は、シオニズムと共産主義であった。かれらの父親がしばしば共産主義的反逆よりもシオニズム的反逆を激しく非難したことは注目に値する。両者はともに幻想から現実へ、虚偽と自己欺瞞とから誠実な生活への逃げ道であった。ただ、こうしたことは振り返ってみていえることであるにすぎない。ベンヤミンがまずあまり熱心でないシオニズムの立場をとり、ついで基本的には同様にあまり熱心でない共産主義の立場をとっていたとき、二つのイデオロギーは最大限の敵意をもって対立しあっていた。共産主義者はシオニストをユダヤ的ファシストと非難し[23]、シオニストは若いユダヤ人共産主義者を「赤い暗殺者」と呼んでいた。ベンヤミンはきわだった、おそらくは独自の方法で、長年の間自分のために両方の道を開いたままにしておいたのである。かれは、マルクス主義者となって随分してからも、パレスティナへの道をとることを考え続けており、しかもマルクス主義的志向を持ったかれの友人たち、とくにそのなかのユダヤ人たちの意見によっていささかも動揺することはなかった。このことは、どちらのイデオロギーにおいても、その「肯定的《ポジティヴ》」な側面がきわめてわずかしかかれの関心をひいていなかったことを示している。いずれの場合にもかれにとって問題であったことは、現存の状況を批判する「否定的《ネガティヴ》」な側面であり、ブルジョワ的幻想と欺瞞とから脱出する道であり、学問の世界と同様、文学の世界においても既存の体制の外に位置を占めることであった。かれがこうしたラディカルに批判的な姿勢をとるようになったのは、まだきわめて若いときであり、それが結局はかれにどのような孤立と孤独をもたらすであろうかといったことは、おそらくかれの念頭にはなかったであろう。かくてわれわれは、たとえば一九一八年に書かれた手紙のなかに、外交問題でドイツを代表すべきことを要求しているヴァルター・ラーテナウと、同じような要求をドイツの精神的分野で行なっているルドルフ・ボルヒャルトとは、「欺かんとする意志」、「客観的虚偽」を共有しているといった主張を読みとることができる（『書簡集』第一巻、一八九ページ以下）。どちらもかれらの仕事を通じて何らかの大義——ボルヒャルトの場合は国民の「精神的・言語的資産」、ラーテナウにおいては国民——に「奉仕する」ことを願っているのではなく、ともにかれらの仕事と才能を「権力への絶対的意思に仕える最上の手段」として用いているのである。さらに加えて、自分の精神を出世と社会的地位のために用いている文学者がいる。「文学者となることは、ちょうど売春がただ性の指示に従って生活することであるように、ただ知性の指示に従って生活することである」（『著作集』第二巻、一七九ページ）。売春婦が性愛を裏切るように、文学者も精神を裏切ることがある。ユダヤ人のなかの最良の人々が、文学の分野でかれらの同僚を許すことができなかったのも、こうした精神に対する裏切りのためであった。ベンヤミンは五年後——ラーテナウ暗殺の一年後——にも同じ調子で親しいドイツの友人に書いている。「……今日ユダヤ人は、公的にはかれらがその擁護者になっている、最良のドイツ的大義をさえだいなしにしている。それはかれらの公的声明が必然的に（深い意味で）打算的であり、それが真正なものであることが立証できないからである」（『書簡集』第一巻、三二〇ページ）。かれはさらに続けて、「ドイツ人とユダヤ人との間の」私的な、ほとんど「秘密の関係」だけが正統なものであり、これに反して「公的に作用するドイツ人とユダヤ人との関係においては、それをめぐるすべてのことが害悪を生み出す」と述べている。こうした言葉のなかには、多くの真理が含まれている。当時ユダヤ人問題という観点から書かれたものは、この時期の暗さについての証言を与えてくれるのであり、そこではまさに「公的なものの放つ光があらゆるものを暗黒にする」（ハイデガー）という言葉があてはまるのである。

早くも一九一三年ごろベンヤミンは、シオニズムの立場を、両親の家庭とドイツ系ユダヤ人の文学的生活に対する二重の反逆という意味での「ひとつの可能性として、またおそらくは必然的に関わりを持たざるをえないものとして」考えていた（『書簡集』第一巻、四四ページ）。二年後にかれはゲルハルト・ショーレムにあい、かれのなかに初めて、そしてただ一度だけ「生きているユダヤ主義」に出会ったのである。しばらくして、その後ほとんど二〇年間にわたって続いた、パレスティナ移住に関する奇妙で際限のない思考が始まった。「ある種の、けっして不可能ではない条件のもとで、私には（パレスティナへ行く）決意とはいえないまでも、心構えができている。ここオーストリアでは、（金もうけをしない品のいい）ユダヤ人はそれ以外の話をしていない」。かれは一九一九年にはそのように書いていたが（『書簡集』第一巻、二二二ページ）、同時にこうした計画を一種の「激情的行動」（『書簡集』第一巻、二〇八ページ）で、それが必要であることが判明するまでは実行不可能なものともみていた。こうした財政的・政治的必要性が起こったときはいつでも、かれはその計画について思いをめぐらしながら、結局は行かなかったのである。シオニズム的な環境で育ったかれの妻と別れてからも、かれが依然としてこの問題を真剣に考えていたかどうかは判断し難い。ただ、かれはパリに亡命していた間でさえも、「自分の研究に多少なりとも明確な結論が出たあとで、一〇月か一一月にはエルサレムへ」行くことになるかもしれないと述べている（『書簡集』第二巻、六五五ページ）。こうした手紙のなかで優柔不断とうつるもの、あたかもかれがシオニズムと共産主義との間で動揺しているかのようにみせているものは、おそらく実際には、あらゆる解決は客観的には虚偽で現実に適合しないだけではなく、かれを個人的には偽りの救済へと導くものであって、その救済にモスクワのレッテルがはられていようが、エルサレムのそれがはられていようが同じだというきびしい洞察に基づくものであったと考えられる。かれはいずれの立場をとっても自分自身の立場が持つ積極性や認識上の有利なチャンスを奪われることになると感じていた。そうした立場とは、「沈みかけているマストの頂上」であり、あるいは廃墟のなかで「生きているあいだは死んでおり、本当の生き残り」となることであった。かれは現実と関わりを持った絶望的な状況のなかで腰を落ち着けていた。かれは自分の作品を「メチル・アルコールを含んだ酒」のように「変性させる」ためにそこにとどまることを望んでいた。その結果、自分の作品がそのとき生きていた人々による「消費には適合しないものとなる危険をおかしても」、知られざる未来のためにはよりいっそう確実に保存される可能性を期待できたのである。

この世代にとってユダヤ人問題の解決を不可能にしていたものは、かれらがドイツ語を書いたり話したりしていたことや、かれらの「生産工場」がヨーロッパにあったという事実――ベンヤミンの場合、ベルリン西地区やパリには、「わずかな幻想さえ持っていない」（『書簡集』第二巻、五三一ページ）――だけにあったのではない。決定的な点は、これらの人々がユダヤ人の地位にもユダヤ教にも「復帰する」意思を持たなかったことであり、またそう望むこともできなかったということである。それは、かれらが「進歩」と反ユダヤ主義の自動的消滅とを信じていたからでもなければ、かれらが「同化」されすぎて、かれらのユダヤ的遺産から遠ざかりすぎたからでもなく、あらゆる伝統と文化、さらにはあらゆる「帰属」がかれらにとってひとしく疑わしいものとなったからである。かれらがシオニストによって提案されたユダヤ教会への「復帰」を誤りと感じていたのも、そのためであった。かれらはすべて、かつてカフカがユダヤ民族の一員であることに関して語った言葉、「……私の民族、もし私がその一人であるならば」と述べることもできたであろう[24]。

ユダヤ人問題は、明らかにこの世代のユダヤ人作家にとってきわめて重要なものであったし、かれらの書いたほとんどすべての書物に浮き彫りにされている個人的絶望は大部分それによって説明される。しかし、かれらのなかで最も明敏な人々はかれらの個人的相剋によって、はるかに普遍的でラディカルな問題、すなわち全体としての西欧的伝統の適合性を疑うところにまで達していた。単なる教養としてのマルクス主義ではなく、共産主義の革命運動が及ぼした強い影響力は西欧的な伝統に注目を集めさせていた。それは現在の社会的・政治的状況に対する批判以上の意味を持ち、政治的・精神的伝統の全体性を考慮においていたからである。とにかくベンヤミンにとって、こうした過去と伝統とに対する問いかけは決定的な重要性を持っていたのであり、それはショーレムが、この問題には気づいていなかったにもかかわらず、かれの友人に対してマルクス主義に含まれている思考にとって危険な要素を警告したとき、提議したのとまったく同じ意味においてであった。ベンヤミンは、自分が「ハーマンやフンボルトのような人々の最もゆたかで純粋な伝統を正統に継承する者となる」チャンスを失う危険をおかしていたと書いている（『書簡集』第二巻、五二六ページ）。かれが理解していなかったことは、こうした過去への回帰あるいは過去の継承こそ、ショーレムが訴えかけていた「（かれの）洞察力の道徳性」[25]が、ベンヤミンのためにとり除かなければならなかったものであったという点であった。

その時代の最も危険にさらされやすい立場にあえて身を置き、孤立という十分な代償を支払った少数の人々が、少なくとも自分自身を新しい時代の先駆者とみなしていたと信ずることは、魅力のあることだし、また実際慰められる考え方でもあろう。しかし、それは明らかに事実ではなかった。カール・クラウスに関するエッセイのなかで、ベンヤミンはこの問題をとりあげている。クラウスは「新しい時代の入口に」立っているのであろうか。

「悲しいかな、決してそうではない。かれは最後の審判の入口に立っているのだ」（『著作集』第二巻、一七四ページ）。実際こうした入口には、のちに「新しい時代」の巨匠となったすべての人々が立っていた。かれらは新しい時代の夜明けを基本的に衰退とみなし、歴史とこうした衰退に導いた伝統とを廃墟とみなしていた。[26] こうした考え方を最も明確に表明したのは、『歴史哲学テーゼ』におけるベンヤミンである。さらに、かれが、それを最も率直に表明しているのは、一九三五年に書かれたパリからの手紙であろう。「私は世界の現状がわかるように努力せざるをえないとは感じていない。この惑星の上では、これまで多数の文明が流血と恐怖のなかで滅亡してきた。当然に、いつかはそれが流血と恐怖とを放棄した文明を持つ日がくることを、この惑星のために祈らなければならない。実際私は……われわれの惑星がそれを待望していると考えたい。しかし、われわれがその一〇〇万回目のあるいは四〇〇万回目の誕生パーティまでにこうしたプレゼントをはたしてもたらしうるかどうかはまったく疑わしい。そして、もしわれわれがそれをもたらしえぬなら、ついに惑星は、われわれに最後の審判[27]をもたらすことで、思慮浅き善人たるわれわれを罰することとなろう」（『書簡集』第二巻、六九八ページ）。

　ところで、この点についていえば、この三〇年間に新しいと呼べるものは、およそ生まれてきていない。

III　真珠採り

父は五ひろの海深く横たわり、
骨からは珊瑚が作られ、
目は真珠にかわった。
なきがらはさらに朽ちることなく
海神《わだつみ》の力により
ゆたかでふしぎなものとなった。

〈『テンペスト』第一幕第二場〉

過去が伝統として伝えられるかぎり、それは権威を持つ。権威が歴史的に現われるかぎり、それは伝統となる。ヴァルター・ベンヤミンは、その生涯に生じた伝統の破産と権威の喪失との回復不能性を知り、過去を論ずる新しい手法を発見せねばならぬという結論に達した。過去の伝達可能性は引用可能性によって置き換えられること、そして過去の権威の代りに、徐々に現在に定着し、現在から「心の平和」、すなわち現状に満足する精神なき平和を奪い去る不思議な力が生じていることを発見したとき、かれは過去を論ずる新しい手法についての巨匠となったのである。「私の作品の中の引用文は、武力で攻撃してなまけ者の確信を奪う路傍の盗賊のようなものだ」(『著作集』第一巻、五七一ページ)。こうした引用文の持つ現代的機能の発見を、ベンヤミンはカール・クラウスによって例証しているが、ベンヤミンによると、それは絶望から生まれたものであった。それは、トックヴィルにおけるように、「光を未来に投げかけること」を拒否し、人々の精神を「暗闇のなかにさまよわせる」、過去に対する絶望ではなく、現在に対する絶望と現在を破壊しようとする願望とから生まれたものである。それゆえ、その力は「保存しようとする力ではなく浄化し、文脈からひき離し、破壊しようとする力である」(『著作集』第二巻、一九二ページ)。しかし、こうした破壊的な力を発見し愛好した者も本来はまったく異なった意図、すなわち保存しようとする意図に動かされていた。ただかれらは自分たちの周囲にいる専門的な「保存屋」にだまされることがなかったので、引用文の破壊力は「ただ希望がこの時代からひき離されるというだけの理由で、この時代の何かが生き残るであろうという希望を今日なお残している唯一のもの」であることをついには発見したのである。引用文はこうした「思想の断片」という形で、「超越的な力」をもって提示されたものの流れを解釈し、同時に引用文自体のなかに提示されたものを集約するという二重の役割を果たす(『著作集』第一巻、一四―二三ページ)。ベンヤミンの著作のなかに占める引用文の比重と比較しうるものは、まったく性質を異にしてはいるものの、中世の論文においてしばしば宇宙内在論による整然たる論証の代りとされた聖書からの引証だけである。

私は先に収集がベンヤミンの主要な情熱であると述べてきた。それは当初かれ自身「蔵書癖」と称したものとともに始まったが、やがてかれの人柄というより仕事にとってまったく特徴的なもの、すなわち引用文の収集へと発展したのである。（かれが書物の収集をやめたことは一度もない。フランスが降伏する直前、かれは当時出版されたばかりの五巻本のカフカ著作集とカフカの初期作品の初版本数冊を交換することを本気で考えていた――こうした企ては愛書家でない人にとっては当然理解し難いものであろう。）「蔵書を持とうとする内的要求」（『書簡集』第一巻、一九三ページ）は、一九一六年ごろベンヤミンが「今一度伝統を救った最後の運動」（『書簡集』第一巻、一三八ページ）としてのロマンティシズムの研究に着手したとき、表面に現われた。ある種の破壊的な力が、継承者や遅参者の特性である過去への情熱においてさえも作用するということをベンヤミンが発見したのは、はるかのちのことであり、そのときすでに伝統と世界の不滅性への信仰をかれは失っていた。（これについては後述する。）当時ショーレムの影響により、かれ自身の伝統からの疎隔はおそらくかれがユダヤ人であることによるのであり、エルサレムに移住する準備をしていた友人たちのように、かれにも伝統に復帰する道があるかもしれないと信じていた。（まだ財政問題によってひどく悩まされていなかった一九二〇年ごろには、かれはヘブライ語を学ぶことを考えていた。）この点においてかれはカフカほど徹底していない。カフカはあらゆる努力をつくしたのち、ブーバーが現代語法に改めたハシディズムの物語以外、ユダヤ的なものはかれには全く役立たないと無遠慮に述べている。「どこへでもいつのまにか入りこみ、ほかの気流がふたたび私をそこから運び去る」[28]。それでは、ベンヤミンは、あらゆる疑問にもかかわらず、ドイツあるいはヨーロッパの過去に立ち返り、その文学の伝統を救済しようとしたのであろうか。

かれがマルクス主義に転ずる以前の二〇年代の初期には、おそらくかれに提示された問題はこうした形態であったと思われる。そのころ、かれはドイツ・バロック時代を教授資格論文の主題として選んでいる。この選択はこのように全体的でまだ未解決な問題群の多義性をよく特徴づけるものであった。ドイツの文学と詩の伝統においてバロックは、その時代の偉大な教会合唱曲を例外とすれば、けっして現実に生き残ってはいなかったからである。ゲーテは一八歳のとき、ドイツ文学は老いてないと正当にも述べている。そして、ベンヤミンが選んだ二重の意味でのバロックは、カバラを通じてユダヤ主義に近づこうというショーレムの風変わりな決意とまさに対応していた。カバラはユダヤ的伝統によって伝達されず、また伝達不能なヘブライ文学に属しており、ユダヤ的伝統のなかでも余りかんばしくない評判を得ていた。今にして言えば、こうした研究領域の選択こそ、ドイツ的、ヨーロッパ的あるいはユダヤ的伝統のいずれへの「復帰」などというものも存在しなかったことを明瞭に示している。そこで暗黙のうちに承認されていたことは、過去はまだ伝達されていない事物を通してのみ直接に語りかけてくるのであり、そうした事物が現在と密着しているように思われるのは、拘束的な権威へのいっさいの要求を排除しているそれらのエグゾティックな性格にまさに基づくということであった。義務を負わせるような真理は、ある意味で重要なあるいは興味のある事柄によって置き換えられたのであり、このことはもちろん——ベンヤミンが他の誰にもましてよく知っていたように——「真理の整合性が……すでに失われてしまった」ことを意味していた（『書簡集』第二巻、七六三ページ）。こうした「真理の整合性」を形成する資産のなかで最もめだつのは、少なくとも初期の哲学的関心を神学によって鼓舞されたベンヤミンにしてみれば、秘められたものに関わる真理であり、その暴露が権威を持つことになる。ベンヤミンが伝統の回復し難い破産と権威の喪失に十分気づくようになる直前、かれは真理とは「秘められたものからベールを取り去ってそれを破壊することではなく、その正体を明らかにして正当に扱えるようにすることだ」と述べている（『著作集』第一巻、一四六ページ）。ひとたびこうした真理が歴史上の適切な時点で人間世界にもたらされるならば——たとえそれがギリシアの a-letheia（真理）のように精神の目で可視的にとらえられ、「隠されていないもの〈Unverborgenheit〉」（ハイデガー）としてわれわれに解されるものであろうと、あるいはわれわれがヨーロッパの啓示宗教から受けついだような、聴覚的に認知しうる神の言葉としてであろうと——いわばそれを伝統によって伝達されうるほど実体的たらしめていたのは、真理に固有の「整合性」であった。伝統は真理を知識に変え、知識は伝達されうる真理の整合的な体系となる。言い換えれば、たとえ真理が現世に現われたとしても、その妥当性を普遍的に承認することによってのみ得られる特質をもはや所有していないため、真理は知識となることはできない。ベンヤミンはこの問題をカフカとの関連において論じ、次のように主張している。もちろん「こうした状況に直面したのはカフカがはじめてではない。多くの人々はこうした状況に順応した。すなわち、かれらは真理あるいはその時真理とみなしていたものに固執し、多かれ少なかれ苦悩しつつもその伝達可能性を放棄したのである。カフカが真に天才であるのは、かれが伝達可能性に固執するために真理を犠牲にするというまったく新しいことを試みた点にある」(『書簡集』第二巻、七六三ページ)。かれは伝統的な比喩に決定的な変化を与えること、もしくは伝統的なスタイルで新しい比喩を創出することによってそれを行なった。(29) しかし、こうした比喩はタルムードのなかの伝説物語のように「教義の足下に控え目に横たわっているわけではなく」、むしろ教義に対して「不意にその手を伸ばす」のである。カフカが過去という海底に下っていく場合でさえも、それは保存しようとする願望と破壊しようとする願望との独特の二重性を持っていた。かれは、ただ「消えゆくものの新しい美しさ」のためだけにでも、たとえそれが真理ではないとしてもそれを保存したいと願っていた(ベンヤミンのレスコフに関するエッセイ参照)。しかも他方で、かれは伝統の魔力を破る最も有効な方法は、一個のがっしりした断片として手渡されたもののなかから「ゆたかでふしぎなもの」、すなわち珊瑚と真珠とを抜きとることであるのを知っていたのである。

ベンヤミンは、自分自身のものでもあった収集家の情熱を分析することで、過去に関わる態度の曖昧さを例証している。収集はたやすくは理解されない多様な動機から行なわれる。おそらくは初めてベンヤミンが強調したように、収集とはこどもっぽい情熱である。こどもにとって事物はまだ必需品ではなく、その有用性に応じて評価されることもないからである。それはまた金持の趣味でもある。金持は有用なものを必要としないほど十分に所有しており、したがって「対象の変形」（『著作集』第一巻、四一六ページ）をかれらの仕事にするだけの余地があるからである。こうしてかれらは必然的に美しいものを発見しなければならず、それは「私心なき喜び」（カント）をもってみられることを必要とする。いずれにもせよ、収集されるものは、ただアマチュアの価値を持つだけであり、いかなる使用価値も持たない。（ベンヤミンは収集も、きわめて堅実で時としてはきわめて有利な投資の形態となりうることをまだ知らなかった。）収集はどのようなカテゴリーの対象とも結びつきうるものであり（対象となるのは芸術作品だけではない。ただ芸術作品は何かの役に立つというものではないから、どんな場合でも有用な対象で作られている日常世界から収集品の世界へと移される）、また収集された対象はもはや目的に対する手段ではなく、固有の価値を持つところから、それをいわば一個の事物として救い出すことが可能となる。こうした点からみるかぎり、ベンヤミンは収集家の情熱を革命家のそれに類似した態度として理解することができた。革命家と同じく収集家も「遠い未来の、あるいは過去の世界に通ずる道だけではなく、同時によりよい世界への道をも夢想する。そうしたよりよい世界では、たしかに人々は日常世界で与えられている以上に必要とするものを与えられてはいないが、しかしそこでは事物が有用性という苦役からは解放されている」（『著作集』第一巻、四一六ページ）。収集とは人間の救いを補うべき事物の救いである。自分の蔵書を読むことさえ真の愛書家にとっては疑わしいことであろう。「『それではあなたはこれを全部お読みになったのですか』、アナトール・フランスはかれの蔵書の賛美者にそう聞かれたという。『十分の一も読んでいません。あなただってお持ちになっているセーヴル焼きの陶器を毎日使っていらっしゃるとは思いませんが』」（『私の蔵書を取り出す』）。（ベンヤミンの蔵書のなかには、珍しいこどもの本や狂人が書いた本の収集が含まれていた。かれは児童心理学や精神医学に関心をいだいていたわけではなかったから、これらの本は、かれの財宝のなかにあった他の多くのものと同様に、文字通り何の役にも立たないもの、気晴らしにも教養にも役立たないものであった。）このことと密接に関連しているのは、ベンヤミンが収集した対象について腹蔵なく主張していた物神性である。今日では、収集家にとってもまた収集家によって選定された市場にとっても決定的に重要な実質価格が、「崇拝価格」にとって代られているが、これは物神性の世俗化とでもいうべきものであろう。

こうした考察は、ベンヤミンにおける他の多くのものと同様に、かれ本来の洞察力の特徴とはいえない巧妙で才気あふれたものを含んでいる。かれ本来の洞察力は大部分まったく実際的なものであったからである。しかしなおこれらの考察は、かれが都市における散策者のように、たまたま自分自身を知的探究の旅における一案内人とみなした場合の、かれの思考における散策、すなわちかれの思考の働き方を示す印象的な例である。過去に得た財宝の間を歩きまわることが、財産相続人のぜいたくな特権であるとするなら、「収集家の態度は、最も高い意味で、財産相続人の態度である」（『私の蔵書を取り出す』）。相続人は事物を所有することによって――「所有は人間が対象に対して持つことのできる関係のなかで最も深いものである」（前掲書）――現在にわずらわされることなく、「古い世界の再生」を実現するために過去に定着する。しかも収集家のこうした「きわめて深い衝動」は、いかなる公的な意義も持たず、結局は全く私的な趣味に終ってしまうため、「真の収集家の立場からいわれること」はすべて「気まぐれなもの」とならざるをえず、それは「貧しいからではなく、買う本が気にいらず、それに満足できないがゆえに本を書く」著述家のひとりがいだく典型的にジャン・パウル的な想像力と同じである（前掲書）。しかし、もう少し深く検討してみると、こうした気まぐれは若干の注目すべき特質をそなえており、それらは必ずしも無害なものではない。一つには、かれらの挙動は公的に暗黒な時代においては重要な意味を持つものであるが、その意味するところは、収集家が公的なところから身をひいて四壁に囲まれた私的な場所に入ってしまうというだけではなく、かつては公共の財産であったあらゆる種類の財宝を四壁を飾るために持ち去ってしまうということである。（このことはもちろん今日の収集家にはあてはまらない。かれらはどんなものであれ、市場価格を持つものか、将来持つであろうと評価されうるもの、あるいは収集家の社会的地位を上昇させうるものを所有している。これに対して、ここでいう収集家は、ベンヤミンのように、無価値だと考えられているような変わったものを求める。）しかも、過去自身のために過去に向かう収集家の情熱は、かれの現状に対する不満から生まれたものであり、したがって対象の質についてはむしろ無頓着であるが、そこには常に攪乱的な要素が現われ、伝統はかれを導くのに最も不適当なものであり、伝統的な価値はかれの手中にあっても一見してそう思われるほど安全なものではないと告げるのである。

伝統は過去を単に年代順に秩序づけるだけではなく、何よりもまず体系的に秩序づける。そこで伝統は肯定的なものを否定的なものから、正統を異端から区別するのであり、さらに無関係なものの巨大な集合や、あるいは単に面白い意見やデータであるにすぎないものから義務を負わせる存在や適切な関係を持つ存在を区別する。一方収集家の情熱は体系的でないだけではなく、無秩序と境を接している。その理由はそれが情熱だからというよりは、それがまず分類されうるものとしての対象の質によって燃えあがるのではなく、その「純粋性」とかその独自性とか、いかなる体系的分類をも許さないものによって燃えさかるものだからである。それゆえ、伝統がさまざまな区別を立てるのに対し、収集家はあらゆる区別をなくして一様化するのであり——それゆえ、「肯定的なものと否定的なもの、……偏愛と拒絶とがここでは密接に接触しあう」(『著作集』第二巻、三一三ページ)——、たとえ収集家が伝統自体をかれの専門領域とし、伝統によって承認されないいっさいのものを注意深くとり除いたとしても、やはりこうした一様化は生ずる。収集家は伝統に対しては純粋性の基準を競わせ、権威あるものには起源となるもののしるしを対置する。こうした思考方法を理論的に表現するため、かれは内容を純粋な真正さあるいは出所の正しさをもって置き換えるのであり、それは、フランスの実存主義だけがあらゆる特殊な性質から切り離された性質それ自体として定立したものに類似している。こうした思考方法を論理的に極限まで推し進めていけば、その結果は収集家本来の推進力の奇妙な転倒である。「本物の絵は古いものかもしれないが、本物の思想は新しい。それは現在のものである。

この現在は貧弱なものかもしれない。それは認めてもよい。しかしそれがどれほど貧弱であろうと、過去を診断しうるためには、はっきりとその角を捉えねばならない。それこそ死者の影が墓穴のへりに現われるとき、血をもって墓穴を満たすべき雄牛なのである」(『著作集』第二巻、三一四ページ)。過去を呼び醒ますために現在が犠牲に供されているとき、こうした現在から伝統と過去の権威に対して向けられる「思想の致命的衝撃力」が生まれる。

かくして、継承者と保存者とは突然破壊者に変わる。「大いに誤解されている収集家の本当の情熱は、常に無政府的であり破壊的である。対象に、個々の事物に、また収集家の保護のもとに隠されている事物に忠誠をつくし、典型的なものや分類されうるものに対して頑固で破壊的な抗議を行なうことは、収集家の弁証法にほかならない(30)」。収集家は、かつてかれの対象がより巨大で生成しつつある全体のほんの部分にすぎなかったときに、その対象が置かれていた前後関係を破壊する。また、ただ独自性をそなえた本物だけがかれに役立つのであるから、かれは選ばれた対象をその周囲にある典型的なものから切り離さねばならない。収集家という人間像は、散策者という人間像と同様に流行遅れのものであろうが、それがベンヤミンにおいてはこのように著しく現代的に思われる理由は、歴史自体が——すなわち、今世紀の初頭に生じた伝統の破産が——すでにかれをこうした破壊の作業から解放しており、ただかれはこなごなになったかけらの山から貴重な断片を選ぶために、身をかがめればよかったからである。言い換えるなら事物それ自体が、はっきりと現在に直面した人間に、以前には収集家の気まぐれな目からしか発見できなかった光景を特別に提示したのである。

ベンヤミンの流行遅れの性向と時代の現実とがみごとに一致するのを、かれがいつ発見したかは私にはわからない。おそらくそれは二〇年代の半ばであったに違いない。かれはそのころカフカについての重要な研究を始めており、その直後には今世紀について最も精通している詩人をブレヒトに見出していた。私は、ベンヤミンが一夜にして、あるいは一年そこそこのうちにかれの強調点を本の収集から（ベンヤミンにしかみられない）引用文の収集に移したなどと主張するつもりはない。ただ、意識的に強調点を移したであろうことは、書簡によっても推察される。いずれにせよ、黒いカバーの小さなノートほど三〇年代のかれの特質を語ってくれるものはない。かれはこれを常時持ち歩き、そのなかに「真珠」と「珊瑚」を採取する途上で、日々の生活や読書がもたらしたものを、引用文の形でたゆみなく記入していた。しばしばかれはそれを大声で読み上げ、精選した貴重な収集から選んだもののようにまわりの人々にもみせていた。そのころまでにこの収集はもはや気まぐれなものではなくなっていたが、そのなかで一八世紀の無名の恋愛詩の次に、当時の新聞記事が並んでいたりすることはしばしばある。たとえば、ゲッキングの「初雪」の次には次のような一九三九年夏のウィーンからの報道がある。ガス会社は「ユダヤ人へのガスの供給を停止した。ユダヤ人のガス消費はガス会社に損失を与えている。最大の消費者のなかにガス代を支払わないものがいるからだ。ユダヤ人はとくに自殺するためにガスを使用しているのである」（『書簡集』第二巻、八二〇ページ）。ここではまさに死者の影は現在というけにえの墓穴からのみ呼び出されたのである。

伝統の破産と、破壊された過去の砕片のなかから断片や破片を集める収集家の一見気まぐれな姿との間には密接な関連がある。このことはやや唐突に思われるとしても、次のような事実によっておそらく最もよく証明されよう。すなわち、伝統によってその多くが長い間忘れられてきた古典的なものが、一般教材となっていたるところで大量に学童に手渡されるなどということは、おそらくわれわれの時代以前にはみられなかったということである。とくに古典文化のこうした目覚ましい復活は、比較的伝統に乏しいアメリカでは四〇年代以降とくに目立つものとなったが、ヨーロッパではすでに二〇年代に始まっていた。それは伝統の破産が回復不能なものであることを最もよく知っていた人々によって始められたのであり、かくてドイツでは、そしてそれ以外のところでも、マルティン・ハイデガーがそれに先鞭をつけたのである。かれの二〇年代における異常な、しかも異常に早くからの成功は、本質的にいって「過去に身をゆだねるのではなく、現在を考える伝統に耳を傾ける」態度によるものであった。(31) ベンヤミンは意識してはいなかったが、マルクス主義者の友人達の精妙な弁証法より、ハイデガーの素晴らしい感覚——海神の力によって真珠や珊瑚に変えられ、こうして新しい思想の「致命的衝撃」によってそれらを解釈し、その前後関係に暴力を加えることによってのみ現在へと引き上げ、救出することができる生きた目や生きた骨に対する素晴らしい感覚——に、はるかに共通するものをもっていたのである。先に引用したゲーテ論の終りの文章がカフカの著作を思わせたように、一九二四年に書かれたホフマンスタールへの手紙のなかの次の言葉は、三〇年代あるいは四〇年代に書かれたハイデガーの論文を思わせる。「私の文学上の営為を導く確信は次のようなものです。……どんな真理も言語の中にその本拠、その祖先の館を持つこと、こうした館は最古の言葉〈logoi〉によって構築されていること、さらにこのように根拠づけられた真理にとって科学の洞察力はより劣ったものにとどまるであろうこと、なぜならば、科学がいわば遊牧民のように言語の領域をあちこちと動きまわることに満足し、言語の符号的性格という確信に満足しているかぎり、科学の用語のなかでは無責任な恣意しか生み出されないからです」(『書簡集』第一巻、三二九ページ)。ベンヤミンの言語哲学に関する初期の著作において、言葉は、ちょうど真理が「主観的意図の死」であるように、「外部を志向するあらゆるコミュニケーションとは正反対のもの」と考えられていた。真理を求める人間は、エジプトの古都サイスのベールをかけた絵に関する寓話のなかの人間と同じような立場に置かれる。「その理由は、ベールをはずされるべき内容が神秘的で奇怪なものであるからというのではなく、真理を探り出そうとするほんのわずかな火の明りでさえも、まるで水中ででもあるかのように消し去ってしまう真理の本性に求められるのである」(『著作集』第一巻、一三一、一五二ページ)。

ゲーテ論以降、引用文はあらゆるベンヤミンの著作の中心をなしている。まさにこのことがかれの著述をあらゆる種類の学術的著述から区別している。学術的著述においては、引用文の機能は意見を証明し、証拠の文献を提示することであって、それゆえ引用文は注へと安全に追放されうる。こうしたことはベンヤミンにとっては問題外であった。かれがドイツ悲劇に関する研究をすすめていたとき、かれは「きわめて体系的かつ明瞭に配列された六〇〇以上の引用文」の収集を自慢にしている（『書簡集』第一巻、三三九ページ）。のちのノートと同様に、この収集も研究を書き表わしやすくする意図を持った抜き書きの寄せ集めではなく、作品の主要部分をなすものであり、そこでは書くことそのものは二次的な意味しか持っていない。主要な仕事となったのは、それらの文脈から断片を引き裂き、それらが相互に例証しあうように、またいわば自由に浮遊している状態においてそれらの存在理由を証明できるように新たな仕方で配列することであった。明らかにそれは一種のシュルレアリスム的モンタージュである。完全に引用文だけから成る著作、すなわちきわめて巧妙に組み立てられているためいかなる本文をもつける必要のないような著作を作り出したいというベンヤミンの考えは、その極端さとさらに加えてその自己破壊性とにおいて、それに似た衝動から生じた同時代のシュルレアリスム的実験のどれよりも気まぐれなものとみえるかもしれないが、しかしそうではなかった。著者による付随的な本文が省略しえないものとなっているかぎりは、こうした方式は著作の型式を定める問題である。すなわち、それは「こうした研究の意図」言い換えれば、因果的、あるいは体系的関係を与えようとする説明によって、一切を台無しにすることのないように、「掘削することによってではなく、穿孔することによって……言語と思考の深さを測定する」という意図を保持する方式であった（『書簡集』第一巻、三二九ページ）。そうしつつもベンヤミンは、この新しい「穿孔する」方法が結局は一種の「洞察力の強制」になるが、「……しかし、こうした強制に伴う洗練されない衒学者ぶりは、今日ほとんど普遍的な習慣になっている洞察力の偽造よりはましである」ことを承知していた。こうした方法が「ある種の曖昧さの原因」にならざるをえないことも、かれには同様に明らかであった（『書簡集』第一巻、三三〇ページ）。何よりもまずかれが問題としたのは、ある研究の主題が、読者や観客に容易に伝達されうるメッセージを準備しているとでもいうように、感情移入を暗示するものを避けることであった。「どの詩も読者のために書かれたものではなく、どの絵も鑑賞者のために描かれたものではなく、どの交響曲も聴衆のために作られたものではない」（『翻訳者の使命』、傍点はアレント）。

きわめて初期に書かれたこの文章は、ベンヤミンの文芸批評全体のモットーとなりえたであろう。それは、一時的なショックを与えるにすぎないものや、「見せかけだけのもの」に慣れた聴衆を嘲弄する、ダダイストの発言として理解されるべきではない。ここでベンヤミンは、思想の問題、特に言語学的性格の問題を論じているのであり、かれによればこうした問題は、「単に人間だけに適用されるものときめてかからない方が問題の意味を、おそらくはその最良の意義を持ち続ける。たとえば、人は忘れがたい生活や瞬間について、すべての人がそれを忘れたとしてもなお語ることができる。こうした生活とか瞬間が忘れ難い性質のものであれば、その陳述は虚偽を含んでいるのではなく、人間によっては達成されそうもない要求を含んでいるだけであり、またおそらくそれが達成されるヽヽヽ領域、すなわち神の記憶への言及をも含んでいるはずである」（前掲書）。ベンヤミンはのちにこうした神学的背景を放棄したが、その理論および引用文の形態で本質的なものに達するべく穿孔する方法を棄てはしなかった。この方法は穿孔することによって地底深く隠された水源から水を得るようなものである。この方法は儀式的祈禱の現代版ともいうべきものであり、今、一定不変に生起する精神も、生きた目から真珠へ、生きた骨から珊瑚へと変わるシェイクスピアの「海神の力」を経験してきた過去からの精神的真髄なのである。ベンヤミンにとって引用することは命名することであり、話すことよりはむしろ名づけることが、文章よりはむしろ言葉が真理を明るみに出すものとなる。『ドイツ悲劇の起源』の序文にあるように、ベンヤミンは真理をまったく聴覚上の現象とみなした。「プラトンではなくて」事物に名前を与えた「アダム」がかれにとっては「哲学の父」であった。したがって、伝統とはこれらの命名された言葉が伝えられる形式であり、それはまた本質的に聴覚上の現象であった。かれは自分をカフカの同類と感じていた。それはまさに、今日の誤った解釈にもかかわらず、「カフカが先見の明や『予言者的な視野』」を持たず、むしろ伝統に耳を傾けたからであり、「聴くことに精魂を傾ける者は先を見ようとはしない」からである（『マックス・ブロートのカフカ論』）。

ベンヤミンの哲学的関心がはじめから言語哲学に集中していたこと、そしてついには引用することを経て命名することが、かれにとっては伝統の力を借りずに過去を論ずる唯一の可能にして妥当な方法となったことには十分理由がある。われわれにとっての過去の場合のように、それ自体の過去が疑わしくなるような時代は結局は言語の問題に直面しなければならない。言語には過去が根深く含まれており、そこから一挙に離脱しようとするあらゆる企てを妨害するからである。ギリシアのポリスは、われわれが「政治《ポリティックス》」という言葉を使用するかぎり、われわれの政治生活の根底、すなわち海の底に存在し続けるであろう。これが意味論学者の理解できない点である。意味論学者は十分な理由をもって言語を過去がその背後に隠れている障壁として攻撃する――かれらはそれを言語の混乱と呼ぶ。かれらは確かに正しい。窮極的に分析すれば、あらゆる問題は言語上の問題である。かれらはただかれらが語っていることに含まれているものを知らないだけなのだ。

しかし、ヴィトゲンシュタインの後継者は無論のこと、まだヴィトゲンシュタイン自身のものさえ読むことのできなかったベンヤミンも、こうした事柄については承知していた。真理の問題は、最初からかれには「啓示」として現われ、「……それは聴かれるべきもの、すなわち形而上学的に聴覚の領域にある」ものだったからである。それゆえ、かれにとって言語とは第一義的には人間を他の生物から区別する言語能力の恩恵によるものでは決してなく、むしろ「言語能力を生み出した……世界の本質」にほかならなかった(『書簡集』第一巻、一九七ページ)。こうしたかれの立場は偶然にも、「人は、ただ語り手となる場合にのみ、話すことができる」とするハイデガーの立場に著しく近づいていた。かくして「真理の言葉」が存在するのであり、それは「あらゆる思想が関心を寄せる窮極的な秘密にとり、葛藤のない静かですらある保管所である」(『翻訳者の使命』)。そしてこれが「真の言語」であり、われわれが一つの言語から他の言語に翻訳する場合には無意識的にその存在を想定するものである。ベンヤミンがかれのエッセイ『翻訳者の使命』の中心にマラルメからの注目すべき引用を置いているのもそのためにほかならない。話し言葉がその多様性において、いわば、そのバベル的騒乱のために、「考えることは道具もささやきもなしに静かに書くことである」ということから考えるかぎりわれわれには想像もつかない「不滅の言葉」を窒息させ、こうして、物質的または有形の証拠の力によって地上で真理の言葉が聞かれることを妨げるとされている。ベンヤミンがこれらの神学的形而上学的確信に後になってどんな理論的変革を加えたにしても、かれ自身の文学上の研究に判然としているかれの基本的な問題接近方法は変わらなかった。つまり、それは言語上の創造物の功利的または伝達的機能を研究することではなく、「世界の本質」を無意図かつ非伝達的に表現したものとして結晶化し、それゆえ断片的な形をとるものの中にそれらを理解することである。このことはかれが言語を本質的に詩的な現象として理解したということ以外に何を意味するであろう。ベンヤミンはマラルメのアフォリズムの最後の文章を引用してはいないが、それが明快に語っているのもまさにこの点である。「ただ、詩句など存在しないということを知ることにしよう。なぜなら、詩句は言語の高級な補足として言語の欠陥を哲学的に補うものだから〈Seulement, sachons n'existerait pas le vers : lui, philosophiquement remunère le défaut des langues, complément supérieur〉」(『詩の危機』)。もし詩などというものが存在しないと仮定すれば、これはすべて真実である。つまり、哲学的に言語の欠陥を補う詩こそ言語の高級な補足なのである(32)。このことは、私が先に述べたことを少し複雑に述べているにすぎない。つまりわれわれがここで扱っているのは、唯一無二とはいわないまでも確かに非常にまれなこと、すなわち詩的に思考する才能である。

　こうした思考は現在に触発されながら、過去からひき離して、自分自身のまわりに集めることのできる「思想の断片」をもってはじめて機能する。海底に穴を掘りそこに光を当てるためにではなく、豊かなものや不思議なもの、すなわち海底深く横たわる真珠や珊瑚をてこでゆるめ、それらを海面にまでもたらすべく海の底へと降りて行く真珠採りのように、こうした思考も過去の深淵へと探究の手をのばす——しかしそれは過去をあるがままによみがえらせるためでも、また消え去った時代の再生に役立つためでもない。こうした思考を導くものは、たとえ生存は荒廃した時代の支配を受けるとしても、腐朽の過程は同時に結晶の過程であるとする信念、かつては生きていたものも沈み、溶け去っていく海の底深く、あるものは「海神の力によって」自然の力にも犯されることなく新たな形に結晶して生き残るという信念である。こうして生き残ったものは、いつの日か海底に降りて来て生あるものの世界へと運び上げてくれる真珠採りだけを待ち望むのであり、「思想の断片」も「豊かで不思議なもの」も、そしておそらくは不朽の根源現象でさえもその中に数えられるであろう。

原注

（1） Walter Benjamin, *Schriften*, Frankfurt a. M., Suhrkamp Verlag, 1955, 2 vols., and *Briefe*, Frankfurt a. M., 1966, 2 vols. 以下の引用は、これらの版によったものである（それぞれ『著作集』および『書簡集』と略記）。

（2） Yearbook of the Leo Baeck Institute, 1965, p. 117.

（3） *Op. cit.*

（4）「散策者」についての古典的記述は、Constantin Guys に関するボードレールの有名な論文、"Le Peintre de la vie moderne" に見られる。Edition pléiade, pp. 877-83 をみよ。ベンヤミンはしばしばそれに間接的に言及しており、ボードレール論のなかではそこから引用している。

（5） 両者はともに最近この点を繰り返している――ショーレムは、一九六五年のレオ・ベック記念講演のなかで次のように語っている。「私は、ブレヒトが三〇年代のベンヤミンの作品に及ぼした影響を有害なもの、ある点では破壊的なものであったと考えたい」と。またアドルノは、かれの弟子ロルフ・ティーデマンに語ったことのなかで、ベンヤミンは、「かれが恐れをいだいていたブレヒトを急進主義において凌駕するために、芸術作品に関する論文」を書いたことをアドルノに告白したと述べていたという（Rolf Tiedemann, *Studien zur Philosophie Walter Benjamins*, Frankfurt, 1965, p. 89に引用）。ベンヤミンがブレヒトに対する恐れを表明したというのはどうもありえないことであるし、アドルノもかれが実際にそうしたとは主張していないように思われる。言明の残りの部分については、残念ながらベンヤミンがアドルノを恐れていたために、そうした告白を行なったということのほうがありそうに思われる。たしかにベンヤミンは、青年時代以来未知の人々との交際においてきわめて内気であったが、かれが恐れをいだいていたのは、ただかれが依存していた人々だけであった。もしかれが、パリからかなり生活費の安いデンマークにいるブレヒトの近所へ移らないかというブレヒトの示唆にしたがっていたならば、ブレヒトに対するそうした依存関係が生じることになったであろう。結局ベンヤミンは、「まったく未知の言語」が用いられている異国で、「一人の人間に」ひたすらに「依存」するようになることに重大な疑問を感じていたのである（『書簡集』第二巻、五九六、五九九ページ）。

（6） *Dreigroschenroman* の書評にあり。Cf. *Versuch über Brecht*, Frankfurt, 1966, p. 90.

（7） 今ではほとんどすべてが、救い出されたように思われる。パリに隠されていた手稿は、ベンヤミンの指示に従って、テーオドル・W・アドルノの許に送られた。ティーデマンによれば（*op. cit.*, p. 212）、それらは今フランクフルトにおけるアドルノの「私的収集品」のなかにあるという。また、大部分の原典の複写物や写本がエルサレムにおけるゲルハルト（ゲルショム）・ショーレムの個人的収蔵品のなかにある。ゲシュタポに押収された品物もドイツ民主共和国に保存されていることが判明した。"Der Benjamin-Nachlass in Potsdam," by Rosemarie Heise in *Alternativ*, October-December, 1967 をみよ。

（8） Cf. "Walter Benjamin hinter seinen Briefen," in *Merkur*, March 1967.

（9） Cf. Pierre Missac, "L'Eclat et le secret : Walter Benjamin," in *Critique*, Nos. 231-32, 1966.

（10） *Neue Schweitzer Rundschau* の編集者で、最近死去したマックス・リュヒナーは、この時代の知識人のなかでも最も教養があり、最も洗練された人物の一人であった。アドルノ、エルンスト・ブロッホ、ショーレムらと同じく、かれもかれの "Erinnerungen an Walter Benjamin" を *Der Monat*, Sept. 1960 に発表している。

（11） *Ibid.*

（12） この問題については、同時代人のだれよりも現実主義的な見解をいだいていたカフカは、「多くの人々の知的滋養物である父親コンプレックスは、……父親たちのユダヤ教に関連あり、……また」かれらの息子たちがユダヤ人地区を去ることについて「父親の漠然とした同意（この漠然性は侮辱であった）をうることに関連があった」のであり、「息子たちは後足では依然として父親たちのユダヤ教にしがみつきながら、前足では空しく新しい基盤を探っていたのである」(Franz Kafka, *Briefe*, p. 337)。

（13） *Ibid.*, p. 55.

（14） ベルリンの上流階級の住宅地。

（15） *Ibid.*, p. 339.

（16） *Ibid.*, p. 337.

（17） *Ibid.*, p. 336–38.

（18） Franz Kafka, *Tagebücher*, p. 42.

（19） Franz Kafka, *Briefe*, p. 347.

（20） *Ibid.*, p. 378.

（21） 一九三四年にパリで行なわれた講演、"Der Autor als Produzent" から。このなかで、ベンヤミンは左翼知識人に関する初期の論文を引用している。*Versuche über Brecht*, p. 109 をみよ。

（22） Max Brod, *Franz Kafkas Glauben und Lehre*, Winterthur, 1948 に引用。

（23） たとえば、ブレヒトはベンヤミンにかれのカフカ論がユダヤ的ファシズムに助力と慰めを与えたと語っていた。*Versuche* p. 123 をみよ。

（24） Franz Kafka, *Briefe*, p. 183.

(25) ピエール・ミサックは、先にあげた論文のなかで同じ章句をひきながら、次のように書いている。「(ハーマンやフンボルトの継承者となることに)成功したことの価値を過小評価しなくても、ベンヤミンがまたマルクス主義のなかにそこから逃げ出す手段を探っていたと考えることは可能である」。

(26) これはただちにブレヒトの詩「あわれなBBについて」を想起させるであろう。

Von diesen Städten wird bleiben: der durch sie hindurchging, der Wind!
Fröhlich machet das Haus den Esser: er leert es.
Wir wissen, dass wir Vorläufige sind
Und nach uns wird kommen: nichts Nennenswertes.
(都市は残らぬ、残るのは吹きぬけてった風、ばかり。
家ってものはごきげんなエサ、食う者は食いに食う。
ぼくらは知っている、ぼくらはさっさと行く者であり
あとへ来るやつらだってが、名もとおらねえご連中。)
〈野村修訳〉(*The Manual of Piety*, New York, 1966)

価値あるものが存在しないというのは、また『かれ』という題をつけられた「一九二〇年の覚え書」のなかにおけるカフカの注目すべきアフォリズムのテーマでもある。「かれの行なうことはすべてかれには並はずれて新しいことに思われる。しかしまた、新しいことが信じ難いほどに多いために、それは並はずれてしろうと臭く、実際耐え難いもので、歴史的な意味を持つことはできず、世代をつなぐ鎖をばらばらにし、これまでは少なくともそのあらゆる深さにおいて聖化されえた世界の調べを初めて中断するものであるようにも思われる。ときには、自負心からかれは自分自身についてよりも世界について悩むのだ」。

こうしたムードの先覚者はやはりボードレールである。「世界は終りに近づいている。世界が存続しうる唯一の理由は、世界が現に存在しているということだけだ。この理由は、その反対を示すあらゆる理由に比べて、なんと薄弱なことか。とくに世界は今後、なにかなすべきことがあるのかという理由に比べて。……私はといえば、私は自分の中にときとして予言者の滑稽さがあるのを感じることがあるが、医者の慈悲心といったものは全くもっていないことを知っている。私は疲れ果てた男のようなもので、この醜い世界のなかに己れを失い、群衆にこづきまわされ、眼は背後の深い年月のなかに、失望と苦悩しか見ず、目前にはなんら新鮮なものもなく教訓もなく苦悩もない嵐を見るのみだ」——*Journaux intimes*, Pléiade edition, pp. 1195-97 より。

(27) Weltgericht（最後の審判）は、Gericht（審判、皿の意）の二重の意味にかけられている（英訳者注）。
(28) Cf. Kafka, *Briefe*, p. 173.
(29) 抜粋が *Parables and Paradoxs* という題で二カ国語版で出されている（Schocken Books, New York, 1961）。
(30) Benjamin, "Lob der Puppe," in *Literarische Welt*, Jan. 10, 1930.
(31) Martin Heidegger, *Kants These über das Sein*, Frankfurt, 1962, p. 8 をみよ。
(32) マラルメのアフォリズムについては、"Variations sur un sujet," under the subtitle "Grise des vers," Pléiade edition, pp. 363-64 をみよ。

ベルトルト・ブレヒト――一八九八―一九五六

君が望むことは、まさしく、
　君の本が弁護してくれること、
地獄から君を救い出すために。
　けれど神は、
悲しい素振りもなく、
　どう見ても
批難する気配もなしに、
(かれにはそうする必要がない、
君のような芸術好きが
　一体何を気にしているか
神はよく御存知なのだ)
　君に羞恥の涙を
最後の審判の日に
　流させることだろう、
もし君の人生が

善いものであったとしても
書いたであろう詩を
暗誦することで。

——W・H・オーデン

I

一九四一年、ベルトルト・ブレヒトがアメリカに避難所を求めてそれを見出したとき、かれは「嘘の売られる市場」の「売手となるため」ハリウッドに行った。そして行く先々で「お名前の綴りは？」と尋ねられている。(1) ドイツ語圏諸国ではすでに二〇年代初期から有名であったかれとすれば、再び無名で貧乏であることをとくに望んだわけではない。一九四七年、非米活動委員会に召喚されたかれは、チューリヒ行の切符をポケットに入れて現われ、きわめて「協力的」な姿勢を賞賛され、この国を去った。しかしブレヒトが西独に落ち着こうとしたとき、占領軍当局は必要な許可を与えることを拒否した。(2) このことはドイツのためにもブレヒト自身のためにも、ほぼ等しく不幸なこととなった。一九四九年、東ベルリンに落ち着いたかれは、劇場監督の仕事を与えられた。そして生まれて初めて、共産主義の全体支配という見世物を目近に見るあり余るほどの機会を与えられたのである。一九五六年八月、かれは死んだ。

死後ブレヒトの名声は、ヨーロッパ全土——ロシアにも——と英語圏諸国に広まった。

W・H・オーデンとチェスター・カルマンによって翻訳された小品『プチ・ブルの七つの大罪』（両人による見事な翻訳『マハゴニー市の興亡』は刊行されていない）、チャールズ・ロートンとブレヒト自身による『ガリレオの生涯』の翻訳を別にすれば、この偉大な詩人・劇作家にふさわしい英語訳は戯曲の場合皆無であり、何と詩にしたところで僅かしかない。さらに、かれのどの戯曲も——四〇年代後半にニューヨークで六回上演されたチャールズ・ロートンによる『ガリレオの生涯』と一九六六年にリンカン・センターで上演された『コーカサスの白墨の輪』をおそらく別とすれば——それにふさわしい英語上演の機会を与えられていない。きわだってすぐれているというわけではないがブレヒトの最初の詩集——一九二七年に出版された『家庭用説教集』——のエリック・ベントリーによる適切な翻訳は、フーゴー・シュミットの立派な解説付きで『信仰の手引』という書名の下にグローブ・プレスから刊行されている（以下の数点の詩はこの翻訳を用いるつもりである）。しかし名声にはそれ自体の勢いがある。ドイツ語をまるで知らない人が英語のブレヒトに興奮したり熱狂したりすることが時として理解困難であるとしても、まさしく当然のことであるがゆえに興奮も熱狂も歓迎されるべきである。名声はまた、ブレヒトが東ベルリンに行かざるをえなかった事情をも覆い隠しているが、これも二流批評家や三流作家が罰もうけずにかれを非難できた時期を回想する者にとっては歓迎されるべきである。(3)

ブレヒトの政治的な伝記、詩と政治との不確かな関係についての一種の歴史的な例証は、いまだに軽視できる問題ではない。そしてブレヒトの名声が定まった今こそ、誤解のおそれなしにある種の問題の提起が可能になっている。たしかに、共産主義イデオロギーに対するブレヒトの教条的な、時として滑稽なほどの執着は、それ自体深い関心を要するほどのことではない。大戦中にアメリカで書かれながらごく最近刊行された詩のなかで、ブレヒト自身唯一重要な地点を明確にしている。ヒトラー治下のドイツの仲間の詩人にあててかれは次のように言った。「警戒せよ、君たちが歌うヒトラーなる男を。ぼくは……かれがもうじき死ぬことを、死ねば世に忘れられることを知っている。たとえかれが地球を征服して、人には住めなくしたとしても、かれを賛える詩は生き残れない。たしかに、世界中の悲嘆の声は早く消えすぎ、苦しめた者への賛美歌を押し流せない。たしかに、暴虐を賛える者、かれらもまた、美しく響く声をもっている。それでも、最も美しいと言えるのは瀕死の白鳥の歌だ。かれは何の恐れもなく歌うのだから」[(4)]。ブレヒトは正しく、そして誤っていた。ヒトラーあるいはヒトラーの戦争を賛える詩は、ヒトラーの死後一つとして生き残らなかった。その賛美歌作者たちは誰一人「美しく響く声」をもたなかったからである。(第二次大戦をあつかったドイツの詩のなかで唯一生き残るであろうものは、ブレヒト自身の『少年十字軍　一九三九』である。これは、悲痛な感動に満ちた民謡調のバラッドであり、「平和な土地」に向けて出発しながらその道筋が分らないポーランドの五五人の戦争孤児と一匹の犬の物語である。)しかしブレヒトの声は、仲間の詩人にあてた詩のなかで十分美しく響いており、かれがこの詩を公刊しなかった理由ははっきり分らない。ただ分ることはかれが、ほんのちょっと名前を変えるだけでこの詩が自分にはねかえってくることを、おそらく知っていただろうということである。たとえば、東ベルリンにいた間に書かれ出版されたスターリンへの頌詩やスターリンの犯罪の賛歌は、かれの作品集からは都合よくはずされているではないか。かれは自分の行なったことを知らなかったのであろうか。まさしく知っていたのである。「昨夜夢のなかで、ぼくのことをまるで癩病患者か何かのように指さす指先をみた。その指はすり切れていたし、破れていた。『お前は知らないのだ』と、ぼくは罪を意識して叫んだ(5)」。

詩人について語るのは厄介な仕事である。詩人とは引用されるために存在するのであって、語られるためにではない。文学を専門とする人達――そのなかには今や「ブレヒト学者」もいる――なら自分の不安に打ち克つ術を心得ているであろうが、私はそうではない。しかし詩人の声は、批評家や学者ばかりでなく、われわれすべてにかかわりをもつ。それは私的生活のなかでわれわれにかかわるし、われわれが市民であるところからも関わってくる。アンガジェした詩人を、市民としての政治的観点から論ずることでこと足れりとするのであれば、何もかれらを取り扱う必要はない。しかし非文学的な人間にとってみれば、ブレヒトにおけるように政治的活動とか政治的関わりが作家の生活と作品のなかで重要な役割を演じている場合、この種のやりかたを採るほうが容易なことと思われる。

第一に指摘されるべきことは、詩人は必ずしも善良で信頼できる市民を形成してこなかったということである。詩人にひどく悩まされ、苦しめられたのは、自分自身哲学者の面貌の下で大詩人であったプラトンが最初ではなかった。問題はつねに詩人たちとともに存在してきた。かれらはしばしば間違いを犯す悲しむべき傾向を示してきたし、しかも今世紀になると、かれらの間違いは以前にまして市民の深い関心の的にすらなっている。われわれはただエズラ・パウンドの事例を想い出しさえすればよい。合衆国政府は大戦中の反逆行為についてかれを不問に付すことに決定した。かれは精神異常を理由に弁明できたからである。そこで詩人の会議は政府があえてしなかったこと、すなわちかれの判定を僅かばかり行なった。そしてその結果が一九四八年に書かれた最良の詩作によるかれへの授賞であった。詩人たちはかれの間違いや精神異常を無視して、かれを礼遇したのである。かれらは詩人を判定したのだ。市民の判定はかれらの仕事ではなかった。しかもかれら自身詩人であったところから、おそらくはゲーテの「詩人は重い罪を犯さない」という言葉を思い出していたことだろう。すなわち、詩人は間違いを犯してもそれほど罪の重荷を背負いこむことはない、だからかれらの過ちを深刻に考えることは一般にない、ということである。しかしゲーテの詩句が言及しているのは違う種類の過ち、軽い過ちであり、それはちょうどブレヒトが最も歓迎されない真理を語りたいという衝動——これはまさしくかれの最大の美点の一つである——をおさえきれずに、女性に対して「ぼくは君たちにとって信頼できない人間だ(6)」と言ったときに述べたところである。しかもかれは女性が男性に最も求めるものは信頼可能性——これは詩人にはほとんど与えられないもの——であることを十二分に知っていた。詩人にそれが与えられないのは、空高く舞上ることを業とする者は重力を避けねばならないからだ。かれらは繋ぎとめられてはならないのであり、それゆえ他の人々が負わねばならないような責任を背負いえないのである。

そしてブレヒトはこのことを公的に承認したことはないとしても、十分に知っていたことが今日では判明している。かれは一九三四年にある対話のなかで、次のようなことをしばしば考えたと言っている。「それはぼくが尋問されているらしい法廷なんだ。『一体どういうことです？ あなたは本気なのですか？』、そこでぼくとしては、完全に本気というわけではありません、と認めざるをえない。完全に本気になるにしてはいろんな芸術上の問題、芝居に関する問題がありすぎるからね。それでも、この重要な質問を否定してから、ぼくはもっと重要な主張をつけ加えるだろうな。つまり、ぼくの態度は正当なものです、と」。かれの言わんとしたところをはっきりさせるために、かれは次のような提案を行なっている。「君が素晴らしい政治小説を読んで、その後作者がレーニンであることが分ったとしよう。おそらく君はその本と作者に対する意見を両方とも損なうような形で変えることだろうよ(7)」。しかしそこには二重の過ちが存在する。紛れもなく、エズラ・パウンドの過ちはもっと深刻なものであった。それは単に愚かにも、ムッソリーニの雄弁に圧倒されたといったようなことではなかった。かれは悪名高いラジオ放送のなかでムッソリーニの最悪の演説をはるかに超え、ヒトラーの役割を演じ、そして大西洋の両岸に住む知識人のなかで最悪のユダヤ人迫害者の一人であることを実証したのである。たしかに、かれは戦前からユダヤ人を嫌っていたし、その後も嫌っている。そしてこうした嫌悪感はかれの私的な問題であり、いかなる政治的重要性をも持ちうるものではない。ただユダヤ人が多くの人々から殺されているときに、世界に対してこの種の嫌悪感を吹聴することはまったく別の問題である。しかるにパウンドは精神異常を理由に弁明することができたし、完全に正気で高度に知性的であったブレヒトが片づけられなかった問題を片づけることができた。ブレヒトの過ちはパウンドのそれより小さいものであった。それでもかれははるかに重大な過ちを犯していた。かれは単なる詩人であって、狂人ではなかったからである。

すなわち詩人には重力や信頼性や責任感が欠けているとしても、かれらは明らかに何ものも片づけることができない。しかしかれらの仲間であるわれわれ市民も、どこで一線を劃するかを決めることはできない。ヴィヨンはあやうく絞首台で一生を終えるところであった――神の目よりすればそれも当然であろう――が、かれの歌は今なおわれわれの心を楽しませてくれるし、そのためにかれを尊敬する。詩人のために行動の規範を作成することは、きわめて多くのまじめで尊敬すべき人々が行なってきたことではあるが、それほど愚劣な真似もまたない。われわれのためにも詩人のためにも幸運なことは、あえてこうした馬鹿げた問題に首をつっこむ必然性も日常的な判断基準に依拠する必然性もないということである。詩人はその詩によって判定されるべきである。そしてかれには多くのことが許されているとしても、「暴虐を賛える者が美しく響く声をもつ」ということは真実ではない。少なくともブレヒトの場合、そのことは真実でなかった。かれのスターリンへの頌詩、かの人民の偉大なる父にして殺戮者への頌詩は、まるで最も無能なブレヒト模倣者によってでっちあげられたもののように響いている。詩人に起こりうる最悪の事態は、かれが詩人であることをやめることであり、それこそブレヒトの晩年に生じた事態である。かれはおそらくスターリンへの頌詩など大した問題ではないと考えたことだろう。それは恐怖から書かれたのではなかったか、またかれは暴力に直面するときほとんどあらゆることが正当化されると確信してきたのではなかったろうか？　このことはかれの「コイナさん」の知恵であったが、それでも一九三〇年頃の「コイナさん」はその手段の選択に際して二〇年後の作者よりは少しばかり潔癖であった。その物語の一つは次のように進行する。暗い時代のある日、「どのようにノーというかを学んだ」男の家に支配者の手先がやってきた。その手先は男の家と食料を自分のものと主張し、さらに男に「私の世話をするか？」と尋ねた。男はかれをベッドに入れ、毛布をかけてやり、かれが眠っているときは見張りの役をつとめ、こうして七年というものかれに従った。しかし何をしてやっても、一言も発することはしなかった。七年の歳月が流れると、その手先は食べて、眠って、命令するという生活にすっかり肥ってしまい、ついに死んだ。男はかれをぼろの毛布に包んで家の外に放り出し、ベッドを洗い、壁を塗り替え、安堵の溜息をもらした後で答えた、「ノー」。ブレヒトは「イエス」とは言わないコイナさんの知恵を忘れたのであろうか。ともかくここでわれわれの関心をひくことは、死後出版されたブレヒト晩年の詩のいくつかは弱々しく浅薄であるという悲しい事実である。例外は少ない。一九五三年の労働者蜂起の後に書かれたしばしば引用される警句は、その少ない一例である。「六月一七日の蜂起のあと……人民は政府の信頼を失い、それを回復するには、労働の倍加しかない（とのビラが撒かれた)。それならいっそのこと、こうした方が簡単ではないか、政府が人民を解散して、別の人民が選んだ方が」[9]。恋愛詩と子供のうたには、まさしく感動的なものが沢山ある。そして最も重要なことはそこに無目的への賛美が見られることであり、これについてはアンゲルス・ジレージウスの有名な「ただわけもなく」の半ば意識的なヴァリエーションが最も明瞭に示している。(「バラには何の理由もない、ただ花開くがゆえに花開く/自分のことを気にしない、見られることも求めない」[10]。)ブレヒトは次のように書いている。

Ach, wie sollen wir die kleine Rose buchen?
Plötzlich dunkelrot und jung und nah?
Ach, wir kamen nicht, sie zu besuchen
Aber als wir kamen, war sie da.

Es sie da war, ward sie nicht erwartet.
Als sie da war, ward sie kaum geglaubt.
Ach, zum Ziele kam, was nie gestartet.[11]
Aber war es so nicht überhaupt?

ともかくもブレヒトにこうした詩句が書けたということは、詩人の気持ちに予期せざる決定的な変化が生じたことを示している。世俗的な目的や配慮からこれと同じように自由なものは『家庭用説教集』のなかの初期詩篇だけであるが、今や初期作品の歓喜と挑戦的な調子の上に、驚嘆と感謝という独特の静けさがみられる。こうした晩年の作品のなかで完璧なものの一つは四行二連の恋愛詩で、これはドイツの童謡のヴァリエーションであり、それゆえ翻訳不能なものである。(12)

Sieben Rosen hat der Strauch
Sechs gehör'n dem Wind
Aber eine bleibt, dass auch
Ich noch eine find.

Sieben Male ruf ich dich
Sechsmal bleibe fort
Doch beim siebten Mal, versprich
Komme auf ein Wort.

すべては詩人が新しい声を――おそらくは「最も美しいと言える瀕死の白鳥の歌」を

——発見したことを示している。しかしその声が聞かれる瞬間がきたとき、それは力を失っていたように思われる。このことは、かれが詩人に用意されているかなり広い限界を越えてしまったことを、かれに許された事柄を示す一線を乗り越えてしまったことをわれわれに教える、唯一客観的で疑問の余地のない指標となっている。このような境界は、残念なことに外部から認めることはできないし、推定することさえ困難だからである。それはかすかな隆起のようなものであり、目で見ることはできないが、一度人がそこを乗り越えると——乗り越えないまでもちょっとつまずいただけで——たちまち壁となってしまう。引き返す道はない。何をしたところで、かれは壁を背にしていることが分るのだ。そしてことが落着した今になってからも、その理由を明確にすることはむつかしい。その一歩が踏み出された証拠は唯一詩によって与えられ、それがわれわれに告げてくれるのは、そのことがいつ生じたか、その罰がいつかれを襲ったかということである。詩人が遭遇する唯一意味ある刑罰は、死を別とすれば、当然のことながら、生涯を通じて天与の才能と思われてきたものの突然の喪失だからである。

ブレヒトの場合、たしかにこの喪失はむしろ遅く訪れた。したがってそのことは、アポロンの法則によって生きる者が享受する許容範囲の大きさをわれわれに教えることができる。それはかれが共産主義者になったとき訪れたのではない。二〇年代そして三〇年代初頭のヨーロッパで共産主義者となることは（少なくとも事態の只中に身をおかず、スターリンが党を革命の裏切りを含むあらゆる犯罪や裏切りを行なう全体主義的運動に変質させたことを知りえなかった者にとって）、過ちというより単なる過失であった。しかしそれはまた、何人かの友人が被告となったモスクワ裁判中に党と絶縁しなかったときにも訪れず、スペイン市民戦争中にロシアが党内外の反スターリン主義者を整理するためにスペインの不幸を利用しスペイン共和国の不利になるあらゆることを行なったのを知っていた筈のときにも訪れなかった。（一九三八年にかれは言った。「実は向こう（モスクワ）に友達なんか一人もいないんだ。モスクワの連中だって友達なんていやしない――死人と同じだもの[13]」。）さらにそのことは、ヒトラーとスターリンの協定に際してブレヒトが、党と険しい関係にあったことは別として、発言しなかったときにも訪れなかった。むしろ、かれがデンマークのスヴェンボルからサンタモニカへと亡命中の数年間は創作的には生涯でも最最良の年月であり、この時期の多産さに比べうるのはまだかれがイデオロギーの影響を受けず、自分自身をどんな政治教義の下にも従属させていなかった青年期だけである。そのとは、かれが東ベルリンに居をかまえ、共産主義体制下で生活することが人民にとってどういうことかを日夜目にしえた後、遂に訪れた。

かれはそこに居をかまえることを望んでいたのではない。一九四七年一二月から四九年秋にいたるまでかれはミュンヒェン定住の許可を受けるためにチューリヒに滞在していた[14]。そしてそれを獲得する望みがまったくなくなったとき、最善のこととして故国に帰る決意をした――まもなくオーストリアのものと交換される筈であったチェコ発行の旅券、スイス銀行の預金、西独の出版社等に伴うあらゆる問題が考慮されたのである。この不幸な時期にいたるまで、かれは東の友人と親しく接触しないように極力注意してきた。一九三三年、友人達の多くが愚かにもソヴィエト・ロシアに隠れ場を見出せると信じていたとき、かれはデンマークにわたったたし、大戦初期にかれがヨーロッパを逃れたときも、ウラジオストック経由でアメリカに行きながらモスクワにはほとんど足を止めず、避難可能な場所としてロシアを考えたこともなかった――これはヒトラーとスターリンとの協定の時代であった。かれはかつてロシア共産党に引き立てられたことがなかった――終始西側諸国の自由な聴衆によってのみ評価されていた――という事実は別としても、かれが最もその「主義」に心酔していた（党員となったことはないようだ）ときでさえ共産主義政治と詩の上で保持できた距離も、ソヴィエトの現実の猛襲には耐ええないと予感していたに相違ない。格段に脅威の少ないウルブリヒト体制下のドイツの現実による猛襲に耐ええなかったようにである。かれの作品のなかで重要な遊びの要素は、かれがいつもたわむれていた恐怖がまさしく存在するところではおそらく生き残れなかったであろう。つまりは、意見を異にする友人や知人に「ぼくが権力を握ったら君達も射殺する」と告げることと、実際に権力を握った者と意見を異にする人々に射殺以上に悪い事態が生ずるところで生活することとはまったく別の問題なのだ。ブレヒト自身は苦しんでいなかった――スターリンが生きていたときにもである。それでも馬鹿でなかったかれは、自分の身が安全なのは東ベルリンが例外的な場所であり、五〇年代には東側のショウ・ウィンドウであり、地下鉄で一駅ほどの西ベルリンと必死で競争していたという事実によることを知っていたに相違ない。この競争のなかでベルリナー・アンサンブル——東独政府の保護の下にブレヒトが組織し、主宰し、作品を書き、監督した劇団——は東独体制最大の資産であったし、それは今も同じである。またおそらくは戦後のドイツで唯一の注目すべき文化事業でもあろう。こうして七年にわたってブレヒトは西側の観客の注目の下に——実際にはその保護の下に——安穏に生活し活動したが、それも生涯かつてなかったほど全体主義国家に密着し、人民の苦難を自分の目にしながらのことであった。その結果、一篇の戯曲も一篇の偉大な詩もこの七年間に生み出されることはなかった。そればかりかチューリヒで着手され、おそらくは偉大な戯曲の一つとなったであろう——エリック・ベントリーの英訳による遺稿から判断すれば——『ザルツブルクの死の舞踏』を完成することもなかったのである。(15) ブレヒトは自分の境遇を知っていた。東ベルリンでは書けないことを知っていた。死の直前、かれはデンマークに家を買い、さらにスイスへ移ることも考えていたと伝えられる。(16) 故国に帰ることをかれほど切望していた者はなかった——「壁に釘を打ち込むな、上着は椅子に掛けておけ。……どうして外国語の文法書なんて開くんだ？　故国に呼び寄せる便りは母国語で書かれているのに」——、そして死の床でかれが精一杯計画したことは亡命だったのである。

　したがって大詩人や劇作家事例と並んでベルトルト・ブレヒトという事例も存在する。そしてこの事例は詩人と世界を共有したいと願っているあらゆる市民に関心のある問題だ。それは文学者にまかせきれるものではなく、政治学者の仕事でもある。詩人や芸術家についてまとう不品行は、古来政治的、時には道徳的問題となってきた。以下のこの事例に関する論議の中で、私は前述の二つの仮説に固執するつもりである。その一は、たとえ一般的にはゲーテが正しく、詩人には一般人より多くが許されているとしても、詩人も罪と責任の重荷に耐えねばならぬほど重大な過ちを犯しうるということ。そして第二は、かれらの過ちの大きさを明瞭に測る唯一の道はかれらの詩に耳をかたむけるということである——このことはすぐれた一行の詩を書く能力も完全に詩人の意のままになるというより何らかの援助を必要とすること、その能力はかれに与えられたものであること、かれはそれを失うこともあることを意味している。

II

まず伝記的事実について、ほんの少し触れておかねばならない。ここでわれわれは、他の二〇世紀の作家に比して寡黙（この寡黙さはやがて見るようにかれの数多い美点の一つである）であった——多くを語りたがらなかった——ブレヒトの私生活に踏みこむ必要はない。しかしもちろん、かれの詩に表われた若干の絶妙な示唆については言及せねばなるまい。一八九八年に生まれたブレヒトは、いわば三つある失われた世代の第一期に属していた。第一次世界大戦の塹壕と戦場で世界に触れたその世代の男たちは、自分たちは規格通りの生活が送れなくなったと感じたところからこの言葉を創造もしくは採用した。規格通りであることは自分たちを男にした恐怖の体験のすべてと恐怖の只中に生まれた友情への裏切りであったし、明らかに自分自身のものであった事柄を裏切るよりはむしろ自分も世界も失ったままでいる方を望んだのである。こうした態度はあらゆる国の戦争帰還者に共通のものであり、その後さらに二つの「失われた世代」によって継承されたときには一種の時代思潮となるにいたった。続く「失われた世代」の最初にくるのはそれから約一〇年後、今世紀最初の一〇年間に生まれた者たちであり、かれらはインフレや大量失業や革命の不安といったむしろ印象的な教訓によって四年以上もの殺戮の後ヨーロッパに損なわれずに残されたものすべての不安定性を学んだ。次に来るのはさらに一〇年後、一九一〇年代に生まれた者たちであり、かれらはナチスの強制収容所やスペイン市民戦争、あるいはモスクワ裁判によって世界と接触する機会をもった。大雑把に言えば一八九〇年から一九二〇年の間に生まれた三つのグループは、第二次世界大戦中に単一集団を形成するほど年齢的に近接していた。かれらは大戦中、あるいは兵士であり、あるいは亡命者や追放者であり、あるいは抵抗運動のメンバーであり、あるいは強制収容所や絶滅収容所の囚人であり、あるいは爆弾の雨にさらされた非戦闘員であったが、ブレヒトは数十年前にこれらの人々のうち都市で生き残った者についてある詩の中で次のように述べている。

ぼくら、尻は据えてるものの、吹けばとんじまう世代、
耐久性では無期限保証の家におさまって。
(建てたものさ、マンハッタン島にはのっぽのビル街

それに大西洋をもてなす細いアンテナだって）
都市は残らぬ、残るのは吹きぬけてった風、ばかり。
家ってものはごきげんなエサ、食う者は食いに食う。
ぼくらは知っている、ぼくらはさっさと行く者であり
あとへ来るやつらだってが、名もとおらねえご連中。

〈野村修訳「あわれなＢＢについて」より〉

『家庭用説教集』に収められているこの「あわれなＢＢについて」は、かれが失われた世代を主題に書いた唯一の詩である。この題はもちろん反語になっている。終行では「やがて来る地震のときに、どう舌がにがくなろうと／なんとかぼく、この葉巻の火を消さないでおけたなら」と言っており、これこそかれの態度全般に特徴的なことであるがいわば次のようにさかねじをくわせている。すなわち、失われるのはこの無価値な人間の一団ばかりではない、かれらを収容している世界も失われる、と。自己憐憫――たとえ次元の高いものであろうと――という視点から考えたことのなかったブレヒトは、同世代人すべてのなかで孤立した人間とは関係を絶っている。自分たちを失われた世代と称したとき、かれらは一九世紀的な目でその時代と自分のことを眺めていた。かれらはかつて、フリードリヒ・ヘッベルが〈die ruhige reine Entwicklung〉――全能力の静穏で純粋な開花――と

呼んだものを拒まれたのであり、それゆえに激しく反抗した。世界が個人としての発展に必要な隠れ場や保障を与えないという事実に憤慨し、そして奇妙な種類の文学を創りはじめた。その大半は小説であり、そこでは心理的な奇形、社会的な苦悩、個人的な挫折および一般的な幻滅以外の何ものにも興味がもたれていないかのようである。これはニヒリズムではない。実際これらの作家をニヒリストと呼ぶことは、かれらにまったく不当な敬意を払うこととなろう。かれらは現実の問題が見られるほど深く掘り下げなかった――あまりにも自分のことに関心をもちすぎていた。かれらはあらゆることを想い起こしたが、何が問題かを忘れていた。『家庭用説教集』に収録されている別の詩にはたまたま次の二行の詩句が見られるが、そこには自分の青年期と如何に折り合うかという問題についてのブレヒトの考えが述べられている。

Hat er sein ganze Jugend, nur nicht ihre Träume vergessen
Lange das Dach, nie den Himmel, der darüber war.(17)

ブレヒトが自分自身を憐れんだことはなかった――自分自身に関心をはらったことすらなかった――ということは、かれの大きな美徳の一つであったが、この美徳は他の何ものかに基づくものであった。それは一種の才能であり、そうした才能のすべてがそうであるように、半分天恵でありながら半分は災厄であった。そのことをかれは、唯一のごく個人的な詩のなかで述べている。この詩は『家庭用説教集』の頃の作品であるが、かれはそれを公表しなかった。知られることを望まなかったからである。かれの作品のなかでも最良のものに属するこの詩は〈Der Herr der Fische〉——すなわち魚の国、沈黙の国の支配者——と題されている。[18] これは、月の周期で浮き沈みし、みんなの他人でみんなの友人〈allen unbekannt und allen nah〉である漁民の島にこの支配者がやってきた様子、またかれが漁民にまじって坐り、かれらの名前は忘れてもみんなの仕事、網の値段や漁獲高、女のことや収税吏を騙すこつ等に関心をもっていた様子が描かれている。

Sprach er so von ihren Angelegenheiten
Fragten sie ihn auch : Wie stehn denn deine ?
Und er blickte lächelnd um nach allen Seiten
Sagte zögernd : Habe keine.

しばらくは万事順調に進む。「かれらがかれに『ところで御自分の仕事はどうなんです』と尋ねると、ためらいながらかれは言う『ぼくにはないんだ』」。それは、かれらが次のように言う日までのことである。

Eines Tages wird ihn einer fragen :

Sag, was ist es, was dich zu uns führt?
Eilig wird er aufstehn; denn er spürt:[19]
Jetzt ist ihre Stimmung umgeschlagen.

そこでかれはみんなの雰囲気が変ったわけを知る。かれに与えられるものは何もない。たまたま来れば歓迎されたが、招かれたことは一度もなかった。かれのやったことといえば、毎日の会話を豊かにすることぐらいだったからだ。

So, auf Hin- und Widerreden
Hat mit ihnen er verkehrt
Immer kam er ungebeten
Doch sein Essen war er wert.

みんながそれ以上のことをかれに望めば、「馘になった召使いのように、礼儀正しく出て行くだろう。かれを思い出させるものは影も形も残らない。それでもかれには分っている、自分より秀れた誰かがきて自分の代りを勤めることが。自分が沈黙していたところで誰が語ろうと邪魔するつもりはまったくない」。

Höflich wird, der nichts zu bieten hatte
Aus der Tür gehn : ein entlassner Knecht.
Und es bleibt von ihm kein kleinster Schatte
Keine Höhlung in des Stuhls Geflecht.

Sondern er gestattet, daß auf seinem
Platz ein anderer sich reicher zeigt.
Wirklich er verwehrt es keinem
Dort zu reden, wo er schweigt.

この若き詩人としてのブレヒトの自画像は——もちろんそれが本物であるからこそ——この詩人の姿を微細にわたって浮き上がらせている。かれは傲岸と謙譲をあわせもち、「みんなの他人でみんなの友人」であり、それゆえ拒否もされれば歓迎もされ、ただ〈Hin- und Widerreden〉（喋り合い）の役に立つだけで、日常生活には無用であり、自分については語ることがないとでもいうように寡黙であり、自分にとらえられる現実の断片に対してはどんなものにも好奇心と激しい欲求をもっている。こうしたことは少なくとも、若いブレヒトが仲間との世界に安住することが如何に困難であったかについてある程度の示唆を与えてくれる。（もう一つの自己陳述は後期に書かれた一種の散文詩のなかにみられる。「ぼくはいい家の息子として生まれた。親はぼくの首にカラーをつけ、召使いにかこまれた習慣を身につけさせ、ぼくに命令の仕方を教えた。けれどぼくがおとなになって、ぼくのまわりを見廻すと、ぼくの階級の連中はさっぱり好きになれなかった。命令することやかしずかれることも。そこでぼくの階級を離れ、底辺連中の仲間になった」[20]。少しばかりプログラムじみた詩ではあるが、おそらくこれは事実であろう。自画像とはいえないが、自分について語るには仲々粋な方法である。）こうした個人的なかれの人となりについては、初期詩篇の数行の詩句から推量するしかないというところにまさしくかれの面目がある。しかし後期の広く知られているかれの行動のいくつかを理解するにも、こうした初期の詩句はわれわれの助けとなろう。

ブレヒトには最初から匿名性、無名性を好む変った性癖と、あらゆる興奮に対する異常な嫌悪がみられた。この興奮には、象牙の塔の気どりばかりでなく、もっといらだたしい「人民の予言者」や世界史の「声」に対する誤った信仰、そして二〇年代の消費者への「価値の安売り」（〈der Ausverkauf der Wert〉はこの時代の一種のスローガンであった）等が含まれる。しかしその嫌悪は、かれのまわりの人々の知的でない態度に、きわめて知的で高度に文化的な人々がもった自然の反感以上のものであった。ブレヒトは強く普通の人間であろうと（あるいはそう見られようと）願った――特殊な才能をもつことで人にきわだつことではなく、誰もと同じようにあることを望んだのである。そしてこれら二つの密接に結びついた個人的気質――匿名であることと普通であることへの志向――は、それをかれがポーズとして身につけるはるか以前に十分発展したことは明瞭である。それらはかれに、後にかれの作品のなかで重要な役割を演じた二つの対立する態度の素地を作った。その一つは非合法活動に対するかれの危険なほどの偏好であり、それは自分の足跡を消し、顔をかくし、身許を分らなくし、名前を失くし、「語り手をかくして語り、勝利者をかくして勝利し、死をかくして死ぬ[21]」ことを要求する。ちなみにきわめて若いころ、「非合法活動をたたえる[22]」といった作品を構想するはるか以前、かれは死んだ兄のことを詩に書いているが、それによると兄は「ひそかに死に、すみやかに消え去った、自分を見た者はいないと考えたからだ[23]」とされている。そしていま一つの態度とは自分のまわりに時として何の変哲もないいわゆる「協力者」を集めることに異常なほど執着したことであり、それはまるで、誰だってぼくのしていることぐらいできる、ただ勉強するかどうかの問題で、特殊な才能なぞ必要ないし望むこともない、と繰り返し弁明しているかのようであった。死後刊行された若い頃の作品『自殺への書』のなかで行為に付与しうる理由について論じたかれは、それが真の理由であってはならないこと、さもなくばあまりにも「大きく」見えすぎるから、と述べている。「ともかく、あまりにも高く自分を評価しているように見られるのはまずいのだ[24]」。ブレヒトのように、世評とか追従によってではなく無視できない才能の客観的表出によって自分自身を高く評価しがちな人々にしてみれば、このことはまさしく真理の中の真理であろう。そしてたとえかれがこうした態度を極端にまで——たとえば共産党の非合法機構の過大評価や周囲の「協力者」たちに学習以上のものを身につけるよう要求するまで——推し進めたとしても、二〇年代のドイツにおける文学的・知的環境が尊大さに対して水をさしたくなるような誘惑を生み出し、その誘惑たるやブレヒトの特殊な気質は別としても抗しがたいものであったことは認められねばならない。『三文オペラ』のなかで仲間の詩人の振舞を嘲笑する詩句はまさしく肯綮に当っている。

Ich selber könnte mich durchaus begreifen
Wenn ich mich lieber groß und einsam sähe
Doch sah ich solche Leute ans der Nähe
Da sagt ich mir : Das mußt du dir verkneifen.(25)

ブレヒトが自分のことを明瞭に述べている詩がもう一つある。おそらくそれは最も有名な作品の一つであろう。それは三〇年代にデンマーク亡命中に書かれた一連の詩『スヴェンボルからの詩』のなかに入っており、「あとから生まれるひとびとに」と題されている。(26)初期の詩「あわれなBBについて」と同様、ここでも世界の破滅の時代と身におこる一切に対して冷静である必要が強調されている。しかし「やがて襲ってくる地震」はすでに来てしまったのであり、ここではごく伝記的な引喩は消えていた。(「あわれなBBについて」の初めと終りはかれの出生の実話で構成されている。「ぼく、ベルトルト・ブレヒト、黒い森の生まれだ。ぼくの母はぼくをはらに入れて、都市へやってきた。だから森の冷気は、死ぬまでぼくに残るだろう」。かれの母はシュヴァルツヴァルト〔黒森〕の生まれだった。また死後刊行された母の死についての詩篇から、二人の仲が実によかったことが知られる。[27]）それは「暗い時代に生きる」人々についての詩であり、その主要部分は次のようなものである。

ぼくが都市へ来たのは混乱の時代　飢餓の季節。ぼくが人々に加わったのは暴動の時代、ぼくは反逆した、かれらとともに。こうしてぼくの時が流れた。ぼくにあたえられた時、地上の時。

戦闘のあいまにものをたべ、ひとごろしたちにまじって眠り、恋のときにも散漫で自然を見ればいらだった。こうしてぼくの時が流れた　ぼくにあたえられた時、地上の時。

ぼくの時代、行くてはいずこも沼だった。ことばが、ぼくに危ない橋を渡らせた。ぼくの能力は限られていた。が、支配者ども　尻のすわりごこちを少しは悪くさせたろう。こうしてぼくの時が流れた。ぼくにあたえられた時、地上の時。

……きみたち、ぼくたちが沈没し去る高潮から　うかびあがってくるだろうきみたち、思え、ぼくたちの弱さをいうときにこの時代の暗さをも、きみたちがまぬがれえた暗さをも。

……ああ、ぼくたちは　友愛の地を準備しようとしたぼくたち自身は　友愛をしめせはしなかった。
……思え、ぼくたちを　ひろいこころで。

〈野村修訳「あとから生まれるひとびとに」より〉

そうだ、まさしくそうしようではないか。かれを広い心で想い起こそうではないか。かれと関わりのあった何ものにもまして、世界の破滅の時代に強く印象づけられていたことだけで十分その理由となる。そして、成功もかれの向きを変ええなかったことを忘れないようにしよう。かれは〈wenn mein Glück aussetzt, bin ich verloren〉（「ぼくに運がなくなれば、おしまいだ」）ということを知っていた。そして自分の才能よりはむしろ幸運を頼みとしていたこと、非凡さよりも自分の幸運を信じていたことこそかれの誇りであった。数年後、大戦中に書かれた詩の中で死んだ友人によって自分の損失を数えたとき――かれ自身名をあげた者だけでも、デンマークに同行した愛人で「労働者階級出身の可愛い先生」マルガレーテ・シュテフィン、両大戦間におけるドイツの最も重要な文芸批評家で「迫害されることに疲れて」自殺したヴァルター・ベンヤミン、そしてカール・コッホがいる[28]――、自分自身については初期の詩篇のなかでは語られていなかったものを明瞭に綴っている。「もちろん、ぼくは知っている。ぼくが多勢の友達より生きのびたのは、ただ幸運によることを。それでも今夜夢のなかで、友達たちがこう言うのを聞いた。『強いやつが生きのびるんだ』。だからぼくは、自分を憎む[29]」。このときに限ってかれの自信は揺いだようだ。

ここでかれは自分のことを他人と比べている。自信とはつねに、比較の結果にかかわりなく、こうした比較をしないところに生まれる。しかしそれもただの夢であった。

このように、ある意味ではブレヒトもまた当惑していた――それはかれの個人的才能が、あるべき姿であるいはありえた姿で成熟しなかったからでもなければ、まさしくそうあったように世界がかれを傷つけたからでもなく、かれの課題があまりに大きすぎたからである。したがって、高潮のもり上がってくるのを感じたときも、かれはリルケが後期の作品で誰よりも見事にやってのけたように憧憬をこめてうしろを振り向くことはせず、そこから浮かび上がってくるであろう人々に対して訴えたのである。未来に対する――後から生まれるものに対する――この呼びかけは、「進歩」というものとは何の関係ももたない。かれの特質は、個人的な願望という尺度で出来事の高潮を測ることが決定的に愚劣であることを知っているところにあった。たとえば、国際的な失業の嵐を成功したいという欲求や自分の成功とか失敗について考えることで受けとめたり、戦争という破局に対し円満な人格という理想で立ち向ったり、はてはかれの仲間の多くがそうあったように失墜した名声や破綻した人生への不満から亡命したりすることの愚劣さをである。亡命者についてブレヒトがくだした見事で正鵠を射た定義〈Ein Bote des Unglücks〉(「悲報の運搬人」)にはいささかの感傷も残されていない(30)。運搬人がはこぶのはもちろん自分のことではない。亡命者たちが国から国へ、大陸から大陸へ――「靴よりはしばしば国をはきかえて」――持ちはこんだのは、自分自身の不幸ばかりでなく世界全体の大きな不幸であった。悲報の運搬人を愛するものなぞいないということを知る前でさえ、かれらのほとんどが自分たちのはこぶ報せの内容を忘れがちであったとするなら――このことはつねに困惑をもたらしたのではなかろうか？

亡命者や放浪者を「悲報の運搬人」と表現した独創的というかそれ以上の一句は、ブレヒトの偉大な詩的知性、あらゆる詩作の前提となるすぐれた凝縮能力を物語るものであろう。かれの極度に凝縮された、それゆえきわめて巧妙な思考の方法を示す例はほかにもある。一九三三年に書かれた、ドイツ人であることを恥じる詩には次のような句がある。

Hörend die Reden, die aus deinem Hause dringen,[31] lacht man.
Aber wer dich sieht, der greift nach dem Messer.

また、五〇年代初期に東西両ドイツの芸術家と作家に向けて出された反戦宣言には次のようにある。「大カルタゴは三度戦争を行なった。最初の戦争ののちにも大きな力をもち、二度目ののちも人が住めた。三度目ののちにはそれは跡かたもなかった[32]」。以上二つの簡潔な叙述のなかに、三〇年代と五〇年代の雰囲気全体がそれぞれ実に正確に捉えられている。そしてこれと同じ啓示的巧妙さは、数年前ニューヨークの雑誌に載った次の物語のなかにおそらくはいっそう強く表われていよう。モスクワ裁判当時ブレヒトはアメリカにいた。そしてある時、依然左翼ではあったが激烈な反スターリン主義者で、トロツキーに後援された対抗裁判に熱中していたある男を訪問したという。話はモスクワの被告が明らかに無実であるということに移っていった。そこでブレヒトは、長い沈黙の後で次のように言った。「かれらが無実であればあるほど、かれらは死に値する」。この言い方は乱暴に聞こえる。しかし、かれが本当に言おうとしたことは何であったろう。かれらは何について無実であったのか。もちろん、告発されていたことについてである。では何について告発されていたのか。スターリンに対する陰謀についてである。とすれば、かれらはスターリンに対する陰謀を企てず、その「犯罪」について無実であったからこそ、この裁判には若干の正義があったことになる。スターリンという一個の人間が革命を巨大な犯罪に転ずるのを防ぐことは「保守派」の明瞭な義務ではなかったろうか？ ブレヒトの訪問相手にそれが分らなかったことは言うまでもない。かれは激昂し、客人を家から追い出した。こうして、たとえかれ一流の厄介で慎重な方法ではあっても、ブレヒトがスターリン批判を公言したまれな機会の一つは失われた。ブレヒトはおそらく、通りに出て、幸運がかれをまだ見捨てていないことに気づいたとき、安堵の吐息をもらしたことであろう。(33)

III

こうしてかれは、問題の核心にいたる、透徹した、非論理的で非黙考的な知性に恵まれ、自分を現わすことには寡黙でそうしたがらず、現世から離れていておそらくは内気でもあり、ともかく自分のことにはあまり関心をもたないが信じられないほど好奇心が強く

(『三文オペラ』の「ソロモンの歌」のなかでまさしく自分のことを「知識に飢えたブレヒト」と言っている)、そしてまず何よりも詩人である——すなわち、言えないことを言わねばならず、みんなが黙っている場合に沈黙していてはならず、それゆえみんなが口にすることについてはいっそう慎重でなければならない——という人間であった。第一次世界大戦勃発のとき一六歳であったかれは、終戦の年に衛生兵として召集されていた。そのため世界はかれにとってまず無意味な殺戮の場面として映り、言葉は演説の怒鳴り声の形で現われた。(初期の詩「死んだ兵士の伝説」——軍事医療委員会が墓から掘り起こし、軍務に耐えうるとした一兵士——は、戦争末期の徴兵制に対する世評〈Man gräbt die Toten aus〉(やつらは死人も掘り起こす)に触発されたものであり、第一次大戦を題材にしたドイツの詩のなかでは唯一記憶に値するものとなっている。[34]) しかし初期の詩作を決定づけたのは戦争それ自体というより、エルンスト・ユンガーのいう〈Stahlgewitter〉つまり「鋼鉄の嵐」が吹き荒れた後、そこから生起した世界であった。この世界は一つの特性を備えており、この特性についてはあまり考慮されていないが、ただサルトルが第二次大戦の後にきわめて正確に描写している。「道具が壊れて使用不能となり、計画が途絶して努力が無駄となるとき、世界は空虚のなかに軌道なしに吊り下げられた、子供じみた恐ろしい新しさとともに現われる」。(ドイツの二〇年代はフランスの四、五〇年代とかなり共通していた。第一次大戦後のドイツに生じたのは伝統の崩壊——すなわち既定の事実、政治的現実、引き返せない地点として認めざるをえない崩壊——であり、これは二五年後にフランスに生じたことであった。政治的に言えば、それは国民国家の衰退と没落であり、社会的には階級制度から大衆社会への変質であり、そして精神的にはニヒリズムの擡頭であった。長い間少数者の関心事にすぎなかったニヒリズムは、今や突如として大衆現象となったのである。）ブレヒトの目に映ったのは、破壊のための四年間が世界を掃き清めたこと、この嵐はあらゆる人間的な痕跡をも吹き払ったこと、そのなかには文化的目標や道徳的価値——確固とした評価基準や道徳的行為のための堅固な道標とともに日常的な思惟など——を含めてこれまで固守されてきたすべてのものがあること、であった。まるで世界は一瞬にして、創造の日と同じく無垢で新しくなったかのようであった。諸要素の純粋性、天と地の、人間と動物の、生命それ自体の簡潔性以外には何も残されていないかのように思われた。かくて生命こそ若き詩人が愛したものだったのであり、それはただそこに存在するがために大地が与えたはずのすべてのものであった。そしてこうした戦後世界の子供じみた恐ろしいほどの新しさはブレヒトの初期のヒーローたちの恐ろしいほどの無邪気さに反映されている。すなわちそれは海賊、冒険家、嬰児殺しであり、「愛すべき豚、マルヒュス」であり、父と母を殴り殺して「野の百合」のように生き続けたヤーコプ・アッフェルベックなどである[35]。

この掃き清められて新しくなった世界のなかにブレヒトはまずくつろいだ。かれを分類しようとした場合、気質と性向の点では無政府主義者であったと言うこともできよう。しかし、同世代の者のなかではドイツではゴットフリート・ベン、フランスではルイ＝フェルディナン・セリーヌに代表されるような退廃と病的な死への傾斜をもった他の無政府主義的連中とかれを同一視するのはまったくの誤りであろう。ブレヒトの作中人物は――たとえば、あらゆるものを平和につつむ自然の無量のなかに引き戻されるまでゆるやかに川を流れ下る水死した少女、あるいは自分の馬に縛りつけられ、死にいたるまで引きずられたマゼッパでさえ――死と破壊を喜んで受け容れるまでは生命を愛し、天と地が生み出したものを愛した。「マゼッパのバラッド」[36]の最後の二連はドイツの詩のなかでも真に不滅の詩行である。

Drei Tage, dann mußte alles sich zeigen :
Erde gibt Schweigen und Himmel gibt Ruh.
Einer ritt aus mit dem, was ihm zu eigen :
Mit Erde und Pferd, mit Langmut und Schweigen
Dann kamen noch Himmel und Geier dazu.

Drei Tage lang ritt er durch Abend und Morgen
Bis er alt genug war, daß er nicht mehr litt
Als er gerettet ins große Geborgen
Todmüd in die ewige Ruhe einritt.

ベントリーのこの部分の英訳は私には不適当と思われるが、確かに私もこれをうまく英訳することはできない。それは三日間の騎乗の末が死に終り、大地の与える沈黙と天の与える安らぎに終ったことが語られている。「一人の男が自分に与えられたものを乗り切った。大地と馬を、忍耐と沈黙を、そして大空とはげたかを。三日の間夜と昼を乗り続け、そして今、年老いて、もう悩むこともない。大いなる庇護に救いとられ、困憊のはてに死を迎え、永遠の安らぎのなかへ乗り入れていった」。この死の歌には荘厳で勝利に満ちた生命力がみられ、しかもそれは『三文オペラ』の歌がもつ叙情的シニシズムと風刺のなかで人を楽しませるのと同じ生命力である。すなわちそれは生きていることは楽しいとする感情であり、すべてを楽しむのは生きていることのしるしだとする感情である。ブレヒトがヴィヨンをかなり自由にドイツ語に翻訳し、不幸なことにドイツの法律が盗作というほどまでにしてしまったこともそれと無縁ではない。かれは世界を同じように愛することをたたえ、ただ生まれて生きているという事実のゆえに大地と空に同じように感謝することをたたえているのであり、ヴィヨンは盗作云々など気にしなかったであろうことは確実と思う。

われわれの伝統によれば、大地と大空に対しこのように気取らず、悩みもなく、向うみずに愛する神はフェニキア人の偉大な偶像バール〔バアル〕、つまり大酒呑みで、大食いで、淫乱な神である。「この星はバールを楽します、きっと、ほかの星などありはしないのだから」。若いブレヒトは「男バールの賛美歌」のなかでこう述べているが、この作品の最初と最後の連は、ことに両者を並べてみると偉大な詩句となっている。

Als im weißen Mutterschoße aufwuchs Baal
War der Himmel schon so groß und still und fahl
Jung und nackt und ungeheuer wundersam
Wie ihn Baal dann liebte, als Baal kam.

Als im dunklen Erdenschoße faulte Baal
War der Himmel noch so groß und still und fahl
Jung und nackt und ungeheuer wunderbar
Wie ihn Baal einst liebte, als Baal war.(37)

問題となるのはまたも大空、人間が存在する前からそこにあり人間が去って後もそこにあるだろう大空であり、それゆえせいぜい人間にできることは束の間人間のものとなっているものを愛することなのだ。私が文芸批評家であるなら、ブレヒトの詩、わけても数の少ない美しい愛の詩のなかで大空がはたす重要な役割について論を進めるだろう。「マリー・Aの思い出」(38)における愛は夏の澄みきった青空に浮かんだ小さな純白の雲であり、ほんの瞬間そこに花開いてもたちまち風に吹きとばされている。また『マハゴニー市の興亡』における愛は雲とともに大空を飛翔するつるの群であり、わずかな飛翔の間つると雲によって美しい大空が分ちもたれる(39)。たしかにこの世界には永遠の愛も普通の誠実ささえも存在しない。存在するのはただ強烈な一瞬、すなわち人間自体よりもさらに壊れやすい情熱である。

バールはおそらくどんな社会秩序の神にもなりえない。かれが支配する王国は社会のあぶれ者で構成されている。つまり文明の外に生きるために、荘厳な無関心をもって登りかつ沈みあらゆる生きた創造物に光を投げる太陽に対し、さらに強くさらに真実の関係を保持する賤民たちである。たとえば「海賊のバラッド」では、野蛮で、酒飲みで、罪深く、のろわれた男たちが船いっぱいに乗り込んで破滅に向ってまっしぐらに進んでいる(40)。かれらは難破した船の上で酒と闇と未曾有の雨に気が狂い、太陽と寒気で病み疲れ、あらゆるものをなすままに、かれらの破滅に突進する。次いでリフレインが来る。「ああ、燦然として雲一つなき青空よ。帆をちぎらんばかりの風よ。風も空も飛び去ってしまえ。たとえ聖マリア号のまわりに海しか残らなくとも」。

Von Branntwein toll und Finsternissen!
Von unerhörten Gußen naß!
Vom Frost eisweißer Nacht zorrißen!
Im Mastkorb, von Gesichten blaß!

Von Sonne nackt gebrannt und krank
(Die hatten sie im Winter lieb)
Aus Hunger, Fieber und Gestank
Sang alles, was noch übrig blieb :
  O Himmel, strahlender Azur !
Enormer Wind, die Segel bläh !
Lasst Wind und Himmel fahren! Nur
Lasst uns um Sankt Marie die See !

ここに引用したのはこのバラッドの第一連——一種の読経口調で歌えるよう作られており、ブレヒトは曲も作っている——であるが、とくにこれを選んだのは、それがこうした生命の賛歌に非常に顕著なもう一つの要素を描いているからである。すなわちそれは、ブレヒトの作中の冒険者や追放者に特有のぞっとするほどの自負という要素、言い換えれば絶対的に心配をもたぬ人々の自負であり、かれらは自然の破滅的な力にのみ屈伏するが、尊敬すべき魂の高度な苦悩を別として、尊敬すべき生活の日常的苦悩には決して屈伏することがない。ブレヒトが生まれながら保持していた哲学——のちにマルクスやレーニンから借用した教義とは対立する——がどんなものであるかということは、『家庭用説教集』にはっきり示されており、ことに完璧な二篇の詩「感謝への大賛歌」と後に『マハゴニー市の興亡』に所収された「誘惑にのるな」のなかに明瞭に示されている。「大賛歌」のほうはドイツの子供なら誰もが暗記しているヨアヒム・ネアンダーの偉大なバロック調教会賛美歌「主を賛えて」の正確な模作である。ブレヒトの作品の第五連と最終連は次のようである。

Lobet die Kälte, die Finsternis und das Verderben!
Schauet hinan:
Es kommet nicht auf euch an
Und ihr könnt unbesorgt sterben.[41]

「誘惑にのるな」のほうは死のゆえに生をたたえる五行四連の詩よりなる。

Lasset euch nicht verführen!
Es gibt keine Wiederkehr.
Der Tag steht in den Türen;
Ihr könnt schon Nachtwind spüren:
Es kommt kein Morgen mehr.

*

Was kann euch Angst noch rühren?
Ihr sterbt mit allen Tieren
Und es kommt nichts nachher.[42]

ニーチェが「神の死」と呼んだものは必ずしも絶望に導くわけではなく、むしろ地獄の恐怖を消し去るところから純然たる歓喜、生の新たな「肯定」に帰結するが、そのことをこれほど明確に理解しているものは現代文学のなかに類例があるまい。ある程度比較できるものとして思い浮かぶのは二つの文章である。その一つはドストエーフスキーによるもので、悪魔がほとんど同じような言葉をイワン・カラマーゾフに語りかける。「すべての人間は、自分がまったく必滅の存在であり、復活しないことを知っているが、しかも神のように傲然と穏やかに死んでいく」。いまひとつはスウィンバーンの次のことへの感謝である。

神々が何ものであれ
如何なる生命も永遠に生きることはなく
如何なる男も死んで起き上がることはなく
如何に疲れた河も真すぐに流れることはなく
穏やかにまがり海へと注ぐ

しかしドストエーフスキーにおけるこの思想は悪魔の示唆であり、スウィンバーンの場合は疲弊より生まれた思想、すなわち誰もが二度と体験したくないようなものとして人生を拒否するものである。ブレヒトの場合、神の不在と来世の不在という思想は不安に導くのではなく恐怖からの解放に導く。そしてカトリック的環境のなかで成長したブレヒトにしてみれば、問題のこうした側面を容易に把握していたに相違ない。明らかにかれは、地上に坐して天国を望みそして地獄を恐れることに比べれば、どんなことでもそれにまさると考えた。かれのなかで宗教に反抗せしめたものは疑惑でも願望でもなく、自負であった。かれにおける激烈な宗教否定と地上の神バールの賛美には、ほとんど爆発的ともいえる感謝の念がみられる。生命より偉大なものは存在しないし、それ以上の何ものもわれわれには与えられていない、とかれは言う。ニヒリズムを志向する当節の風潮やそれへの反撥のなかで、これほどの感謝の念に出会うことはほとんどまれであろう。

しかしブレヒトの初期の詩篇にはニヒリスティックな要素も含まれており、おそらくそのことはブレヒト自身が誰よりもよく気づいていた。死後刊行された詩のなかに「後から来るもの〈Der Nachgeborene〉」と題する数行の作品があるが、これは万巻の書をもってするよりもはるかに雄弁にニヒリズムを要約している。「ぼくには確かに希望がない。盲人たちは脱出口の話をしている。ぼくには分っている。あらゆる過ちが批判されつくせば、ぼくらに残されるのは机の向うの最後の仲間だけだろう――それは無だ」[43]。ブレヒト唯一のごくニヒリスティックな戯曲『マハゴニー市の興亡』は、かれ自身保持していた窮極的な過ち、すなわち人生が与えるに違いないもの——食べたり、飲んだり、姦淫したり、殴りあったりする大きな楽しみ——で十分だとする過ちを素材としている。この都市には金鉱探しに類する連中が集っており、ただ楽しみを用意し、人間の幸福を満たすだけのために建てられている。ここのスローガンは「まずはっきり知っておけ、ここでは何でも許される〈Vor allem aber achtet scharf/Daß man hier alles dürfen darf〉」である。この都市が没落したのには二つの理由があり、そのうち明瞭な一つは、あらゆることが許されているこの都市でも自分の債務を支払う金をもたぬことは許されない、ということである。この平凡なことの背後に第二の理由、すなわちこの歓楽都市は想像しうるかぎりの倦怠を生み出すことで終焉するであろうという洞察である。なぜなら、そこは「何も起こらない」ところであろうし、「ほかに何もすることがないのなら、どうしてぼくの帽子を食わないんだ」と歌いたくなるようなところだからだ(44)。

かくて倦怠は、この詩人が世界と初めて出会ったことの帰結であり、生命を賛え、歓喜に酔っていた素晴らしい時期の帰結であった。それまでかれは大地と大空と樹木だけを愛しながら、あらゆる都市のジャングルを夢想し、またあらゆる大陸と七つの海を夢想し、かつてはヨーロッパの大都市の一つであったもののジャングルを、無重力的に漂っていた。二〇年代も終ろうとするとき、詩的にではなく人間的に言ってこのように無重力であることは自分にふさわしくないこと——世界はただ比喩的にジャングルなのであり実際は戦場であること——にかれは気づいていたはずである。

IV

ブレヒトを現実に引き戻し、かれの詩作をほぼ死滅させかけたのは同情であった。飢餓が支配していたとき、かれは飢えた者とともに反抗した。「ひとはいう、飲んで食え、きみの所有をよろこべ、と。だがどうして飲み食いできようか。もしぼくの食うものが飢えているひとから掠めたもので、飲む水がかわいたひとの手の届かぬものだとしたら」(45)（野村修訳「あとから生まれるひとびとに」）。ブレヒトの情熱のなかで最も激しく最も根底的であったものが同情心であったことに疑問の余地はない。それゆえにこそ、かれは極力そのことを押し隠そうとして、しかも押し隠すことにほとんど成功していない。そのことはかれが書いたほとんどすべての戯曲のうちに光り輝いている。たとえば『三文オペラ』のシニカルな冗談のなかにも次のような力強い告発的な行が見られる。

Erst muß es möglich sein auch armen Leuten
Vom großen Brotlaib sich ihr Teil zu schneiden.(46)

そして嘲弄して歌われるところでもかれの中心思想は最後まで一貫している。

Ein guter Mensch sein! Ja, wer wär's nicht gern?
Sein Gut den Armen geben, warum nicht?
Wenn alle gut sind, ist Sein Reich nicht fern
Wer säße nicht sehr gern in Seinem Licht?(47)

この中心思想は、世界のなかで、すなわち善を不可能とし自滅させる環境のもとで良くあろうとする激しい試みであった。ブレヒトの戯曲におけるドラマティックな葛藤はいずれも似かよっている。同情心にかられて世界変革に着手した者は良くありつづけることができないというのである。ブレヒトは本能的に、革命史家たちがこれまで見落してきたことに気づいていた。すなわち、ロベスピエールからレーニンにいたる近代の革命家たちはいずれも同情という情熱――ロベスピエールのいう「激しい同情心〈le zèle compatissant〉」であるが、いまだ潔癖であったかれは「弱い者」や「貧しい者」への共感を隠そうとしていない――に衝き動かされていたということである。「古典的大家たち」、ブレヒトの暗示するところではマルクス、エンゲルス、そしてレーニンは、「最も同情心にあふれた人間」であり、かれらが他の「無知な人民」と違う点は同情の衝動を「怒り」の衝動に「転換」するすべを心得ていたところにある。つまり「憐れみとは人が援助を拒む者に対しても拒否せず与えるもの(48)」ということをかれらは理解していた。それゆえブレヒトは、おそらくそれと気づくことなしに、「良くなくあるすべ」を学ばねばならない君主や政治家に与えたマキアヴェリの教訓に見られる知恵を確信するにいたった。そしてかれは善に対する洗練された、一見曖昧な態度をマキアヴェリと分有するのである。しかしそれは——かれの前任者の場合同様かれの場合も——多数の単純で学問的な誤解を招くものであった。「如何にして良くなくあるか」はシカゴの救世軍の少女を題材とした初期の素晴らしい戯曲『屠殺場の聖ヨハンナ』の主題である。この少女は、人が世界を去らねばならぬ日に、自分自身が善良であることよりも自分のあとによりよい世界を残すことの方が意味が大きい、ということを学ばざるをえない。ブレヒトの戯曲のなかでヨハンナのもつ純粋さ、大胆さ、無邪気さに匹敵するのは、『シモーヌ・マシャールの夢』のシモーヌ、すなわちドイツ占領下にジャンヌ・ダルクを夢みる少女であり、『コーカサスの白墨の輪』の少女グルッシェである。ことに『コーカサス……』の場合、善良というものの全体像は次のように描かれている。「恐ろしいのは良くあろうとする誘惑だ〈Schrecklich ist die Verführung zur Güte〉」——その魅力にはほとんど抗し難いがその結果は危険で疑問が多い。（時のはずみでなされたことから生ずる一連の出来事を誰が知ろう。ちょっとした身振りが人をもっと重要な仕事からそらさないであろうか。）しかしその誘惑に抗して自分の生存や世界の救済に忙殺されることもかれには取り返しがつかぬほど恐ろしいことであった。「彼女は狂った耳のために、救いを求める叫びを聞くことなく通り過ぎる。もう二度と彼女は、愛する者のささやきも夜明けの黒鳥の歌もアンジェラスの鐘にふともらすぶどう収穫者の幸せな溜息も聞くことはないだろう[49]」。こうした誘惑に屈するかどうかということ、そして善良たろうとすることから不可避的に生まれる葛藤をどのように解決するかということ、このことはブレヒトの戯曲に繰り返し現われるテーマである。『コーカサスの白墨の輪』の場合少女グルッシェはこの誘惑に屈し、万事が目出度く終る。『セチュアンの善良な女』の場合、この問題は二つの役を設けることで解決される。すなわち善良であるにはあまりに貧しく、文字通り憐れみを与えるゆとりのない女が、やがて実業家となり、人を騙し搾取することで多額の金を得るが、晩年になるとかつて稼いだものをまさに稼ぎとった相手に与えてしまうのだ。これは実際的な解決であり、ブレヒトはまさしく実際的な人間であった。こうしたテーマは（ブレヒト自身の解釈はともかく）『肝っ玉おっ母あ』にも、また『ガリレオ』にさえも現われている。そしてこうした激しい同情心が本物であるかどうかといった疑問は、映画版『三文オペラ』の終幕の歌の最終連を読むとき、たちどころに解消されるであろう。

Denn die einen sind im Dunkeln
Und die andern sind im Licht.
Und man siehet die im Lichte
Die im Dunkeln sieht man nicht.(50)

貧しい者の膨大な流れが奔流のように初めてヨーロッパの街路に乱入したフランス革命

以来、革命家のなかにはブレヒトのように同情心から行動しながら、羞恥から科学的理論や無感覚なレトリックでかれらの同情心を覆い隠した者たちが大勢いた。しかしかれらのなかでもごく僅かの者しか、貧しい者の苦しみは依然として闇の中にとどまり、人類の記憶に書きとめられることすらないという事実がかれらの傷ついた生活をさらに侮辱していることを理解しはしなかった。

Mitkämpfend fügen die großen umstürzenden Lehrer des Volkes
Zu der Geschichte der herrschenden Klassen die der beherrschten.(51)

これはブレヒトが「共産党宣言」をわざわざバロック調の詩形に直したものである。かれはこれをルクレティウスの『事物の本性について』をモデルとした長い教訓詩『人間の本性について』の一部として計画したものであるが、この計画はほぼ完全に失敗している。ともかくかれは貧しい者の苦しみばかりでなくかれらが世に知られぬことを理解し、そのことを憤っていた。ジョン・アダムズのようにかれは貧しい者を見えない人間《インヴィジブル・マン》と考えたのである。そしてかれが、いつの日か事態が変わり、サン＝ジュストの言葉——「貧しい者は国の力である〈Les malheureux sont la puissance de la terre〉」——が真実となる日を待望しはじめたのも、おそらくは憐れみや羞恥からというよりこうした憤りからであった。

さらにブレヒトがかれの詩作のかなりのものをバラッドの形式で書いたのも、虐げられ抑圧された人々との連帯感からであった。(今世紀における他の巨匠たち――たとえばW・H・オーデン――と同じく、かれは遅れてきた者の特典をもっていたのであり、したがって選択も自由だった。) バラッドは民謡や街頭歌から生まれたものであり、しかも黒人霊歌と異なるところがなく、召使い女たちが台所で不実の恋人のことや悪意のない幼児殺しのことを歎く――「殺人者たちはひたすら悲しみにくれる〈Die Mörder, denen viel Leides geschah〉」――果てしなく続く歌からなりたっており、記録されない詩という特質を常に備え、そうしたところから、世に知られず世に忘れられる運命にある人々が自分たちの物語を記録し、自分たちの詩的不滅性を創造しようとする芸術様式だったからである。いうまでもなく民謡は、ブレヒト以前のドイツ語で書かれた偉大な詩に刺激を与えてきた。召使い女たちの声はメーリケから若きホフマンスタールにいたる最も美しいドイツの歌のいくつかを通して響いており、ブレヒト以前におけるモリタート〔大道語り芸〕の巨匠はフランク・ヴェーデキントであった。また、詩人が物語の語り手となるバラッドは、シラーやかれの前後の詩人たちを含む偉大な先人たちを持っており、かれらの力によってその本来的な未熟さとともにその通俗性の大部分は失われていた。しかしブレヒト以前の詩人たちは誰一人としてこうした通俗的な詩形にかれのように一貫して執着するということはなく、またそうした作品に偉大な詩作という地位を与えることにブレヒトほど完全に成功することはなかった。

われわれがこうした事柄――無重量性、重力よりは重力の向く方向を求める、すなわち現代世界の状況にも当てはまる中心を求める熱望、加えて同情心、すなわちブレヒトなら動物的とでも言うであろう、他人の苦しみを黙視できない自然な感情――を重ね合わせるとき、かれが共産党と歩調をあわせる決意をしたことも当時の時代状況と考え合わせて容易に理解される。ブレヒトにしてみればこの決意の主動機となったのは、この党が不幸な人々の主張を自分のものとしていたばかりでなく、あらゆる状況に応じて参照可能で聖書のようにとめどなく引用可能な著述の体系を保持していたことである。このことはブレヒトにとって大きな喜びであった。かれはその種の本のすべてを読み終えるはるか前に――まさに新たな同志の仲間になるとすぐ――マルクス、エンゲルスそしてレーニンを「古典」として語りはじめた。(52) しかし重要なことは、かれの同情心がすでに語ってきたこと、すなわちこの涙の谷の暗さと激しい寒さがまさに現実だということに、この党が日常的にかれを接触せしめたところにある。

Bedenkt das Dunkel und die große Kälte
In diesem Tale, das von Jammer schallt.(53)

この時以降、かれは自分の帽子を食べる必要はなかったであろう。なすべき何ごとかがあったからだ。

そしてこのことはもちろん、かれの厄介事とわれわれの厄介事のはじまりであった。かれは共産主義者の仲間になるとすぐ、悪い世界を良い世界に変革するためには「善良であろうとしない」だけでは十分でなく、自分自身悪くならなければならないこと、賤しさを根絶するには自分自身賤しいことをするしかないということに気づいた。すなわち――「お前は誰だ。汚物にまみれろ、屠殺者を抱け、しかして世界を変革しろ、世界は変革を必要としている」からである。トロツキーは亡命中にも次のように言明した。「われわれはただ党とともに、また党によってのみ正しくありうる。それ以外の方法で正しくあることを歴史は認めてきていないからだ」。そしてブレヒトはそのことをさらに洗練させた。「個人の眼はふたつ、党の眼は千。党はななつの国家を見／個人はひとつの都市を見る。……個人は消されることがある／だが党は消されることがない。それというのも……党はその闘争を古典的大家の方法で導き、そいつは現実の知識から抽き出されているからだ[54]」。ブレヒトの改宗は今日われわれが想像するほど単純なものではなかった。最も戦闘的な語句のなかにも矛盾・異説が忍び込んでいた。「誰にも何にも説き伏せられるな、君自身で見つけ出せ。君自身が知らないことは、君が知らないことなのだ。勘定書を調べることだ、君はそいつを払わねばなるまい[55]」。（自分に見えないものを見る千の眼なぞ党はもたないのではあるまいか。自分は住んでいるこの都市しか知らないのに、七つの国なぞ党は知っていないのではあるまいか。）ともかくこうしたことはちょっとした踏み外しにすぎなかった。そして党が党員の粛清を開始した――一九二九年第一六回党大会においてスターリンは左右反対派の粛清を声明した――とき、党がその時点で必要とした正義は自分たちの同志や無実の人々の殺害を擁護することであると感じた。『方策』のなかでかれは、不正に憤激して救援に駆けつけた無実で善良で人間的な人々が、如何にしてまた如何なる理由から殺されるのかを明らかにしている。方策とは党員をかれの同志の手で殺害することだからである。この戯曲は、人間的に言ってかれがこうした人々のうちで最良の者であったことを明示している。まさしくかれの善良さのゆえに、かれが革命の障害となったことが判明するのだ。

三〇年代初頭にこの戯曲がベルリンで初演されたとき、それは多くの憤激を喚起した。今日われわれはブレヒトが戯曲のなかで述べていることは恐るべき真実のごく一部にすぎないことを知っている。しかし当時としては――モスクワ裁判の数年前であった――このことは知られていなかった。当時党の内外にいたスターリンの激しい反対者さえ、ブレヒトがモスクワを擁護する戯曲を書いたことに憤激したし、スターリン主義者たちはこの「知識人」によってみられたロシア共産主義の現実を強く否定した。ブレヒトはこの戯曲の場合ほど友人たちや同志から不評を得たことはなかった。理由は明白である。かれは詩人が一人おかれたとき常にするであろうことをしたのだ。すなわちかれは真実を、この真実が当時見えはじめた範囲で表明したのである。この問題の単純な真実は、無実の人々が殺害されたこと、共産主義者たちはその敵との闘争を止めなかった（後にそうなる）ものの、かれらの友人たちを殺害しはじめたことである。それはほとんどの人が依然として、革命的熱意の過剰として許容したものの端緒であった。しかしブレヒトは、楽園建設のために働いていると自称する者がまさに地上に地獄を築き上げていること、またかれらに犯す気のない卑劣な行為や裏切りは存在しないことを確かに予知していなかったとはいえ、この狂気のなかにある秩序だった方法を見出す知性は備えていた。ブレヒトは地獄のゲームが演じられる際のルールを示したのであり、当然喝采を期待していた。ただ残念なことにかれはごく細かい点を見落していた。すなわち、真実を語らせること、少なくとも声の大きい同調者の一人にそうさせることは、決して党の意図でも党の利益でもなかったということである。むしろこの点について党の立場から言えば、世界を欺かせることだったのである。

かつてこうした騒ぎを捲き起こしたこの戯曲を再読してみると、それが書かれ初演された時点からわれわれを隔てる恐るべき歳月に思いがいたる。(ブレヒトはそれを後に東ベルリンで上演することはなかったし、私の知る限りそれは他の劇場でも上演されていない。ただ数年前、アメリカのキャンパスで奇妙な人気を博していた。) スターリンがボリシェヴィキ党の古くからの親兵を粛清しようとしたとき、次の一〇年間にこの運動の最良の部分が殺害されることを詩人は予見したかもしれない。しかしそれから実際に起こったこと——今ではより暗い恐怖に圧倒され半ば忘れられている——をブレヒトの見解と比較することは、現実の嵐をコップの中の嵐に比較するようなものであろう。

V

私の目的とするところは詩人の本当の罪は詩神によって報復されるという命題を提起することであるが、この点で『方策』は重要な戯曲である。芸術上の観点からみてこれは決して悪い作品ではない。そこに含まれている素晴らしい叙情詩、なかでも「米の歌」は有名だし、その簡潔で槌を打つようなリズムは未だにその響きを失っていない。

Weiß ich, was ein Reis ist?
Weiß ich, wer das weiß!
Ich weiß nicht, was ein Reis ist
Ich kenne nur seinen Preis.

Weiß ich, was ein Mensch ist?
Weiß ich, wer das weiß!
Ich weiß nicht, was ein Mensch ist
Ich kenne nur seinen Preis.(56)

明らかにこの戯曲は、きわめて真剣に——ただ面白半分にでもなければスウィフト的な皮肉な真剣さででもなく——道徳的な悪以上のもの、言いようもなく恐ろしいものを擁護している。しかしブレヒトの詩人としての幸運はその時点でかれを見捨てることはなかった。かれは依然として真実を——かれが誤って妥協しようとした恐ろしい真実を——語っていたからである。

ブレヒトの罪が初めて現われるのはナチスが権力を掌握してからであり、かれが外から第三帝国の現実に直面せざるをえなくなってからであった。一九三三年二月二八日、議事堂放火事件の翌日かれは亡命した。かれが自分の進路を定めるために頑固に固執した「古典」は、ヒトラーが実際行なったことをかれに認識させなかった。かれは人を欺きはじめ、新聞文体を韻文風に区切っただけの以降のいわゆる詩を予知させる『第三帝国の恐怖と悲惨』にみられるごつごつした散文の対話を書いた。一九三五年か三六年には、ヒトラーは飢餓と失業を一掃していた。それゆえ「古典」に鍛えられたブレヒトには、ヒトラーを賞賛しない口実はまるでなかった。その口実のために、かれは誰にも明白なことを、すなわち本当に迫害されているのは労働者ではなくユダヤ人であることを、問題となっているのは人種であって階級ではないことを、認識するのをひたすら拒絶した。マルクス、エンゲルス、あるいはレーニンにもこうしたことを扱った箇所は一行もなかったし、共産主義者たちもそれを否定した——支配階級の擬装以外の何ものでもないとかれらは主張した——ので、「自分で探す」ことを頑なに拒否していたブレヒトはそれに同調したのである。かれはナチス・ドイツの状況についていくつかの詩を書いたが、それらはいずれも駄作であり、その代表的なものは「ブリキの棺に入った煽動家の埋葬」であった[57]。この作品は強制収容所で打ち殺された人々の遺体を封印された棺で送還するナチスの習慣を素材としている。ブレヒトの作品中の煽動家は「腹いっぱい喰え、住む家があり、子供たちを養える」ことを伝道したためにこうした運命を背負わされた。簡単に言うとかれは狂っていたのだ。当時のドイツで飢えていたものは一人もなかったし、民族共同体〈Volksgemeinschaft〉というナチスのスローガンは単なる宣伝だけではなかったからである。誰がわざわざかれを片づけたりしたであろう。本当の恐怖、強調されるべき唯一の点は、この男の殺され方であり、かれがブリキの棺に隠されねばならなかったことである。ブリキの棺はまさしく重要であったが、ブレヒトは題名の意味するところを徹底的に追求したわけではなかった。かれの詩の中の煽動家の運命は、資本主義政府の敵対者が背負わされがちであった運命に比してとくに悪いものではなかった。そしてこのことが偽りであったのだ。ブレヒトが言おうとしたのは資本主義支配下の国々の間には程度の差しかないということだった。そしてこれは二重の偽りであった。資本主義諸国の敵対者たちは打ち殺されることも封印された棺で送還されることもなかったし、またドイツは、シャハト氏やティッセン氏が残念ながら学ぶことになったようにもはや資本主義国ではなかったからである。ブレヒト自身はどうであったろう。かれは誰もが腹いっぱい喰えて、住む家をもち、子供たちを養える国から逃げ出していた。これが実情であり、かれはこのことにあえて直面しようとしなかった。こうした数年間に書かれた反戦詩さえ平板なものとなっていたのである[58]。

しかしこの時期全体の作品が如何に悪かったとしても、それですべてではなかった。亡命中の歳月は、それが過ぎ去って、かれを戦後ドイツの混乱からはるかに遠ざけたとき、かれの作品に非常に有益な影響を与えた。三〇年代にスカンディナヴィア諸国ほど平和なところがありえたであろうか。さらにロサンジェルスに対して、かれが正当にあるいは不当に何を言ったとしても、そこは失業労働者と飢えた子供たちで有名な場所ではなかった。たとえかれが死の間際にそのことを否定したとしてもその詩は、かれが徐々に「古典」を忘れはじめ、資本主義や階級闘争とは無縁なテーマに心が移行しはじめたことを立証している。スヴェンボルからは「老子出関の途上における『道徳経』成立の由来」といった詩が生まれている。この形式は説話的であり、言語的あるいは思想的な実験を試みようとするものではないが、今世紀に書かれた詩のなかでも最も静穏で——奇妙な言い方だが——最も心の慰められるものの一つである。(59) ブレヒトの詩が多くそうであるようにこれも教育を目的としている(かれの世界では詩人と教師は隣り合わせに住んでいた)が、この場合の教訓は非暴力と智恵についてである。

Daß das weiche Wasser in Bewegung
Mit der Zeit den mächtigen Stein besiegt.
Du verstehst, das Harte unterliegt.

「柔らかい水も動いていれば、いつかは固い石に勝つ。わかるか。固いものが負けるのだ」。まさしくそうであった。この詩は戦争の初期にフランス政府がドイツからの亡命者を強制収容所に入れる決定をしたときはまだ刊行されていなかった。しかし一九三九年春、ヴァルター・ベンヤミンがデンマークにいたブレヒトを訪問してそれを持ち返ると、ちょうど良い便りについてのうわさのように、こうした智恵が最も必要とされているところで——慰めと忍耐と持久力の源泉として——急速に口から口へと伝えられた。スヴェンボル詩集のなかで老子の詩の次に「追放された詩人たちの訪問」がおかれていることは何らかの意味をもつものであろう。ある詩人がダンテのように冥府へおりて行き、かつて地上の権力といさかいをおこした、死んだかれの仲間と会う。オウィディウスやヴィヨン、ダンテやヴォルテール、ハイネ、シェイクスピア、エウリピデスが楽しげに同席し、ちょっとした言い合いをしている。しかしそのとき「暗闇の一角から声がした。『君、そこの人、誰か君の詩を暗記しているか。そうしている者たちはこの迫害をまぬがれられるか』。そこでダンテが静かに説明した。『ここにいるのは忘れられた詩人たち、肉体ばかりかその作品さえ消されてしまった』[60]。笑い声はぴたりとやんだ。誰も新参者を見ようとしなかった。かれの顔は蒼白になった」。とはいえブレヒトは、思い悩む必要などなかったのである。

詩よりもさらに注目に値するのは、この亡命の年月にかれが書いた戯曲であった。戦後、ベルリナー・アンサンブルが行なったことのなかで『ガリレオ』が東ベルリンで上演されたときはいつでも、その一行一行が体制に対する敵意の明白な宣言であるように響き、またそうしたものとして理解されていた。この時期まで、ブレヒトは——いわゆる叙事的演劇という方法によって——何らかの個性を持った役柄を創造することを意識的に避けてきた。しかし今や、まったく突然にかれの戯曲は真実の人間をもって満たされた。かれらは、古い意味では性格を持っているとはいえないにしても、明らかに独特で個性的な人物であり、そこにはシモーヌ・マシャール、セチュアンの善良な女、肝っ玉おっ母あ、さらに『コーカサスの白墨の輪』に登場する少女グルッシェとアズダーク判事、ガリレオ、プンティラと下男マッテイが含まれている。このグループの全作品は、ブレヒトがそれらを書いたときには注目されなかったにもかかわらず、今日ではドイツの内外のすぐれた劇場のレパートリーの一部になっている。疑いもなく、この遅きに失した名声はブレヒト自身の才能に、詩作や劇作に示された才能だけではなく、劇場監督としての並み外れた才能に帰せられるべきものであろう。この劇場監督の才能のゆえに、かれは、かれの妻であり、ドイツ最高の女優の一人であったヘレーネ・ヴァイゲルを自由に駆使したのである。しかし、このことはかれが東ベルリンで上演したものはすべてドイツの外部で書かれているという事実を変えるものではない。かれはついに「古典」からの引用では説明することも正当化することもできない状況に直面していることを認識していたに違いない。かれは、かれの沈黙——かれが時折行なった虐殺者の賞賛を別とすれば——がまさに犯罪であるような状況にのめりこんでいたのである。

ブレヒトの悩みが始まったのは、かれがアンガジェ（この概念は当時は存在しなかったのであるから、今日だから言えることであるが）したとき、かれが一つの声たること以上のことをしようと試みたときであった。一つの声たることはかれの初めの方式であった。何についての声か。たしかにかれ自身についてのではなく、世界についての、またあらゆる現実的なものについての声であった。それでも十分ではなかった。かれが現実であると考えたものの声たることが、かれを現実的なものから遠ざけていったのである。かれは、かれがなりたいと最も強く思っていたもの、すなわち民衆の吟唱詩人となる代りに、かれが最も好きでなかったもの、すなわちドイツの伝統におけるもうひとりの孤独な大詩人になりつつあったのではなかったか。しかしなお、かれが事物の核心に達したとき、かれが新たに発見された現実のなかにいやおうなしに持ちこんだものは、かれの鋭敏で機略縦横な知性ではなく、かれの詩人としてのよそよそしさであった。かれの友人を殺害し、かれの最悪の敵と同盟していた党と絶縁させなかったものも、「古典」のために、かれの故国に実際に起こっていたこと――かれのより散文的な作品のなかでは、かれがこの上なくよく理解していた事柄――を見るのを拒絶させたものも、勇気の欠如であるよりは、こうした現実に対するよそよそしさであった。『アルトゥロ・ウイの抑制できた興隆』――ヒトラーの「抑制できなかった」権力掌握を風刺したものであるが、偉大な作品ではなかった――の最後の部分で、かれは次のように記している。「偉大な政治的犯罪者はあらゆる手段によって、わけても嘲笑によってあばかれねばならない。かれらは何よりもまず偉大な政治的犯罪者などではなく、偉大な政治的犯罪の下手人にすぎず、この両者はともかくも同一ではないからだ。……ヒトラーの企てが失敗したことは、かれの愚かさを意味しない。かれの企ての大きさはかれの偉大さを意味しない[61]」。これは一九四一年におおかたの知識人が理解していたところを相当に超えている。善良な人々にとってブレヒトの罪を許し、かれが罪を犯すことができ、しかもよい詩を書くことができたという事実を受け容れるのを困難にしているものは、まさしく、陳腐なマルクス主義者の騒音を切り裂いて走る稲妻のような、この非凡な知性にほかならないのである。しかし、東独政府がかれに劇場を提供してくれるであろうという本質的に芸術的な理由から——すなわち、かれがほぼ三〇年間にわたって激しく非難してきた「芸術のための芸術」という理由から——、かれが東ドイツに帰ったとき、かれの罪に対する罰はついにかれに追いついたのである。今や現実は、かれがもはや現実の声たりえないまでにかれを圧倒するにいたった。すなわち、かれは現実のまっただなかに入ることには成功した。だが同時に、そこは詩人がいるにはよい場所でないことをも証明してしまったのである。

これが、ブレヒトの問題がわれわれに教えているように思われる事柄であり、また今日われわれが、われわれの義務に従って、かれを評価し、われわれがかれに負うているすべてについてかれに敬意を払う場合、考慮にいれられなければならない事柄でもある。詩人の現実に対する関係は、実際かつてゲーテが語ったごときものである。すなわちかれらは、通常の人々と同じ責任を負うことはできない。かれらはある程度のよそよそしさを必要とする。しかし、もしかれらがこのよそよそしさを他のすべての人たちと同様であることと交換したいという不断の誘惑にとらわれていないとするならば、かれらは有能な詩人とはいえないであろう。こうした努力において、ブレヒトは、かつてどの詩人も試みなかったほどに、かれの生涯と芸術とを賭けたのであり、それがかれを勝利と災厄に導いたのである。

この考察の最初において私は、詩人に対してはある種の行動の自由を、通常の事態においてわれわれが相互にほとんど認めあおうとはしない範囲までに認めることを提案しておいた。私は、これが多くの人々の正義感を傷つけるものであることを否定しない。実際、もしブレヒトが今も生きていたならば、かれがこうした例外に対してまっさきに激しく抗議したであろうことは確かである。(私が先に言及した、死後に刊行された書物 *Me-ti* のなかで、かれは悪に堕した「善き人」に対する判決を示唆している。すなわちかれは、審問を終えたのちに次のようにいう。「聞け、われわれはお前がわれわれの敵であることを知っている。だから、お前は今や壁の前に立って銃殺に処されるであろう。しかし、お前の功績と徳行とを考慮して、それは良い壁であろうし、また良い銃から発射された良い弾で射殺しよう。そしてわれわれは、お前を良いシャベルで良い土地に埋葬しよう」。) しかし、われわれが道徳的判断においても基準として採用している法の前での平等は、絶対的なものではない。あらゆる判断は許すことに通じている。あらゆる判断の行為は許す行為に変りうる。判断することと許すこととは同じ貨幣の裏と表にすぎない。しかし、この裏と表とはそれぞれ異なった法則に従うのである。法の尊厳はわれわれが平等であるべきことを要求する。すなわち、われわれの行為のみが勘定に入り、それを犯した人間は勘定に入れないことを要求するのである。これに反して、許す行為は人間を考慮に入れる。どのような許しも殺人や盗みを許すのではなくて、殺人者や盗人だけを許すのである。われわれはつねに誰か人間を許すのであって、何かものを許すのではない。これこそ、人々が愛のみが許しうると考える理由であろう。しかし、愛があるにせよないにせよ、われわれは人間のために許すのであり、したがって正義はすべてが平等であることを要求するのに対し、慈悲は不平等を主張する。不平等が意味するものは、あらゆる人間は、かれがなしあるいは達成したことが何であれ、それ以上のものであるし、またあるべきだということにほかならない。ブレヒトは、「有用性」を人間を判断する基準として採用する以前の若い時期には、このことを他の誰よりもよく知っていた。『家庭用説教集』のなかに「あらゆる男の秘密のバラッド」という詩があるが、その第一節は、ベントリーの訳によれば、次のようである。

男とは周知のもので、街を歩く。
名まえをもっている。バーに腰をすえる。
その顔は眼につく、その声はきこえる。

女がやつのシャツを洗い、髪を梳く。
だが、やつを叩っ殺せ、かまやあしない
もし男が、その皮膚から髪の毛から
いっさいが、その悪いまた良い行い
の、行為者以上のものではないのなら。

〈野村修訳「あらゆる男の秘密のバラッド」より〉

この不平等の領域を支配する基準は、依然として古いローマの格言のなかに含まれている。すなわち、ユピテルに許されることも牛には許されない〈Quod licet Iovi non licet bovi〉。しかし、われわれにとっての慰めは、この不平等が両様に働くことであろう。ある詩人が、私がここでブレヒトのために要求したような特権を享受する資格があることを示すしるしの一つは、かれがなしえないある種の事柄が存在すること、また依然としてかれが誰であったかという疑問が残っていることである。われわれがそれによって生きるような言葉を鋳造することは詩人の課題である。しかし、ブレヒトがスターリンを賞賛して書いた言葉によって、生きようとする者は確かに誰もいはしまい。かれがこのような言いようがないほど悪い詩、同じ罪について有罪である五級品のへぼ詩人が書く詩よりもはるかに悪い詩を書いたという単純な事実は、牛に許されていることもユピテルには許されていない〈Quod licet bovi non licet Iovi〉ことを示している。「美しく響く声」をもって専制政治を賞賛することができるにせよ、できないにせよ、単なる知識人や文学者がかれらの罪を才能の喪失によって罰せられることはないからである。神がかれらの揺りかごにかがみこむことはなかったし、神が復讐を企てることもないであろう。牛には許されていてもユピテルには許されていないこと、すなわちユピテルにいくらか似ている人々——あるいは、むしろアポロンに祝福された人々——には許されていないことがきわめて多く存在しているのである。それゆえ、古い格言の苦さは両方の意味で身にしみるのであり、自分自身についてはー片の憐れみも浪費することのなかった「あわれなBB」の例は、今世紀において、あるいは他の如何なる時代においても、詩人たることが如何に困難なことであるかを、われわれに教えてくれるであろう。

原註

(1) ブレヒトの詩のほとんどにはいくつかの版がある。この文中では特に記してない限り、一九五〇年代末から西ドイツのズーアカンプ社と東ベルリンのアウフバウ社から刊行された作品集よりの引用である。最初の二つの引用は「ハリウッド」および「移民のソネット」からのもの(*Gedichte 1941-1947*, Vol. VI)。「移民のソネット」の最初の二連は、ブレヒトの詩には珍しく個人的な不満が見られるところから注目する価値がある。

Verjagt aus meinem Land muß ich nun sehn/Wie ich zu einem neue: Laden Komme, einer

Schenke/Wo ich verkaufen kann das, was ich denke./Die alten Wege muß ich wieder gehn Die glatt geschliffenen durch den Tritt der Hoffnungslosen!/Schon gehend, weiß ich jetzt noch nicht：zu wem?/Wohin ich komme hör' ich：Spell your name!/Ach, dieser "name" gehörte zu den großen!

（自分の国から追い出され、ぼくは今新しい店を開く道を見つけなくてはならない。どこかぼくの考えを売ることができる場所を。ぼくはもときた路をまた歩かねばならない。希望をなくした者たちが踏みならしてくれた路を。もうだいぶ歩いてきたのにまだぼくにはわからない。誰のところへ行こうとしているのかを。ぼくは行く先々で耳にする、お名前の綴りは、と。ああ、この「名前」もかつては偉大であったのに）

（2） *Brecht：The Man and His Work*（Anchor Books, 1961）の著者マーティン・エスリンが最近述べているところによれば、ブレヒトは「かれが望めばいつでもドイツに帰れるはずだった……。この時期に難しかったことはドイツ人がドイツを離れることで、ドイツに入ることではなかった」（"Brecht at Seventy," in *tdr*, Fall 1967）。このことは誤っている。ただブレヒトが「自分の退路を開いておくため、ドイツのではない旅行書類を望んだ」ことは事実である。

（3） 誤解を避けるために付け加えると、ブレヒトは共産主義者の批評家ともうまくいっていなかったのであり、かれが一九三八年にかれらについて語ったことはそのまま「非共産主義者たち」にもあてはまる。「ルカーチ、ガボール、クレラ……は創作活動の敵だ。創作活動というものがかれらを不安にするのだね。そいつは信頼できない、そいつは予測がつかない、というわけだ。創作活動から何が生まれるか皆目わからないものだから。だから自分たちで創作しようとは思わない。有力者のような顔をして、他人を支配しようと考えるんだ。かれらの批評はいずれも脅迫じみている」（Walter

Benjamin, "Gespräche mit Brecht," in *Versuche über Brecht*, Frankfurt, 1966)。

（4） "Briefe über Gelesenes," in *Gedichte*, vol. VI.

（5） "Böser Morgen," in *Gedichte 1948-1956*, vol. VII. ブレヒトのスターリン賛美は、かれの著作集からは注意深くとり除かれている。唯一の痕跡は、死後出版された *Me-ti* notes（注33参照）、*Prosa*, vol. V に見出されるであろう。そこでは、スターリンは「有用な人間」として賛美され、かれの犯罪は正当化されている（pp. 60 ff. and 100 f.）。かれの死の直後には、ブレヒトはかれが「五大陸の抑圧された人々」の「希望の化身」であったと書いていた（*Sinn und Form*, vol. 2, 1953, p. 10）。また、*op. cit.*, II, 2, 1950, p. 128 の詩も参照されたい。

（6） "In mir habt ihr einen, auf den könnt ihr nicht bauen." これは *Hauspostille, Gedichte 1918-1929*, Vol. I 所収の最後の詩 "Vom armen B. B." の1句。

（7） Benjamin, *op. cit.*, pp. 118-19.

（8） "Geschichten vom Herrn Keuner," in *Versuche 1-3*, Berlin, 1930 から。

（9） "Die Lösung" と題された *Gedichte*, vol. VII から。

（10） Angelus Silesius, *Cherubinischer Wandersmann* (1657), Book I, 289, in *Werke*, München, 1949, vol. III.

（11） 「ああ、どうしたら小さなバラの説明ができるだろう。突然、濃い赤の若い花が身近に現われることを。ああ、ぼくたちは彼女を訪ねて来たのではないが、ぼくらが来たとき、彼女はもうそこにいた。

彼女が存在するまで、彼女は望まれていなかった。彼女が身を現わしたとき、彼女は信じられないものとなる。ああ、出発したことのないものが、何かのところに着いたのだ。けれどそれもいつものような、道だったのではなかろうか」(*Gedichte*, vol. VII より)。

(12) *Ibid*., p. 84.

(13) Benjamin, *op. cit*., p. 133.

(14) Esslin, *op. cit.* の指摘するところによれば、「東ドイツの公式文書では、ブレヒトの東ベルリンへの帰国は一九四八年の一〇月と記録されるのが普通である。そのとき、ブレヒトは実際東ベルリンを訪れていたが、しかしかれはふたたびチューリヒへ戻っている」、「ブレヒトが東ベルリンへ行くことに同意したのは、一九四九年の終り近く」なってからだった。その年の一〇月、かれは依然として「ぼくは東ベルリンではどんな種類の公式の任務も義務も持っていないし、報酬も受けていない」と書いている。

(15) *The Jewish Wife and Other Short Plays*, Evergreen Paperbacks から。

(16) Marianne Kestings の論文、*Bertolt Brecht*, Hamburg, 1959, p. 155 を参照。

(17) 「かれはゆめだけを残して、青春をすべて忘れた、ゆめには屋根がない、上にあった空しかない」〈野村修訳「冒険者のバラッド」より〉。“Ballade von den Abenteuern,” *Gedichte*, vol. I, 79 参照。

(18) *Ibid*., p. 42.

(19) 「ある日ひとりがかれに聞くだろう。『ところでどうしてここに見えたんです』。かれはあわてて飛び起きて、空気の変化を知るだろう」。

(20) “Verjagt mit gutem Grund,” in *Hundert Gedichte*, Berlin, 1951.

(21) “Aus einem Lesebuch für Städt bewohner” (1930), in *Gedichte*, vol. I.

(22) *Gedichte 1930-1933*, vol. III から。

(23) “Meines Bruders Tod,” in *Gedichte 1913-1929*, vol. II. この詩はたしかに一九二〇年以前に書

かれたものである。
(24) "Epistel über den Selbstmord," *ibid.*
(25) 「ぼく自身も偉大で孤独になりたいと思うし　そう思う気持も納得がいく　しかしこういう連中をよくよく近くでみると　こいつは俺にゃできない相談だと云いきかせる」〈岩淵達治訳『三文オペラ』より〉。
(26) "An die Nachgeborenen," in *Gedichte 1934-1941*, vol. IV を含む一群の詩全体。
(27) *Gedichte*, vol. II のなかの二つの詩、"Von meiner Mutter" と "Meiner Mutter" とをみよ。
(28) "Die Verlustliste," in *Gedichte*, vol. VI.
(29) "Ich, der überlebende," *ibid.*
(30) "Die Landschaft des Exils," in *Gedichte*, vol. VI のなかの一句。
(31) "Deutschland," *Gedichte*, vol. III より。「きみの家からひびく演説を聞けば、ひとは笑う。／だがきみを触目すれば、ひとはナイフをとる」〈野村修訳「ドイツ」より〉。
(32) M. Kestings, *op. cit.*, p. 139 を参照。
(33) Sidney Hook, "A Recollection of Bertolt Brecht," in *The New Leader*, October 10, 1960 を参照――ベンヤミンによれば（*op. cit.*, p. 131）、ブレヒトはトロツキーが三〇年代に書いたものすべてに通暁していた。かれはそうした著作がロシアの発展について懐疑的な見方を要求する正当な疑惑の存在を証明していると語っていた。こうした疑惑が真実であれば、ロシアの体制に対し公然と攻撃を加えねばなるまい。しかし、「幸か不幸か、好きな方にとってよいが」、この疑惑は今のところまだ確実なものではない。スターリンの支配と折あおうとしたブレヒトの絶望的な企てに関する興味ある記録は、今日ではアフォリズムの形をとった小さな端本のなかに見出すことができる。これは主として三〇年代に書かれたものであり、かれの死後かれの原稿のなかから発見されたものである。これはユウ・ジョンソンによって編集され、一九六五年に *Me-ti, Buch der Wendungen* という題で出版された。M・エスリンがこの題名を"Book of Twists and Turns"と訳しているのは妥当であろう。

(34) "Die Legende vom toten Soldaten," in *Gedichte*, vol. I.

(35) これらはすべて *Hauspostille* にあり、現在では *Gedichte* の第一巻に収められている。

(36) *Ibid.*

(37) "Der Choral vom Großen Baal," *ibid.* この最初の連と最終連を翻訳すると、「バールがお母さんの白いお腹のなかで育ったとき、空はでっかく、しずかで、鈍いろ。若くてはだかで、夢のよう――それをバールは生れてから愛しつづけた。
暗い大地の胎内でバールが腐っていくとき、空はでっかく、しずかで、鈍いろ、若くて、はだかで、夢のよう――バールが生きて愛したときそのまま」〈手塚富雄訳「男子バールをほめる」より〉。

(38) "Erinnerung an die Maril A.," in *Gedichte*, vol. I.

(39) "Die Liebenden," in *Gedichte*, vol. II.

(40) The "Ballade von den Seeräuberen" of the *Hauspostille*, in *Gedichte*, vol. I.

(41) "Großer Dankchoral," *ibid.* 「なんじらほめたたえよ、この寒さとこの闇とこの破滅を。大空を見上げよ、気にかかるものは何もなく、恐れなしに死ねるであろう」。エリック・ベントリー訳の『家庭用説教集』につけられたフーゴー・シュミットの注釈によれば、「なんじらほめたたえよ、この全能の主、創造物の主を」は、長老派教会の賛美歌として知られている。

(42) "Gegen Verführung," *ibid.* 「誘惑にのるな、きみたちは！／回帰などというものはない。／日はいくつもの戸のなかへ／もう感じられる、夜風さえ。／二度とは朝は来はしない。……くよくよするのはやめてくれ。／死ぬのはねずみと違わない／あとには何も来はしない」〈野村修訳「誘惑に乗るな」より〉。

(43) *Gedichte*, vol. II から。

(44) "Aufstieg und Fall der Stadt Mahagonny," 現在では、*Stücke* (1927–1933), vol. III に所収。

(45) "An die Nachgeborenen," *op. cit.* 所収。

(46) 「貧乏人だって、まず儲けの大パンから自分のぶんを／切りとれる仕組みになってなきゃいけねえ」〈岩淵達治訳『三文オペラ』より〉。*Gedichte*, vol. II 所収の "Denn wovon lebt der Mensch ?" から。

(47) 「善い人でいたい！　そうともさ、誰だってそうしてえ／財産は貧乏人にくれたい！　当り前さ？／みんなが金持になりゃ主の御国も遠からずよ／神のみ光を浴びたくねえやつがいるかよ？」〈岩淵達治訳『三文オペラ』より〉。"Über die Unsicherheit menschlicher Verhältnisse." *ibid.* から。

(48) *Me-ti, Buch der Wendungen* からの引用。

(49) 一九四四―四五年に書かれ、*Stück*, vol. X に所収の *Der Kaukasiche Kreisekreis.*

(50) *Gedichte*, vol. II.「なぜならこの世には日蔭に生きるものと／日のあたる場所に生きるものがいるからだ。／そして日のあたる場所にいる連中はよく見えるが／日蔭に生きる連中は見えっこないのだ」〈岩淵達治訳『三文オペラ』より〉。

(51) "Das Manifest," in *Gedichte*, vol. VI.「人民の偉大な破産の教師は、人民の闘争に参加して、／被支配階級の歴史を支配階級の歴史につけ加える」。

(52) Benjamin, *op. cit.* において、ブレヒトもかれなりの疑問をいだいていたことを読むのは喜ばしい。かれはマルクス主義の理論家を聖職者〈Pfaffen〉と比較しているが、聖職者に対してはかれの祖母から受け継いだ心底からの憎悪をいだいていた。牧師のようにマルクス主義者もつねに徒党を組むであろう。「マルクス主義はあまりにも多くの解釈の機会を与える」からである。

(53) 「泣き声のなりひびくこの谷の暗さと激しい寒さを思え」。*Dreigroschenoper* の "Schlußchoral" から。

(54) ブレヒトが書いた唯一厳密に共産主義的な演劇 *Die Massnahme* より引用。"Ändere die Welt: sie braucht es" と "Lob der Partei"（*Gedichte*, vol. III）参照〈野村修訳「党をたたえる」より〉。

(55) "Lob des Lernens," *ibid.*

(56) 「ぼくは米が何だか知ってるか。それを知ってるやつを知ってるか。ぼくは米が何だか知りはしない。知っているのは値段だけ。ぼくは人が何だか知ってるか。それを知ってるやつを知ってるか。ぼくは人が何だか知りはしない。知っているのは値段だけ」。"Song von der Ware," *ibid.* から。

(57) "Begräbnis des Hetzers im Zinksarg," in *Gedichte*, vol. III.

(58) この問題について、ブレヒトは第二の考えを持っていたように思われる。CAW（SDS の出版物）によって出典を示すことなく、一九六八年二月に刊行された「もうひとつのドイツ、一九四三年」という題の論文のなかで、かれはなぜドイツの労働者階級がヒトラーを支持したかを説明づけている。その理由は「失業が（第三帝国によって）てっとり早く解消されたことである。実際、解消の速度と規模とは、きわめて異常であり、革命と見まごうほどであった」。ブレヒトによれば、この説明の鍵は軍需工業であり、「その真相は、労働者がかれらの住んでいる体制を追い払うことができないか、あるいは追い払おうとしないかぎり、戦争はかれらの利益に合致するということである」、「体制はすべての人々が少なくとも、この体制のもとでは戦争を必要としていたため、戦争を選ばねばならず、それゆえにもう一つの生活様式を探さなければならなかった」。

(59) "Legende von der Entstehung des Buches Taoteking auf dem Weg des Laotse in die Emigration," in *Gedichte*, vol. IV.

(60) "Besuch bei den verbannten Dichtern," *ibid.*

(61) "Zu Der Aufhaltsame Aufstieg des Arturo Ui" の評言 (*Stücke*, vol. IX)。

ワルデマール・グリアン――一九〇三―一九五四

かれには多くの友人があり、またかれはそれらのすべてにとって友人であった。そのなかには、男も女も、聖職者も平信徒もおり、多くの国の人々、実際上あらゆる地位の人々が含まれていた。この世界でかれに安息を感じさせたものは友情であったし、かれは、国や言語や社会的背景の如何を問わず、友人の存在するところではいつも安息を感じていた。自分の病気がどれほど悪いかを知ると、かれはヨーロッパへの最後の旅行に出たが、それもかれによれば、「死ぬ前に、友人たちに別れを告げたい」からであった。ヨーロッパから戻ってニューヨークに数日滞在したときも同じことをしているが、それを恐怖や自己憐憫や感傷の影もとどめずに、意識的かつ体系的とも言える形で行なっている。生涯を通じて、大きな困惑の感情なしに個人的感情を表明できなかったかれは、こうしたことを感情を抜きにして、したがって困惑を覚えさせない非個人的な方法で行なった。死はかれにとってきわめて親しいものであったに相違ない。

かれは並みはずれた人間であり、並みはずれて奇妙な人間であった。かれの知的能力の幅と深さを強調することでこうした判断を説明し、青年時代のかれについてわれわれが持っている若干のデータを列挙することでかれはどこの人間でもないという奇妙な感情がいだかれていたことを説明したいという誘惑は大きい。だが、こうしたすべての試みからはこの人には絶望的に肉薄しえないであろう。かれの精神ではなく、かれの人格が並みはずれているのである。かれはあらゆる個人的な事実や私的・職業的生活をめぐる状況を、こうした単なる事実はすべて退屈なものにすぎないとでもいうように寡黙な無関心さをもって扱っていたが、もし同じようにしていたのでなければ、若いころの話も奇妙に響くことはなかったであろう。

かれはかつて何ごとも隠そうとしたことはなかった。自分に対する直接的な質問にはつねに快く答えた。かれはサンクト・ペテルブルグのユダヤ人家庭の出身であり（グリアンという姓はより広く知られているルーリーをロシア語化したものである）、今世紀初頭の帝政ロシアに生まれたのであるから、かれが同化された裕福な家庭の出身であることはこの生誕地自体が示している。こうしたユダヤ人――普通は商人と医師――だけが、大都市の一つで境界外に住み着くことが許されていたからである。第一次世界大戦が勃発する数年前、母がかれと妹を連れてドイツに行き、カトリックに改宗したとき、かれは九歳位であった筈である。私が三〇年代の初頭にドイツで初めてかれに会ったとき、私はかれがロシアを背景に持つことやユダヤ人出身であることに気づいたとは思えない。かれはすでにドイツのカトリック系評論家および作家として、哲学者マックス・シェーラーとカール・シュミットの弟子としてよく知られていた。このカール・シュミットは有名な憲法および国際法の教授であり、のちにナチスとなった人物である。

一九三三年の事件が、出身を再認識させたという意味でかれを変えたということはできない。問題は、かれが自分のユダヤ的血統を意識させられたことではなく、そのことがすでに個人生活にかかわる一事実でなくなったため、かれがそれについて公的に語ることを必要と考えたところにある。それは政治問題となったのであり、自分自身を迫害された人々と結びつけたこともかれにとって当然であった。戦争直後にいたるまで、かれはこうした連帯感とユダヤ人の運命に対し絶えず関心を保ち続けた。『反ユダヤ主義について』（ニューヨーク、一九四六年）という形態で刊行された、ドイツにおける反ユダヤ主義の歴史に関する卓越した素描は、こうした関心の証拠であるとともに、かれの興味を喚起した如何なる問題についても「専門家」となりうる稀有の才能を備えていたことの証拠でもある。しかし、迫害の時代が終り、反ユダヤ主義が政治の中心的問題であることをやめたとき、かれの関心も消えていった。

ロシア的背景については同じではない。それはかれの生涯を通してまったく異なった、文字通り圧倒的な役割を果たした。かれは漠然と「ロシア人」らしく（それが何であるにせよ）見えたばかりでなく、かれの環境の完全かつ急激な変化によって成人してからの生活全体をドイツ語圏で過したにもかかわらず、幼年時代の言語をけっして忘れることがなかった。妻はドイツ人であり、ノートルダムの自宅ではドイツ語が話されていた。あらゆるロシア的なものがかれの趣味、想像力、知性を強く支配していたため、かれは英語やフランス語をドイツなまりではなく、典型的なロシアなまりで話した。もっともロシア語を流暢に話しはしたが、それを母国語とする人のようにではなかったといわれている。どんな詩も文学も——おそらく晩年のリルケを例外とすれば——ロシアの作家たちへのかれの愛情と精通には匹敵しえなかった。(かれの蔵書のなかの小さいが特徴のあるロシア部門には、今世紀初頭風の挿絵の入った子供向けの『戦争と平和』の読み古された本が依然として収められており、一生の間たえずひもといていたためそのページはばらばらになっていた。それはかれが死んだときにもナイト・テーブルの上に置かれていた。)ロシア人と一緒にいる場合、たとえかれらが見知らぬ人々であっても、まるで家庭にあるかのように、他の如何なる環境にあるときより安心していた。かれの広い知的・政治的関心は一見かれをあらゆる方面に送り出していたかに見える。実のところそれらはロシアの周囲に、すなわちロシアの思想史と政治史、ロシアの西欧に及ぼした影響、ロシアの尋常ならざる精神的遺産、最初はロシア人の奇妙なセクト主義のなかに、のちにはロシア文学のなかに表明されたごときロシア人の宗教感情などに集中されていた。かれはボリシェヴィズムの卓越した専門家となったが、それもロシア精神をその細部にわたってみること以上にかれを強くひきつけ、またかれを深く動かすものがなかったからである。

少年時代に生じた三つの断絶、すなわち家族の分解、母国と母国語からの断絶、カトリックへの改宗を含む社会的環境の完全な変化(宗教上の相剋については、かれが若過ぎたばかりでなく、おそらく改宗前には如何なる宗教教育も受けてはいなかった)が、果たしてかれの人格に何らかの深い傷跡を残したかどうかを私は知らない。ただ、こうした出来事はかれの人格の不思議さを説明するには絶望的に不適当であると私は確信している。しかしすでに述べた二、三のことから、たとえこうした傷跡が存在したとしても、かれが誠実さをもって、ひたすら少年期の思い出の本質に忠実であることによって、それを癒したであろうことは明らかかと思われる。いずれにせよ友人に対する誠実さ、かれがかつて知ったすべての人々、かれがかつて好きであったすべての事柄への誠実さは、かれの人生の基調音となっていたため、かれに最も縁の薄い罪は、おそらく人間関係における基本的な罪の一つである忘却の罪であったといいたいほどである。かれの記憶はとりつき、とりつかれるような特質を備えており、どんな事物もどんな人物も去ることを許さないかのようであった。それは学問や学識の領域においては、目的達成のための主要な手段の一つになってはいたが、しかしそれはそのために必要とされる能力をはるかに超えていた。むしろかれの学識は巨大な忠誠能力の一形態にすぎなかった。この忠誠心は、かつてかれの関心を喚起し、かれにある程度の満足を与えたあらゆる著者に対し、たとえその著者に一度も会ったことがない場合にも、その作品を次々と追いかけさせた。それはちょうど、この忠誠心が、助力を必要とする友人に対して助力を与えるようにかれを駆りたてただけではなく、友人の死後はかれらの子供たちに対して、たとえかれがかれらに会ったことがなく、また会いたいと望んではいない場合でさえも、助力を惜しまないようにかれを駆りたてたのに似ていた。歳とともに死んだ友人の数が増大するのは当然であった。かれが激しい悲しみに打ちひしがれているところを私はみたことはないが、自分自身の何らかの落ち度によって死んだ友人たちが生きている人々の仲間からこっそりと去っていくのを恐れるとでもいうように、注意深くかれらの名前を数えあげていたのを知っている。

すべてこうしたことは、かれを知っていれば十分現実的で目につくことであったが、しかしそれもこの巨大な人間が持っていた奇妙な不思議さについて何らかの説明を与えるものでない。かれはやや大きめの頭と、驚くほど小さくてやや上を向いた鼻に区切られた広い頬を持っていた。この鼻はかれの顔のなかで唯一のユーモラスな特徴であった。かれの眼は澄んではいたが陰鬱であったし、頬やあごの筋肉を不意に柔らげられた微笑も、少年の喜びに似て、おそらくは最も成人らしい特徴であるユーモアを含むことを知らなかったのである。かれが変った人間であることは、誰もがすぐ気づいたに違いない。かれの奇妙さと内気さ——それは臆病ではないし如何なる意味でも劣等感ではなく、この世界から遠ざかろうとする魂と肉体との本能的な運動である——とが、いわば公的地位と公的認知という重荷のなかに解消され、それに屈伏した晩年になってかれを知った人々でさえそのことに気づいたであろう。一見して人々に奇妙と感じさせたものは、かれが事物の世界のなかで完全な異邦人であったという事実だと思われる。われわれはこうした事物の世界をたえず利用・統御しているものそれと気づかずにそれらの間を動いているため、あらゆる生命がその運動の各局面において、動かず生命を持たない事物のなかに置かれ、かつそれによってとり囲まれ、導かれ、条件づけられていることに気づきにくいのである。そこに考えをとどめれば、われわれは生きた有機体と動かない物体との間の矛盾、生命のない事物の世界を利用し、統御し、支配することを通じてたえず架橋されている矛盾に気づくかもしれない。しかしここでこの矛盾は、人間の持つ人間性と事物の持つ再‐性との間の公然たる相剋に似た何ものかに広げられていた。またかれのぎごちなさは、それがあらゆる事物を単なるものとして、文字通り物体として、すなわち人間に対して投げつけられ、それゆえにかれの人間性に対して反抗的であり、また反抗している〈ob-jecta〉として示したところから、きわめて感動的で納得できる性質を持ったのである。それはまるで、まさに自己の人間性が事物の存在を許そうとはせず、自分自身のなかで事物が潜在的製作者と慣習的支配者になっているのを認めることを拒否している人間と事物それ自体との間にたえず進行する闘争のようであり、言い換えればかれが勝利を得ることも敗北によって破砕されることもない奇妙で実際には説明しがたい闘争のようであった。事物は期待以上に残存するものであり、またかれが明白な破局の訪れるところまでこの闘争にとらえられることはけっしてなかった。そしてかれの巨体は、反抗の可能性を秘めた世界のもの的性質が最初に体現された、第一の疑似原始的「事物」といったものであったところから、この奇妙な自己運動的な相剋はますます典型的なものとなったのである。

われわれ現代人にとって事物を操作する能力と、物体に支配された世界のなかで運動する能力とは、われわれの生活様式の重要部分となっている。そのためわれわれは、ぎごちなさや内気さを精神病理的な現象として誤解しがちである。とくにそれらを、われわれが「正常」としている劣等感に帰属させえないときそうした傾向が強い。しかし近代前の時代は、一般的でなかったとしてもなおよく知られていた型に属する人間的特徴のある種の組み合わせ、しかしわれわれには奇妙と映らざるをえない組み合わせを知っていたに相違ない。非常に太った人間を扱ったまじめでユーモラスな中世の説話が多数あること、さらに大食が基本的な罪に数えられなければならなかったという事実(これはわれわれには少々理解し難いものである)とはこのことの証拠となりうる。事物を作り、利用し、統御し、支配することと明らかに対立することは、障害物を食いつくすことによってそれを取り除くことだからである。そしてかれは、現代世界の真只中におけるこうした疑似中世的解決の完全な実例であった。(チェスタートンはもう一つの例であったようだ。かれが哲学に対してというより、むしろ聖トマスのような人物に対して示した偉大な洞察の大部分は、かれらがいずれも非常にぎごちなく、非常に太っていたことへの純然たる共感から生じていたのかもしれない。)この場合もそれがともかく本物であるなら当然そうあるように、食べることと飲むことから始まっている。健康状態が良好であるかぎり、かれは食べることと飲むことについて巨人的能力を持っていたし、またそこに一種の勝ち誇った喜びを感じていた。しかし、精神的食料に対する能力はさらに巨大であり、同じく巨人的な記憶力を伴った好奇心は、食欲と同様に、飽くことを知らずに食いつくすという性質のものだった。かれは歩く参考図書館といった風情であり、こうした表現はかれの身体の大きさと密接に関連している。かれの身ごなしの緩慢さとぎごちなさとは、情報を吸収し、消化し、伝達し、保持する際の迅速さに対応している。私はこれほどの迅速さをほかの誰かに見出したことは一度もない。かれの好奇心はかれの食欲に似ていた。それは学者や専門家の好奇心にしばしばみられる生命を欠いたものでは決してなく、まさしく人間的な世界に生ずるほとんどあらゆるもの、すなわち政治や文学、哲学や神学、さらには単なるゴシップ、ありふれた逸話、毎日読まざるをえないと感じていた無数の新聞などから喚起された好奇心であった。人事に関するほとんどあらゆる事柄を知的に食いつくし消化することと、また同時に物理的領域に存在するあらゆるもの——自然科学上の問題であれ、あるいは壁に釘を打ちこむ方法についての「知識」であれ——を崇高な無関心をもって考慮しないこと、この両者は精神に身体のなかで生きることを要求し、生命ある身体に「死んだ」事物から成る環境のなかで運動することを要求する共有の人間的事実に対する、かれ流の復讐であったと思われる。

かれをきわめて人間的にし、そしてときにはきわめて傷つきやすくしていたのは、世界に対するこうした態度であった。われわれが誰かを人間的であるという場合、われわれは通常ある特定の親切や優しさとか近づきやすさといった事柄を思い浮べる。これまで述べてきたのと同じ理由から、またわれわれが人工物の世界に慣れ、かつそのなかでやすやすと動いていることから、われわれには自分自身をわれわれが作りかつ行なうことと同一化する傾向があり、しかも本質的かつ永遠に自分が製作し達成しうるもの以上の存在であること、すなわちそれぞれの製作と達成ののちにおいても、なお使いつくされないもの、将来の達成のためのまったく無尽蔵な源泉が残されているばかりか、まさに本質的にそれらすべてを越えた存在、それらによって侵食も限定もされない存在であろうとすることがあらゆる人間の最大の特権であることをしばしば忘れている。われわれは、如何にして人々が日常的にしかも喜んでこうした特権を失い、自分自身をその行なったことと全面的に同一視し、かれらの知性や仕事や才能を誇るにいたるかを知っている。こうした同一化からも目覚ましい成果が生じうることは事実である。だが、こうした成果が如何に印象的なものであろうと、こうした態度は不可避的に、なされた何ものよりも偉大であるという、偉大さというものの特殊に人間的な性質を失わせる。才能の偉大さと人間にとってより偉大でさえある偉大さとの間の相剋が、最も激しい芸術作品においてさえ、真の偉大さは、ただわれわれが触知でき理解できる創作物の背後に、より偉大でより神秘的な存在を感ずる場合にのみ現われる。作品自体がその背後にある人間を指示しているのであり、その人間の本質は、かれが如何なることをなす力を持っているにしても、それによっては使い尽くされることも完全に表現されることもありえないからである。

偉大さがもつこうした特殊に人間的な性質と、それがまさに存在それ自体の強さ、深さ、激しさを示すものであることを、かれは異常なほど熟知していた。かれは、自分自身それを世界における最も自然なものとして所有していたため、他人にそれを見出すことが達者であったし、しかもそれは地位や業績とはまったく無縁に行なわれた。かれはこのことを失敗したことは一度もなかった。また、それはかれの窮極的な判定基準となっており、そのため世俗的成功というはるかに皮相な尺度でばかりでなく、かれが他方で完全に熟知していた正統な客観的基準をも放棄しえたのである。ある人物が性質と適合性とに関して誤りのない感覚を持っていたと言うことは、紋切型のほめ言葉のように、何でもないことのように聞こえるかもしれない。しかしたまたま人々がそれを身につけ、それをはるかに認められやすく受け容れられやすい価値と交換しないことを選択する場合、そうした価値は確実にかれらをはるか——社会の因習や既存の基準をはるかに超えた——遠くにまで導くことになったし、またかれらをもはや物体の壁や客観的評価の支えによって保護されていない危険な人生に直接連れこむことになったのである。それは、一見したところでは、あるいは二見しても共通のものをもたない者とも友人になり、ただ運が悪かったり少し変った才能のため、十分に自分を発揮できずにいる人々を絶えず発見することを意味しており、また何を尊重するかという最も尊重すべき基準でさえ、そのすべてを、必ずしも意識的にではないが体系的に放棄することを意味している。それはつねに、多くの人々の感情を損ない、多くの反対にさらされ頻繁に誤解されやすい生活へと導く。そこではつねに権力者との相剋が生ずるであろう。しかもそれには、攻撃者の側の意図的な故意も被攻撃者の側の悪意も伴わない。ただ権力は客観的基準に依拠して行使されなければならないからである。

悶着を起こすことからかれを救ったものは、かれの巨大な知的能力や卓越した業績だけではなかったし、おそらくそれらは主要なものでさえなかった。それはむしろ奇妙に子供じみた、ときには少々茶目気のある無邪気さであった。この無邪気さはこうした複雑で難解な人間には期待され難いものであるが、またかれの微笑がふだんはむしろ憂鬱そうな容貌を明るくしたときにはいつでも、この無邪気さが輝いて清潔さを確信させるのであった。かれが気質的なゆらめきによって敵にまわした人々をも最終的に説得したものは、かれが実際に害を加える意思をまったく持たなかったことであろう。かれにとって挑発は、挑発されることも挑発することも同様に、本質的に当面の問題に関連した現実の相剋を公開の場に持ち出すための手段であった。いんぎんな社会においては、われわれはこうした相剋をきわめて注意深く隠そうとしており、それを無意味な礼儀や、われわれが「誰の感情も傷つけない」と呼んでいるところの偽善的な思いやりで包み込んでしまう。かれはいわゆる洗練された社会のこうした障壁を打ち破ることができたときに喜びを感じた。かれはこうしたもののなかに人間精神相互間の障壁をみていたからである。こうした喜びの源泉には無邪気さと勇気とがあった。この無邪気さは、それが社会の慣行にきわめてよく熟達した人間のなかに見出されただけに、それだけいっそう魅惑的なのである。またそれゆえに、かれの無邪気さの原型を生き生きと損なわれずに保つために奮い起こすことのできるあらゆる勇気をかれは必要とした。かれはきわめて勇気ある人間だったのである。

古代人は勇気をすぐれて政治的な徳とみなしていた。その多くの意味のなかで最も完全な意味に理解された勇気が、おそらくかれを政治へと駆りたてたのであろう。しかしそれは、本来の情熱が疑いもなく観念にあり、また最も深い関心が明らかに人間的感情の相剋にある人間においては、当惑を感じさせるものであったろう。かれにとって政治は、肉体の戦場ではなく、精神と観念の戦場であり、観念が相互に闘いあうまでに、そしてこの闘争において、人間的条件の真実在として、また人間的感情の最も深い部分における支配者として現われるまでに、形態を整えうる唯一の領域であった。この意味で政治は、かれにとって一種の哲学の具体化であったし、あるいはより正確にいえば、人間の共存にとって物質的条件をなす単なる肉体が、観念の熱情によって消費される領域であった。それゆえ、かれの政治的感覚は、本質的に、歴史における、政治における、あるいは人間と人間との間の、精神と精神との間の、観念と観念との間のあらゆる接触関係における劇的なものを求める感覚であった。そして学問的労作においてかれが、あらゆる遮蔽が焼き払われ、思想と人間とが一種の精神的に裸の状態で（すなわち、われわれは通常ある種の物質的環境なしには、雲のない空に輝く太陽の光に耐えられないように、精神の光にも耐えられないが、こうした物質的環境が欠如した条件のもとで）ぶつかりあうドラマの高潮点を探し求めたように、かれは友人との交際においても、ドラマの可能性を、巨大な燃えるような思想闘争の機会を、あるいはあらゆるものが照らし出されるような巨大な精神闘争の機会を求めようとする衝動にとらえられているといえるような場合があったのである。

かれはこうしたことを頻繁に行なったわけではない。かれをそこから遠ざけたものは、けっして勇気の欠如ではなかった。勇気ならば、少な過ぎるというよりむしろ多過ぎるほど持っていたのである。それは丁重さをはるかに超えた高度に発展した思いやりの感覚であって、かれが完全に失ったことは一度もなかった若い頃の内気さと結びつくものであった。かれが最も強く恐れたのは当惑であり、かれが誰かを当惑させるか、あるいは他の人々によって当惑させられる状況であった。この当惑状況の持つ全体的な深さは、おそらくはただドストエーフスキーによって探り出されたものであるが、こうした状況はある意味で精神や思想の闘争における燃えるような勝利の逆の面なのであり、この勝利においては人間精神はしばしば自己自身をあらゆる条件や制約から解放することができるのである。思想の闘争に際して、あるいは裸の状態における対決に際して、人々が主権者の忘我状態《エクスタシー》においてかれらの条件や庇護を超えて自由に飛翔し、かれらが誰であるかを弁護するのではなく、絶対的に何の弁明もなしに確信することがあるのに対して、当惑する状況は、人々が自分自身を示す用意の最も乏しい瞬間に、また事物と環境とが不意に精神からその自然な防御を剝奪するように策謀している瞬間に、人々をあらわにし、人々を指し示すのである。その厄介な点は、困惑する状況が、崇高な勇気ある努力においてのみ人間が自由に示すことに耐えうるような無防備の自己に無理に脚光を浴びせかけるところにある。困惑はかれの人生において大きな役割を果たした（かれはそれを恐れていただけではなく、それに魅惑を感じてもいた）が、その理由はそれが人間関係のレベルにおいて、かれがつねにあらゆる点において認識する用意のあったレベルの一つにおいて、人間の事物の世界からの疎外を反復していたからである。事物がかれにとっては死んだ対象であり、人間の生存に敵対的であって、かれをそれら事物の無力な犠牲とするにいたるように、困惑する状況においては、人々は環境の犠牲になる。これはそれ自体において屈辱的であり、それは、光の中にひきこまれるものが恥ずべきものかそれとも尊敬すべきものかにはほとんど無関係である。困惑の持つこうした異なった視角を単一の状況において要約したことは、ドストエーフスキーの才能の偉大さであった。すなわち、『白痴』のなかの有名なパーティのシーンにおいて、公爵が貴重な花瓶をこわしたとき、かれはかれのぎごちなさを、人工物の世界に適応することの無能力をさらすことになったのである。同時にこの露出は、かれの「善良さ」を、かれがこの世界には「善良すぎる」存在であることを示している。屈辱は、かれが善良な人間としてさらされ、かれがぎごちなくあらざるをえないように、善良であらざるをえないという事実のなかにあるのである。

屈辱は当惑の極端な形である。かれにおいて因習や官憲に対する反抗の衝動と結合されていたもの、それと実際に密接な関連を持っていたものは、奪われた人々、廃嫡された人々、虐げられた人々、あるいは人生や人々がひどくとり扱ってきた人々、不正に扱われてきた人々に対する真実の熱情であった。普通は知性と精神的創造性をみるところでのみ魅惑を感じていたかれが、こうした場合においてはかれの他の基準をすべて忘れ去り、かれの退屈に対する大きな恐怖でさえも、かれがかれの方式をはずれて、こうした人々に会うことを妨げはしなかった。かれはつねにかれらの友人となったし、かれらの人生にその後起こってくるできごとを、無分別や単なる同情からも同じ様に隔たった熱心さで追跡した。かれを魅惑したのは人間というよりむしろ物語であり、ドラマそれ自体であって、何か新しい情報の一片を耳にするたびに、息を殺して自分自身にくり返し、これが人生なのだ、これが人生なのだと言い聞かせているように思われた。かれは、人生がそれ自身の物語、通常の悲しい結果を持っているだけではなく、悪い終結の連続でもあるような物語を書くべく選んだ人々に深く誠実な尊敬の念を払っていた。しかしかれは、あえてこうした人々を憐れまないことにしたとでもいうように、かれらに如何なる憐憫の情も示さなかった。かれが行なったこと（もちろん、かれが可能なところではつねに与えていた助力を別にして）はただ、それがかれの力の及ぶところであるかぎり、社会が不幸という危害につねに付加する屈辱の無礼をゆるめるために、かれらをわざと社会のなかにひき入れ、かれの他の友人たちと接触させることであった。かれによれば、人生や世界の劇的な現実は、奪われた人々や廃嫡された人々の仲間の外部においては、けっして完全ではありえないし、自己自身を展開し始めることさえできないのである。

屈辱というものの本質をこのように見ることと虐げられたものへのこうした熱情は、ロシアの偉大な作家たちを通じてよく知られているため、かれがキリスト教徒でありながら如何に「ロシア的」であったかを認め損なうことはないであろう。だがかれの場合、人間的生活の本質は何かということに関するこうしたロシア的感覚が、かれの完全に西欧的な実在感覚と密接に混和されていた。そして、かれがキリスト教徒であり、カトリック教徒であったのは、まさにこの意味においてであった。かれの妥協を許さない現実主義は、おそらくかれの歴史学と政治学とに対する顕著な貢献の特性を形作るものであろうが、それはかれにとってはキリスト教的教えとカトリック的修練との当然の結果であった。（かれはあらゆる種類の完全主義者を深く軽蔑しており、かれらが現実に直面する勇気に欠けていることに対して非難の手をゆるめなかった。）かれは、かれの在りし日のままに、世界においては一人の旅人であり、そこではけっして十分にくつろぐことはなかったが、同時に現実主義者であるといった在り方を続けることができたことについて、キリスト教的教えやカトリック的修練に負うところが何であるかをきわめてよく知っていた。かれにとって習俗に従って生きることは、かれが世界をよく知っていたがゆえに、容易なことであったろう。また、あらゆる可能性のなかでより大きな誘惑である、何らかのユートピア主義に逃避することは、かれにとってははるかに容易であったろう。かれの精神的存在全体は信従することも逃避することもけっしてしないという決定の上に築かれていた。このことはただそれが勇気の上に築かれていたということを言い換えたにすぎない。かれは一人の旅人であり続けたのであり、かれがやって来るときはつねに、それはあたかもどこから到着したのでもないかのごとくであった。しかしかれが世を去ったとき、かれの友人たちは、家族の一員がかれらをあとに残して去ってしまったかのように、かれのために嘆き悲しんだのである。かれは、われわれのすべてが達成すべきことを達成した。すなわち、かれはかれの本拠をこの世界のなかに築き、友情を通じてこの地上をかれ自身にもくつろげるところとしたのである。

ランダル・ジャレル――一九一四―一九六五

私がかれと出会ったのは大戦直後のことで、マーガレット・マーシャルが去ったあと『ネーション』誌の書評欄編集のためにかれがニューヨークにやって来たときであった。当時私は、ショックン叢書のために仕事をしていた。われわれをひきあわせたのは「ビジネス」であった。かれの戦時中の詩のいくつかに強い感銘を受けていた私は、出版社のために何篇かドイツ語の詩を翻訳してくれるようかれに依頼し、かれは『ネーション』誌のために私の書評を編集（英語に訳していたというべきかもしれない）していたのである。こうして、ビジネスにたずさわる者らしく、われわれは昼食をともにするのが習慣となった。このときの昼食代は双方の雇い主によって交互に払われたように思うのだが、正確には覚えていない。これはまだわれわれが皆貧しかったころのことである。かれが私に贈ってくれた最初の本は『喪失』であり、そこには「彼女の訳者ランダル（ジャレル）からハンナ（アレント）へ」と書かれていた。この文句は私がかれのファースト・ネームを言いそびれていたことを楽しく思い出させてくれる。それは、かれが考えたように、私がファースト・ネームをヨーロッパ的に使いしぶったためではなく、私の非英語的な耳にはジャレルよりもランダルの方が少なからず親しみやすく聞こえたからである。実際この二つはきわめてよく似たものに聞こえていた。

かれをわれわれの家に招くようになるまでどれだけの月日が必要であったか私は覚えていない。かれの手紙はいずれも日付がないので何の助けにもならない。しかし何年かすると、かれは定期的に訪ねてくるようになった。そしてかれが次の来訪を告げるときは、たとえば次のように書いたのである。「あなたは約束通り一〇月六日の土曜日と七日の日曜日――アメリカ詩の週末――書物に没入できます」。この言い方は、それがいつもどうなっていくかを正確に示していた。かれは数時間にわたって私に英語の詩を読んでくれた。それには古い詩も新しい詩もあったが、かれ自身の詩はまれにしかなかった。しかし時には、詩がタイプライターから生まれるとすぐに郵送してくれたこともあった。かれは私に音韻の新たな世界全体を開いてくれた。さらにかれは、英語の言葉が持つ独特の重みを教えてくれた。あらゆる言語の場合と同様に、英語の相対的な重みも窮極的には詩的な用法と詩的な基準によって決定される。私が英詩について、また恐らくは言語の本質について知っていることは、すべてかれに負うている。

最初かれを、私あるいはわれわれ夫婦というよりこの家に対してひきつけていたものは、そこではドイツ語が話されるという単純な事実であった。なぜならば、

ぼくは信ずる――

ぼくは確信している、ぼくは確信している――

ぼくが一番好きな国はドイツ語だということを。「国」は、明らかにドイツではなく、ドイツ語になっている。しかし、これはかれが辛うじて知っている言葉であり、しかも学ぶことを頑固に拒絶していた言葉であった。「ああ、ぼくのドイツ語は少しもうまくならない。翻訳していれば、ドイツ語を学ぶ時間が見つからないし、翻訳をやめれば、ドイツ語を忘れてしまう」。これは、かれに文法書と辞書を使わせようとした私の最後の、あまり説得的でない企ての後に、かれが書いてきたものである。

ドイツ語を学ぶには辞書などいらない、
信頼と愛と、リルケを読むことで十分だ。

いろいろ考慮してみても、かれにとってこのことはまさしく真実であった。かれはこうした方法でグリムの童話や『少年の魔法の角笛』を読んでいたのであり、まるでかれは、『不思議の国のアリス』が翻訳不能の英語であるように翻訳不能なドイツの民話や民謡の見なれない、激しい詩のなかでまったくくつろいでいたかのようである。ともかく、かれがゲーテのなかに、あるいはヘルダーリンやリルケのなかにも、愛しかつ認めたものは、こうしたドイツの詩のなかの民俗的な要素であった。私はよく、ドイツ語がかれに象徴している国こそかれの本拠ではないかと考えたものだ。かれは容姿のすみずみにいたるまで、妖精の国から来た人物のように見えたからである。まるでかれは、魔法の風か何かに乗って人間の都市に吹き降されたか、それともわれわれが子供のころ魔法の角笛を手にしたかれと過した魔法の森から出現したとでもいうように見えたのであり、また今ではすべての人とすべてのものが真夜中の舞踏に参加すべくやってくることを望むどころか期待しているように思われたのである。私の言いたいことは、ランダル・ジャレルは、たとえ一篇の詩も書かなかったとしても、やはり詩人であったということである――それはちょうどあの有名なラファエロが手を持たずに生まれても、やはり偉大な画家であっただろうというのと同じことなのだ。

私がかれを最もよく知るようになったのは、五〇年代初頭のある冬のことであり、当時かれはプリンストンに滞在していた。そこで「プリンストンよりはるかに多く、プリンストン人」を見ていたのである。かれは週末になるとニューヨークへ来たが、かれによれば、部屋や皿はちらかしたままであった。かれの手間をはぶいてくれる野良猫が何匹いたかは神のみぞ知るである。かれがアパートへ入った瞬間、私は家中が魔法にかけられたような感じがした。私は、かれが実際どのようにそれを行なったのかついに分らなかったが、固形の物体がなくなり、道具や家具も姿を消した。それでいて、それらはわずかな変化も蒙っていないのであり、ただその過程で家中がその日常的散文的機能を失うのであった。私が台所でわれわれの夕食の仕度をしていると、かれはしばしば私を喜ばそうと台所に入ってくる決意をしたが、こうした場合、この詩的変容は迷惑なまでに現実的なものとなった。あるいは、かれは私の夫を訪ねて、かれと詩人や作家の業績と地位について長く激しい討論をかわすことに決める場合もあった。そんなとき、かれらは互いに相手に勝とう、とくに声で相手をしのごうとして、二人の声が力強く響いてきた。イェイツとリルケのどちらが偉大な詩人であったキムを評価するであろうか（もちろんランダルはリルケを支持し、私の夫はイェイツを支持した）、こういう調子で議論は何時間も続けられた。ランダルはこうした叫びあいのゲームのあとで次のように書いている。「（熱狂者にとって）自分より熱狂的な者をみるのは、つねに畏ろしいことだ――それはちょうど世界で二番目に太った男が一番太った男に会うようなものだ」。

「メルヒェン」と題するグリム童話を素材とした詩のなかで、かれは自分がやって来た国を次のように描いていた。

聞いてくれ、聞いてくれ。そこはちっとも静かではない。
ここは森なんだ……

そこでは
太陽がぼくらの願いでみんなの上に降りそそいだ。

だからぼくらは夜になるまで、ぼくらの願いを信じた。
だからぼくらは夜になるまで、ぼくらの命を信じた。

かれは、世界を逃れてみずから夢の城を築くようなたぐいの男ではまったくなかった。むしろかれは、世界と正面から向き会っていた。そこで、世界がかくのごとくあったことは、かれを永い間驚かせた。かれによると世界には同一種族に属する詩人と詩の読者が住んでいるのではなく、テレビの観客や『リーダーズ・ダイジェスト』の読者が住んでおり、最も悪いことには「現代的批評家」という新しい人種が住んでいる。この「現代的批評家」は、もはや「かれが批評する戯曲や物語や詩のために」存在するのではなく、「詩と小説を同列に置く方法」を知った自分のために存在している。それはちょうど、貧弱な作家が「それらをまったく同列に置いて来たのと同じことだ。たとえばベーコン品評会の会場に豚が迷いこんできたら、同じ方法で君たちは気短かに『豚は向こうへ行け。お前はベーコンについて何を知っているんだ』ということだろう」。この世界は、言い換えれば、詩人を歓迎しなかったし、かれがもたらした光彩のためにかれに感謝することもなく、かれが身につけた「この世界の事物を言葉のなかで見られ、感じられ、生きたものとする太古からの力」を必要としないように見えた。さらには詩人を曖昧さのゆえに非難し、ついでかれはあまりにも「曖昧で」理解できないと不満を鳴らし、ついには「詩人をして『君たちはぼくの詩を読もうとしないのだから、ぼくは君たちが確実に読めないようにしよう』

と」言わしめるのである。こうした不満はすべてきわめて普通のことである。実際それがあまりにも普通のことなので、私は最初のうちなぜかれがこうしたことに悩むのか理解できなかったほどである。かれが「日ごとに少数になり不幸になっていく幸福な少数者」の一人になりたくないのだということは、私にも少しずつ分ってきた。その理由は、ただかれが「科学的教育と急進的な青年時代」を経験した心からの民主主義者であり、「ゲーテのように進歩を信ずる古風な」人間だということであった。さらに、私は告白しなければならないが、かれの素晴らしいウィットが何に由来するかを認識するには、さらに長い時間を必要とした。ここで素晴らしいウィットと言う意味はかれの笑いの精確さを指しているのであるが、これは、あらゆる種類の安っぽさと俗悪さに対するかれの不信に由来したり、あるいはかれと接するすべての人々が、質的なものに対する自己の絶対的な感覚(絶対的な位置のごとき)を、すなわちあらゆる人間的な事柄と芸術的な事柄に対する無謬の判断を持っているとするかれの信念に由来するばかりでなく、かれ自身が「詩人の曖昧さ」のなかで指摘したように、「無力さに慣らされた人間の」嘲笑的で自嘲的な語調でもあったのである。私はかれのあふれるばかりの愉快さを信用したし、またかれの笑いがまさしく正しいとみていたため、かれのもつ愉快さが、かれがさらされていたあらゆる危険を避けるに十分なものであると考え、またそう望んでいた。結局のところ、「適応」ということに関する学問的あるいは洗練された話のうちで、はたしてかれの次の文章(『ある美術館からの絵』にある)よりも生き残れるものがあるであろうか。「ロビンズ学長は環境にあまりにもよく適応していたため、ときとするとどちらが環境でどちらがロビンズ学長なのか見分けがつかないほどであった」。そして、もし人がこの話を一笑に付すことができないとすれば、どんな道が残されるだろう。今世紀が生み出したあらゆるナンセンスを逐一論駁することは、一〇倍の人生を必要とするであろうし、結局はこの学長がかれの環境と見分けがつかなくなったように、論駁者は犠牲者とほとんど区別できないものとなるであろう。いずれにせよランダルは、かれの素晴らしい笑いとその背後にある巨大な裸の勇気以外に世界に対して自分を守るものを何も持たなかったのである。

私が最後にかれに会ったのは、かれの死の少し前であったが、そのときこの笑いはほとんど影をひそめ、かれは敗北を認めかかっていた。それは、かれが一〇年以上も前に「悪魔との対話」と題された詩のなかで予見していたのと同じ敗北であった。

寛大な、あるいは率直な、あるいは非凡な読者
——ぼくにもある。妻と尼僧と一、二の化物——
誰かのために書くとすれば、ぼくは君たちのために書いた。
だからぼくが死んだらささやいてくれ、ぼくたちでは少なすぎた。
ぼくのことを書いてくれ（君たちに出来るかどうかしらないが）
ぼくとは——ぼくとは——でもどうだっていい、
ぼくは満足している……けれど——

けれど、君たちでは少なすぎた。
むしろ君の兄弟のために書くべきだったのだろうか、
あのずるくて、平凡で、狭量な連中のために。

訳者後記

本書は、Hannah Arendt, *Men in Dark Times*, Harcourt, Brace & World, Inc., New York, 1968 の全訳である。原著者ハンナ・アレントは一九〇六年一〇月一四日にドイツのハノーファーで生まれ、マールブルクおよびフライブルクの大学で学んだのち、ハイデルベルク大学でカール・ヤスパースの指導のもとに哲学で博士の学位を得ている。一九三三年に、彼女はナチス支配下のドイツを逃れ、フランスでユダヤ人亡命者の子弟をパレスティナへ移住させるために働いた。一九四一年、アメリカに渡り、一九五一年にアメリカ市民となっている。

渡米後、彼女はカリフォルニア、シカゴ、コロンビア、プリンストンなど多くの大学で講義を行ない、またいくつかのユダヤ人団体のために活発な活動を続けてきた。現在は、ニューヨークにある New School for Social Research の大学院で教鞭をとっている。その間、彼女は『ニューヨーカー』、『パーティザン・レヴュー』、『レヴュー・オヴ・ポリティックス』などに健筆をふるい、また政治学や哲学の分野で大きな反響を呼んだすぐれた著作を著わしてきた。まず、反ユダヤ主義に焦点をあてて、ナチズムの心理的基盤を明らかにした『全体主義の起源〈*Origins of Totalitarianism*〉』（一九五一年）は、現代社会の病理現象を解明する好著として広く注目を集めた。また、『人間の条件〈*The Human Condition*〉』（一九五八年）は、人間の基本的な活動の形態を労働、仕事、行動の三つの側面から考察しながら、現代社会における人間存在の根源的な意味を問うたものであり、『革命論〈*On Revolution*〉』（一九六三年）（邦訳『革命について』志水速雄訳、合同出版、一九六八年）は、アメリカ、フランス、ロシアの三大革命を比較しつつ、公的領域創設としての革命の現代的意義を論じたものである。

アイヒマン裁判を論じた『イェルサレムのアイヒマン〈*Eichmann in Jerusalem*〉』（一九六三年）（邦訳、大久保和郎訳、みすず書房、一九六九年）は、アイヒマン問題を論じて現代における組織の病理に光を投じたもので、それが『ニューヨーカー』に連載されていたころから一大論争をまき起こすにいたった。そのほか、伝統、歴史、権威、自由、教育などの現代における意味を論じた論文集『過去と未来の間に〈*Between Past and Future*〉』（一九六三年）（邦訳、志水速雄訳『歴史の意味』および『文化の危機』合同出版、一九七〇年）や、カール・ヤスパースの論文を編纂した『偉大な哲学者〈*The Great Philosophers*〉』（第一巻、一九六二年・第二巻、一九六六年）がある。彼女の最近作は、『暴力論〈*On Violence*〉』（一九七〇年）で、暴力の政治的意味を探りながら、人々の自発的、共同的な力に支えられた権力の衰微が、逆に暴力を誘発することを鋭く指摘している。

彼女のこうした数多い著作からも知られるように、彼女の関心はきわめて多彩で、実に広い領域に及んでおり、彼女の思想や立場を要約することは難しい。しかし、きわめて単純化していえば、彼女の主要な関心は複雑化し大規模化した現代の社会において、如何にして人間の自由や幸福を確保するかということにつきるであろう。ここでとくに注目されるのは、彼女が私的な自由や幸福（物質的な福祉の保障も含めて）が得られるだけでは、人間の自由や幸福にとって十分ではないと考えている点である。人間は公的領域において行動することによって初めて、かれの言動が見られ、聞かれ、かつ評価される。こうして他の人々によりかれの公的言動が評価され、それぞれの言動にふさわしい報酬を名誉や尊敬という形で享受しうる場合にのみ、人間は真に社会の一メンバーたることを自覚し、かつ公的な幸福を感ずることができるとされる。彼女が現代における私生活化〈Privatization〉や福祉国家化に対する痛烈な批判者であることは明らかであろう。

ここに訳出した『暗い時代の人々』は、レッシング、ローザ・ルクセンブルク、ヤスパース、ヘルマン・ブロッホ、ヴァルター・ベンヤミン、ベルトルト・ブレヒトなどに関する評伝を収録したもので、こうした人々の人間像を浮き彫りにしながら、現代に生きることの意味を問うたすぐれた人間論であるといってよい。

最初の論文「暗い時代の人間性」は、一九五九年にハンブルク自由市で行なわれたレッシング賞受賞演説であり、ドイツ語で講演されたものを英訳して本書に収められた。他のエッセイがすべて同時代人を扱っているのに対して、これだけは一八世紀の人レッシングを論じている。しかし、彼女がレッシングのなかに見出すのは、「真理」を犠牲にしても「友情」を保持しようとする態度であり、公的領域の光が世界を照らさなくなった暗黒の時代には、こうした態度の持つ意味が再発見されなければならないとしている。本書全体の序論として読まれるべきものである。

「ローザ・ルクセンブルク」は、J・P・ネトルの『ローザ・ルクセンブルク』(一九六六年)に対する書評として、一九六六年に書かれ、『ニューヨーク・レヴュー・オヴ・ブックス』に掲載されたものである。このエッセイは、書評の形をとってはいるものの、その内容はすぐれたルクセンブルク論となっている。ここでアレントは、従来のルクセンブルク論にみられる幾つかの誤りを指摘しながら、ルクセンブルクの人と思想とを再構成し、彼女の思想が現代のヨーロッパにおいて持つ意義を探ろうとしている。一時は「忘れられた革命家」に数えられかけていたローザ・ルクセンブルクが再発見されようとしている今日、このエッセイは、彼女の思想を捉えなおすのに大きな示唆を与えている。

「アンジェロ・ジュゼッペ・ロンカーリ」は、ローマ教皇ヨハネス二三世の日記『魂の記録』(一九六五年)の書評として一九六五年に『ニューヨーク・レヴュー・オヴ・ブックス』にのせられたものである。ヨハネス二三世は純真な人間らしさに満ち溢れた教皇であった。ある意味でかれは、『カラマーゾフの兄弟』のアリョーシャに似た人間であったともいえる。このエッセイは、こうしたロンカーリの人間性をみごとに描き出しており、非キリスト教徒としてのアレントのカトリック教会観を知る上にも興味あるものとなっている。

「カール・ヤスパース——賞賛の辞」は、一九五八年にヤスパースがドイツ書籍協会平和賞を受賞したとき、アレントが行なった演説で、最初はドイツ語で書かれていたものを英訳して本書に収めたものである。ここでは、彼女の師であるヤスパースの思想の、「暗い時代」において持つ意味が論じられている。アレントによれば、ヤスパースは哲学的伝統における時間的継起性を空間的共在性に転換することによって、公的空間を創造したのだという。ユニークなヤスパース論として、興味深いエッセイであるといえよう。

「カール・ヤスパース——世界国家の市民？」は、『カール・ヤスパースの哲学』(*The Philosophy of Karl Jaspers*, ed. by P. A. Schilpp, 1957) に掲載されたものである。ここでは、ヤスパースの政治哲学がかれの「世界市民への意図」を軸として、簡潔に描かれている。ヤスパースにおいては人類の統合のための哲学的基礎が如何なる形で構想されていたかが、明快に語られており、世界平和の問題に多くの示唆を投げかける論文である。

「アイザック・ディネセン」は、パルメニア・ミゲルの伝記『タイターニア——アイザック・ディネセンの生涯』(一九六七年) に対する書評として、一九六八年に『ニューヨーカー』に掲載されたものである。ディネセンは、むしろカーレン・ブリクセンの名で知られる、独特の作風をもった女流小説家である。彼女の作品は、最近わが国にも紹介されているが(『ノルダーナイの大洪水』山室静訳、新潮社、一九七〇年)、まだわが国の読者に十分に親しまれているとはいえないかもしれない。このエッセイもまたすぐれた人間論になっているが、ここでアレントが描こうとしているのは、ある「観念」を実現するために人生を用いることはできない、という主題である。われわれは、このエッセイから単なるディネセンの解釈を超えた普遍的な人生論を読みとることができるであろう。

「ヘルマン・ブロッホ」は、二巻本の『ブロッホ著作集』(*Gesammelte Werke*, Rheinverlag, Zürich, 1955) に付された序論であり、最初はドイツ語で書かれていたのを英訳して本書に収めたものである。ブロッホは、今世紀が生んだ最もすぐれた作家の一人であり、『ウェルギリウスの死』、『夢遊の人々』、『誘惑者』、『罪なき人々』などの諸作品は、翻訳されてわが国の読者にも紹介されている。かれは、小説の創作にいそしみながら、同時に哲学や社会心理学の研究、とくに大衆心理学の研究にもたずさわっていた。この論文が書かれる契機となった『ブロッホ著作集』は、こうした研究の成果を収めたものにほかならない。アレントがこの論文において試みているのも、ブロッホの哲学や社会心理学の諸論文から、かれの認識論、価値論、政治観などを再構成することであるといってよいであろう。おそらくこの論文は、本書のなかでも最も難解なものであり、アレントの論旨を正確に理解することは必ずしも容易ではない。しかし、この論文はブロッホの思想に関する卓越した分析であり、ブロッホが現代社会における人間の条件に鋭い感覚を持っていたことをみごとに描き出している。

「ヴァルター・ベンヤミン」は、最初『メルクール』に三回にわたって分載され、のちに英訳・加筆されて本書に収録されたものである。ベンヤミンは、ドイツの批評家で、マルクス主義的立場に著しく接近しながらも、カフカ、プルースト、ボードレールなどの作家にも傾倒し、独自の評論を残した。ナチスに追われて亡命途上で自殺をとげたが、戦後ドイツの若い世代の間で大きな支持を得ている。アレントとベンヤミンとは、パリの亡命時代（一九三三—四〇年）に、親しく交際し、ベンヤミンがマルセイユからスペインへの逃亡を計った数日前にも、二人は長い時間話しあったという。こうした交際を通じて、アレントはベンヤミンを深く理解することができたと推測され、このエッセイは、まれにみるすぐれた評伝になっている。なおこのベンヤミン論の翻訳は、以前に『文芸』に三回にわたって（一九六九年九・一〇・一一月号）掲載されたものに訂正を加えて本訳書に収めたものである。

「ベルトルト・ブレヒト」は、一九六六年に書かれて『ニューヨーカー』に掲載されたものである。ブレヒトは著名な劇作家としてわが国の読者にもよく親しまれており、かれの人と業績とについては多言を要しないであろう。またかれは、「あとから生まれるひとびとに」や「あわれなＢＢについて」などわが国の読者に親しまれている詩からもうかがえるように、すぐれた詩人でもあった。このエッセイにおいてアレントが論じているのも、詩人としてのブレヒトである。ここでの主題は、詩人に与えられている政治的・道徳的不品行の許容範囲の問題であり、とくに政治権力との迎合が詩人の詩作能力に致命的な報復を加えるのは如何なる場合かという問題である。その意味では、このエッセイは、広くいって文学と政治との関係、あるいは芸術と政治との関係に大きな示唆を与えるものといってよい。

「ワルデマール・グリアン」は、一九五五年に『レヴュー・オヴ・ポリティックス』のグリアン追悼号に掲載されたものである。グリアンはすぐれた国際政治学者として著名であったが、アレントがここで語っているのは、かれの学問的業績よりもむしろかれの人柄についてである。アレントによれば、かれは人々には並みはずれた友情をもって、世界に対しては並みはずれた勇気をもって相対した。彼女はグリアンのこうした人格を、かれがロシア出身のユダヤ人であったという事実と結びつけながら、生き生きと描き出している。「ランダル・ジャレル」は、一九六七年に刊行された『ランダル・ジャレル――一九一四―一九六五』(*Randall Jarrell, 1914-1965*, Farrar, Straus & Giroux, 1967)に寄せられたものである。ジャレルは、アメリカの詩人で、詩集『小さき友よ』(一九四五年)や評論集『詩と時代』(一九五三年)などを著わした。このエッセイからもうかがえるように、かれはアレントと個人的親交が厚かったようである。ここでは、ジャレルについての個人的追憶とともに、詩人としてのジャレルの世界に対する態度が語られている。短いエッセイではあるが、アレントの詩人ジャレルに寄せる共感がひしひしと感じられるであろう。

ここに収められたどのエッセイにも、著者アレントの冷静な観察眼と同時にここで扱われている人たちに寄せる彼女の温かい共感とが感じられる。それはまた彼女が現代に生きる人々に寄せる共感でもあろう。彼女のこうした態度は、ブレヒトやベンヤミンなどを扱った比較的に大きなエッセイだけではなく、短いエッセイにも余すところなく浸透している。その意味では、わが国の読者に必ずしもよく知られていないと思われるディネセン、グリアン、ジャレルなどに関するエッセイも是非熟読して頂きたいと思う。

この『暗い時代の人々』全体に共通する主題については、アレント自身が「はじめに」で明快に語っており、ここでとくにつけ加える必要はないであろう。ただ、あえて補足するならば、ここで扱われている人々の大半がユダヤ系の人々であることは、単なる偶然以上の意味を持つのではなかろうか。アレント自身がユダヤ人であったことによるユダヤ人への共感は、もちろん無視できないものであろうが、同時にユダヤ人がこの「暗い時代」において一個の限界集団に属していたことは、ユダヤ人に時代の限界に対する鋭敏な感覚を与えることになったと思われるのである。それは、現代アメリカ文学においてユダヤ系作家が中心的な位置を占めるに到ったこととも無関係ではないであろう。いずれにしても、ユダヤ人は「暗い時代」の証人として比類のない位置を占めていると考えられるのであり、それゆえにこそアレントはここで多くのユダヤ系の人々をとりあげて、「暗い時代の人々」を語ることになったと思われるのである。

アレントが、現代を「暗い時代」と呼ぶゆえんは、「はじめに」で語られているように、公的領域を照らす光が失われたことにある。アレントが、公的領域という概念を如何なる意味で用いているかは、本書の随処に示されているが、それはアレントの全著作にみられる基本的な概念でもあるので、ここで簡単な説明を加えておきたい。

アレントが公的領域の問題を体系的に展開している『人間の条件』のなかでは、公的領域の特性として、公開性〈publicity〉と共通性〈commonness〉とがあげられている。すなわち「まず第一に、それは公的領域において現われるあらゆるものが、あらゆる人々に見られ、かつ聞かれうること、可能なかぎり広い公開性を持つことを意味する。われわれにとっては、現象——われわれ自身によってと同様に他人によっても見られ、かつ聞かれるもの——は、現実を構成する」(H. Arendt, *The Human Condition*, A Doubleday Anchor Books, 1959,

p. 45)。したがって、主観的には如何に強烈な経験であっても、それが他人に見られ、かつ聞かれうる形に変形されないかぎり、公的なものにはなりえない。苦痛は公的になりうるものとなりえないものとの境界にあるし、死は絶対に公的にはなりえない。

「第二に、公的なものという概念は、世界がわれわれすべてにとって共通なものであり、かつそのなかにおいてわれわれが私的に所持している場所から区別されるものであるかぎりにおいて、世界それ自体を意味する。……世界において共に住むということは、本質的には世界がそれを共通に保持している人々の間に存在するということであり、テーブルがそのまわりに腰かけている人々の間に置かれているのと同様である。世界は、あらゆる介在的な〈in-between〉ものと同様に、人々を関係づけ、同時に分離させる。……他の人々によって見られ、かつ聞かれることは、あらゆる人々が異なった立場から見たり聞いたりするという事実から、その意義を得ているのである」(*ibid*., p. 48)。

公的領域がこのように意味づけられるとすれば、その対極を成す私的領域は、公開性と共通性とを奪われた領域を意味することになるであろう。すなわち、「完全に私的な生活を送るとは、何よりもまず、真に人間的な生活にとって本質的なものを奪われることを意味する。それは、他の人々によって見られ、かつ聞かれることから生ずる現実性を奪われることであり、共通な事物の世界を媒介として他の人々と関係づけられ、かつ他の人々から分離されることから生ずる他の人々との『客観的な』関係を奪われることであり、さらに生涯それ自体よりも恒久的なことを達成する可能性を奪われることである」(*ibid*., pp. 53

-4)。

こうした発想がその原型をギリシアのポリスに有することは既に明らかであろう。アレント自身、この『人間の条件』のなかで、明確にその問題を論じている。彼女によれば、ギリシアのポリスにおいては、私的領域は第二義的なものであり、それ自体では何らの人間的意味を持たない。それは単に動物的水準において人間の生命の再生産を計ることであり、あらゆる人間に不可欠な領域でありながらも、あるいはそうであるからこそ、人間的意味を持ちえないのである。自由な人間とは、こうした生命の再生産のための作業から解放されて(たとえば、奴隷の労働によって)、自分の生活の大部分をポリスのために奉仕させる人間にほかならない。そして、ポリスにおける生活、すなわち公的生活はそれ自体が目的なのである。ギリシアの市民はポリスにおいて勇敢な行動や説得力ある弁舌を示し、それにふさわしい賞賛を受けることを無上の名誉と考えていた。

こうした関係は、近代社会に入るとともに逆転する。ポリスにおいては、公的領域は完結性を備えており、私的領域は公的領域を成立させる前提としてのみ意味を持ちえた。しかし、近代社会においては、逆に私的領域が第一義的なものであり、公的領域は完結性を喪失して私的領域との関連においてのみその意義を判定されることになる。

こうした逆転は、アレントによれば、社会が公的な意味を与えられることによって生じたとされる。ギリシアの語彙には「社会」に相当するものはない。それは古代ローマに起源を持つが、そこでも明確に限定された意義においてのみ用いられていたのであり、人類一般を含みこんだ包括的意義で用いられるようになったのは、近代に入ってからである。「厳密にいえば私的でも公的でもない社会的領域が出現したのは、比較的新しい現象であって、その起源は近代の出現に一致しており、その政治的形態は国民国家に見出される」(*ibid.*, p. 27)。社会は人々の相互依存関係の総体であるとしても、ここでの相互依存関係は結局個々人の生活の必要に根ざすものであり、従って私的領域たる家政に基づくものである。近代国民国家における政治は、こうした社会の必要にこたえるものとして、まさに「家政の国民的規模における経営」にほかならない。こうした発展に対応する学問の形態は政治学ではなくて、ギリシア的発想からすればそれ自体形容矛盾にほかならぬ「政治経済学」である。ギリシアにおいては、「『経済』とは、それが何であれ、個々人の生活と種の維持に関わるものであって、定義により非政治的な家政上の事柄であった」。これに対して「経済的に組織された諸家族の集合体が一個の巨大な家族に模写されたものが、われわれのいう『社会』であり、その政治的組織形態が『国家』と呼ばれているのである」(*ibid.*, p. 28)。

しかし、人間は私的領域においてだけではなく、公的領域においても幸福でなければ、完全に幸福だとはいえない。人間は公的領域において行動することによって初めて自分の言動が見られ、聞かれ、かつ評価される。こうして他の人間により、自分の公的言動が評価され、それぞれの言動にふさわしい報酬を名誉や尊敬という形で享受しうる場合にのみ、人間は真に社会の一構成員たることを自覚し、かつ公的な幸福を感ずることができるのである。アレントが『革命論』において、近代的革命の意義を公的領域の創設に見出したことも、こうした文脈において理解されうるであろう。本書で扱われている「暗い時代」とは、公的領域の喪失がさらに進んで、人々の公的言動を照らす光がまったく失われてしまった時代にほかならない。その意味で、アレントの問題意識は、本書においても、他の書物の場合と全く同一であり、それは現代社会における「人間の条件」と深く関わっているのである。

訳者がすでに長い年月アレントに深い関心を寄せてきたのも、彼女のこうした問題意識に魅せられたからであった。政治学とアメリカ研究を専門とする訳者が、専門をはるかに超えた本書の訳業に手を染めたのも、訳者が長年アレントに私淑してきたからにほかならない。翻訳はできるだけ正確にしかも読みやすくすることを心がけたが、なお誤訳や不明瞭な箇所があることを恐れている。お気づきの読者諸氏から御注意を頂ければ幸いである。最初に本書の一部を訳して『文芸』に掲載してから既に二年半を経過している。その間忍耐強く本書の完成を待たれた河出書房の編集部に深く謝意を表したい。また、訳者に本書の翻訳を勧め、かつ訳文を読みやすくするために推敲や調整に多大の労をとられた河出書房編集部の高木有氏にも厚くお礼を申しあげたいと思う。

一九七二年一月　　　　阿部　齊

第二刷へのあとがき

この訳書が初めて刊行されてから、すでに十四年の歳月が流れた。その間に原著者のハンナ・アレントはこの世を去り、時代の潮流も大きく変わった。十四年前の一九七二年頃といえば、アレントの住んでいたアメリカでは、まだカウンターカルチャーが大きな関心を集め、少数派の自己主張が盛んに行なわれていた。その後、こうした傾向に対する反動として、保守化の傾向が強まり、レーガンのアメリカでは「在りしよき日」への復帰を求める姿勢が強い。日本でも現状に甘んじて、我々を取り囲んでいるさまざまな困難をつきつめて考えようとはしない人々が増えていることは、去る七月に行われた衆参同日選挙の結果からも明らかであろう。

アレントは現代社会に対する根底的な批判者であった。しかも彼女は、大衆社会を市民社会の単なる堕落とみなす貴族主義的批判者でもなければ、近代社会に内在する矛盾の克服を叫ぶだけの近代超克論者でもない。現代における混沌は、キリスト教の発展、科学の進歩、労働者の解放など、これまでの人間の歴史の全行程によって必然的に生み出されたものとされている。『暗い時代の人々』も含めて彼女の全著作は、何よりもまずその混沌の由来を明らかにすることに全力を傾けており、それにいかに対処すべきかを論じてはいない。たしかに、彼女が重視する古典古代が二度と帰らぬ永遠の過去であるとすれば、彼女の批判も結局はわれわれを救いのないペシミズムに導くことになるであろう。

読者のなかには、アレントのこうした突き放した態度に不満を覚えるものもあるかもしれない。しかし、現代の混沌を克服する道がありうるとしても、一度はこうした徹底的なペシミズムをくぐらないかぎり、それを見出すことはできないのではなかろうか。また、今日の保守化した人々のなかには、社会の現状を鋭く批判する彼女の態度に不安を覚えるものもあるかもしれない。しかし、一見安定しているかにみえる今日の世界も、依然として「暗い時代」を脱却していない以上、アレントの批判に耳をふさいだところで、この世界の永続性が保障されるわけではないのである。

ともあれ、この卓越した思想家ハンナ・アレントも、一九七五年十二月五日、ニューヨークで逝去した。行年六十九歳であった。最期の地となったアメリカは、彼女がわずかに見出した希望の地であった。しかし、アメリカも果たして最期まで彼女の光明の源泉であったか否かは不明である。おそらく彼女の最後のエッセイと思われる「建国二百年によせて」(『世界』一九七五年十一月号所収)では、アメリカについても悲観的な見通ししか語られていない。

七三年の春、ニューヨークでアレントに会ったとき、彼女はハドソン河を見下ろすアパートの窓からニューヨークの街を眺めながら、「雪が降るととても美しいですよ」と目を細めていた。彼女が当時のアメリカを美しいと感ずるには、新雪で醜さが覆われることが必要であったのではなかろうか。心からアレントの冥福を祈りたい。

一九八六年八月

解説

村井 洋

本書の原著は一九六八年に出版され、邦訳が上梓されてからもすでに三〇年以上が経過している。この間、アレントは一九七五年に亡くなり、日本におけるアレント研究の草分けであり、書評誌などで高い評価を与えられたこの訳書の翻訳者阿部齊氏も世を去った。一方、アレントへの関心はアメリカ、ヨーロッパ、日本を問わず、ますます高まっていると言えよう。本書の邦訳が公刊されたとき、アレントの名は日本の政治学者の間でさえ、よく知られているとは言えない存在であった。その後、アレント自身の著書と研究書が次々と刊行され、アレントを政治思想研究の対象として取り組もうとする研究者が増えるとともに、一般の人々もアレントの思想に注目してきている。アレント研究をリードする日本のある研究者が「アレントを論じた英語の文献を全て手に入れることは、その数の多さからあきらめざるを得ないし、ドイツ語の文献についても間もなくそうせざるを得なくなる」と語ってからもうかなり月日が経つと思われる。アメリカの政治学者たちが集う研究大会でもアレントをテーマにしたセッションや研究報告はここ数年途絶えることがないと聞いている。

本書でとりあげられた人物たちが、なぜ評論の対象として選ばれたのかは理解しにくい。訳者後記で触れられているように、大半がユダヤ人であることは注目すべきことと思われる。しかし一九八二年、アレントの指導学生であったエリザベス・ヤング゠ブルーエルによって詳細な伝記『ハンナ・アレント――世界への愛のために〈*Hannah Arendt: For Love of the World*〉』が著され、本書で扱われた人物とアレントの関わりが明らかになってきた。同書、とくにその邦訳『ハンナ・アーレント伝』（荒川幾男・原一子・本間直子・宮内寿子訳、晶文社、一九九九年）ほかの資料を参考にしてアレントとこれらの人々の関わりを見ておこう。

ローザ・ルクセンブルクは、アレントの思想に強く影響を与えた人物である。『全体主義の起源』には『資本蓄積論』からの引用があり、『革命について』を導くアイデアのいくつかはローザ・ルクセンブルクの思想と関わりの深いものである。それに加えてルクセンブルクへの親近感はアレントの生涯にわたっている。ルクセンブルクはまず母マルタ・アレントにとっての崇拝の対象であった。一九一九年、ベルリン蜂起に伴ってケーニヒスベルクで討論会が催された折、マルタはその討論会に幼かったハンナを連れて出向き、娘に「よく注意しなさい、これは歴史的瞬間です」と叫んだ、というエピソードが『ハンナ・アーレント伝』には紹介されている。アレントの二番目の夫ハインリヒ・ブリュッヒャーはスパルタクス団（ルクセンブルクらを指導者として、ドイツ社会民主党左派から発展したグループであり、一九年の蜂起に加わった）の一員としてベルリンで活動していた時期があり、ルクセンブルクの死後、ルクセンブルク殺害に手を下した社会民主党へ復帰はしないと考えた。

アンジェロ・ジュゼッペ・ロンカーリ（教皇ヨハネス二三世）とアレントとは、個人的な面識はないと思われる。アレントが共感を持ったのは、ユダヤ人虐殺に対して彼がとった態度であろう。本文中にある『神の代理人』とは、ドイツの作家ロルフ・ホーホフートが一九六三年に発表した劇作である。これは教皇ピウス一二世がナチによるユダヤ人絶滅に対して沈黙を守り続けたことへの宗教的・政治的責任問題を提起したものであるが、それに対して教皇にユダヤ人絶滅の責任を帰すものという批判が起こった。ヤスパースからその知らせを受けたアレントは、彼女の『イェルサレムのアイヒマン』が浴びた、ユダヤ人自身に絶滅の責任を帰すものだという非難と同様の論法をそこに見出し、ホーホフートとともにテレビに出演して弁明を行ったのだった。

カール・ヤスパースは、いわゆる知的世界の住人の中でアレントにとって最も親しい存在であったと言えよう。ハイデガーとのロマンスが破局を迎えて、アレントがマールブルクからハイデルベルクのヤスパースの下に到着したのは一九二六年のことであり、アレントはヤスパースの指導の下で『アウグスチヌスにおける愛の概念』という題名の博士論文を執筆することになる。その後もヤスパースは出版社への仲介など、アレントへの援助を惜しまなかった。ヒトラーによる政権奪取後、ドイツ政治の行く末について二人は真剣に話し合うのだが、楽観的な見通しに終始したのはヤスパースの方であった。結局、アレントは一九三三年、ドイツを去りパリに滞在し、収容所収監を経験した後、マルセイユ、リスボンを経てアメリカに落ち着く。一方、ヤスパースは妻のゲルトルートがユダヤ人であったことからハイデルベルク大学を免職されることになる。ヤスパースの回想によれば、夫妻の枕元には夜明けに押し入るゲシュタポに備えて服毒用の薬が用意されていたという。アレントとヤスパースの間に通信が復活するのは一九四五年の九月であった。戦後二人の間には頻繁な手紙のやりとりが繰り返され、またアレントは、夫ブリュッヒャーとともに何度もヤスパースのもとを訪ねた。ヤスパースは一九四五年、ドルフ・シュテルンベルガーとともに創刊した雑誌『ヴァンドルンク(転成)』への寄稿をアレントに勧めたりもしている。本書に収録されている「賞賛の辞」は、ヤスパースの『原子爆弾と人間の未来』(邦訳は前半のみ『現代の政治意識』として理想社から刊行)のドイツ書籍協会平和賞受賞を機縁としている。伝記によると、アレントは賞賛の辞を引き受けるか否か迷ったとされている。そこにはヤスパースへの感謝の思いと、それを公にすることによってヤスパースと対立関係にあったハイデッガーを拒否する態度を表すのを躊躇する思いとの間に立っての悩みがあったという。

アイザック・ディネセンは、アレントが愛読していた作家の一人である。アレントは親しかったシオニズムの指導者クルト・ブルーメンフェルト宛の書簡で、ディネセンの『アフリカの日々』を読むことを熱心に勧めていた。また、ニューヨークを訪れたディネセンが聴衆の前で話をする姿を目の当たりにし、後にその様子を友人に聞かせて、「やはり偉大な女性であった」と評したという。

ヘルマン・ブロッホとアレントは一九四六年に知り合っている。ブロッホの愛人であったアンネ＝マリー・マイヤー＝グレーフェとはすでにパリ時代に知り合いであった。アレントは『ウェルギリウスの死』の書評を『ネイション』誌に載せている。ブロッホは洗練されたプレイボーイであったが、アレントは彼の誘いをスマートにいなし、夫婦ぐるみの付き合いを続けた。一九五一年、ブロッホが死ぬと、アレントはブロッホの遺稿を整理してスイスの出版社に送ったばかりでなく、長い時間をかけて序文を書いた。これが本書に収められたものである。しかしアレントがこのような作業を行ったのは、ブロッホの思想に共感したというよりむしろ、友情のなせるわざという意味が大きいと思われる。「この序文は友情からの義務でした」、「彼の思想は私とは全く異質なものです」とアレントは語っている。なお、二人の間に交わされた書簡は一九九六年、書簡集としてまとめられ、フランクフルトの出版社から刊行されている。

ヴァルター・ベンヤミンはパリ時代にアレントと親交があった。最初の夫ギュンター・シュテルンの遠縁であったベンヤミンは、第二の夫ブリュッヒャーとも関わりを持っていた。ブリュッヒャーはベルリン在住時代、ベンヤミンの家で行われていた討論集会に出入りしていたからである。ベンヤミンからアレントへ宛てられたパリ時代の書簡には「新しい彼氏ができておめでとう」という内容のものも見出される。一九三九年の冬、夫妻とベンヤミンはゲルハルト・ショーレムから送られてきたユダヤ神秘主義論を討論した。やがて彼らはパリからマルセイユに逃れることになる（当時の亡命者の状況は、『ハンナ・アーレント伝』に加えてアンナ・ゼーガースの小説『トランジット』やリーザ・フィトコの

『ベンヤミンの黒い鞄』などに詳しい描写がある）が、そこで夫妻はベンヤミンから「歴史哲学テーゼ」ほかの草稿を預かることになった。当時ニューヨークに移転していた「社会科学研究所」に届けて欲しいというのがベンヤミンの頼みであった。アレントは一九六八年、ベンヤミンの論文集『イルミネーションズ』を出版した。本書に収められたベンヤミン論はその序文でもある。ここには「歴史哲学テーゼ」や「書物の荷ほどきをする」、「複製技術時代の芸術」などを含む一〇編の作品が収められた。伝記の伝えるところでは、アレントは一九七五年にはベンヤミンの第二論文集『リフレクション』を出版する計画であった。

ベルトルト・ブレヒトにアレントが直接会ったことがあるかどうかは不明である。しかし本書の題名はブレヒトの詩句から取られており、本文中の豊富な引用からも窺えるように、アレントがブレヒトを愛読していたことはあきらかであろう。彼女の最初の夫であるシュテルン（後にアンデルスという名を用いるようになる）はブレヒトと定期的に会合していたし、二番目の夫ブリュッヒャーもまたブレヒトを愛読していた。本書に触れてあるように、フランスの労働キャンプに収容されたブリュッヒャーは、ブレヒトの詩「老子出関の途上における『道徳経』成立の由来」を暗唱することによって自分たちを元気づけていた。なお、一九六一年、アレントはノースウェスタン大学でブレヒトについてのセミナーを行っている。

ワルデマール・グリアンとアレントは、シオニストのグループを通じて知り合った。グリアンは同化ユダヤ人を両親に、サンクト・ペテルブルクで生まれた。その後ベルリンに移住しドイツの大学で学ぶことになる。ヒトラーによる政権奪取後、スイスからアメリカに移住し、ノートルダム大学に職を得て、政治学雑誌『レヴュー・オブ・ポリティックス』の初代の編集者を務めた。アレントはグリアンの仲介でこの雑誌に寄稿し、ノートルダム大学でも講義を行っている。

ランダル・ジャレルはアレントと親交のあった詩人で、本書にも書かれているようにドイツ語への愛着を強く感じていた人物である。彼はアレントのドイツ語的な文章を読みやすい英語の文章に直すことでアレントを助けてもいる。戦後、ヤスパースの講義録『戦争の罪を問う』をアレント自身が英訳しようとしたときも、アレントは推敲をジャレルに頼んでいる。結局、これは後にE・B・アシュトンによって英訳されることになる。

本書『暗い時代の人々』をどのように読み解くかは言うまでもなく読者一人一人の課題であろう。また、異なった機会に書かれ、異なった個性をもつ人物を扱った論集である以上、統一したテーマを見出すことが難しいのは当然であろう。しかし、本書のタイトルが示唆し、「はじめに」で明らかにされているように、公的領域とその没落が本書の背景になっているのは事実であろう。それに関連して、ここで筆者が提示したいのは、本書が判断することjudgingというアレントのテーマに深く関わっているということである。それは、判断することが一人一人の人物の肖像を描く際に用いられる精神能力であるからであり、同時に、自分の判断の内容を他者の視点に立って吟味するという意味で公共世界に関わる思考能力だからでもある。この点で、「アイザック・ディネセン」の中に物語論があり、「カール・ヤスパース――賞賛の辞」の中に「拡張された知性」への言及があるのも偶然ではないであろう。

アレントはこの判断力論を『精神の生活』に収めるべく書き始めようとした時、急死した。我々に残されたアレントのこのテーマの成果は、『過去と未来との間』に収録されている「文化の危機」、ロナルド・ベイナーが編集した『カント政治哲学講義』、メアリ・マッカーシーが編集した『精神の生活』の付録として載せられているものが主なものである。しかし同時に、本書の人物論にちりばめられた人物描写そのものがアレントによる判断することの具体例として判断力論の部分を形づくると言ってもよい。判断することは個別の出来事や人物の姿を明らかにし判定する精神の働きである。本書でアレントにとって親しい人物を取り上げながら、見事にその姿を表現しているのは、判断することに要求される対象との距離をアレントが成功裏に作り出しているからにほかならない。このとき友情が人物間の距離を活性化する（ヤング゠ブルーエル）のである。また、個々の事実を物語という全体に不可分に統合し緊密な意味の統一をもたらす精神の働きという点で、判断力が物語にいかに深く関わっているかはポール・リクールの『時間と物語』（久米博訳、新曜社）を参照するだけでも明らかであろう。これはカントが「偶然性の法則」と呼んだものであった。さらに、判断力は判断した結果を多くの人々と交換し合うという点でも公共世界の思考様式であり、判断の妥当性が一義的な基準に従うものでなく、自分のバイアスを他者の視点を借りて補正することを求められるという点で（たとえばカントは概念を用いないで作用することを判断力の特徴に挙げた）、多様性を許容し、また必要条件とする公共世界特有の精神作用であるといえる。

このような判断力のアイデアがアレントの生涯の思想展開の中で、政治世界に積極的に関わる能力として捉え続けられたのか、それとも特に晩年の傾向として感じられるように、世界から一歩身を引いた観照的な能力と考えられたかは、アレントをより深く知ろうとする人々にとって議論の余地のある問題点である。しかし、いずれにしろアレントによって提起されたこの判断するという精神の能力は、日常生活に働く精神能力としても、判断力がその中で活性化する政治制度を模索するという点でも、なお重要な課題となっているであろう。昨今の政治理論の動き、つまり一方でカール・シュミットなどに認められる決断主義を再評価し政治の原状況を規定するものとして捉え直す動きと、他方でハーバーマスのコミュニケーション行為のアイデアに見られるように、政治理性の脱超越論化を目指す動きの間にあって、アレントの知的遺産を活かそうとするとき、判断力概念はその重要さを増すように思われる。現在私たちが身を置く状況は「暴力の使用は世界を変えるが、一番起こりそうな変化はより暴力的な世界である」（『暴力について』）と語ったアレントの危惧が現実となっている。このことを考えれば、より一層、その感は深まるのである。

ちくま学芸文庫

暗《くら》い時《じ》代《だい》の人々《ひとびと》

二〇〇五年九月 十日 第一刷発行
二〇二四年十月二十日 第十二刷発行

著者 ハンナ・アレント
訳者 阿部齊（あべ・ひとし）
発行者 増田健史
発行所 株式会社 筑摩書房
東京都台東区蔵前二―五―三 〒一一一―八七五五
電話番号 〇三―五六八七―二六〇一（代表）
装幀者 安野光雅
印刷所 株式会社精興社
製本所 株式会社積信堂

ISBN4-480-08938-1 C0110